U1014784

作 者 像

作者简介

于鲁·瓦尔克（Ülo Valk），民俗学博士，爱沙尼亚塔尔图大学（University of Tartu）爱沙尼亚语与与比较民俗学系教授，塔尔图大学文学与比较民俗学系原系主任。国际叙事学会原副主席（ISFNR）。芬兰科学院专家，兼任《印度民俗学》杂志编委等多种职务。曾在印度阿萨姆邦长期从事田野作业。主要研究领域为民间宗教与民俗体裁理论、文化与社会、对话理论等，代表作有《黑衣绅士：爱沙尼亚民间宗教中的魔鬼现象》（FFC 276，赫尔辛基：2001）等。

内容简介

传统民俗学追寻故事的最初原型和地理历史分布；当代民俗学发生了转型，主要是将“民俗”重新概念化，着重探索民俗在当代社会文化建设中的价值。本书在这一方向上，创造性地建立了“信仰故事学”的研究分支。作者指出，信仰故事是历史上存续至今的民俗现象，它始终活跃，但也未曾独立；它始终与口头、文献在对话的关系中共存，但还需要从多学科、多角度加以阐释。作者从理论、学术史和个案三方面构建研究框架，揭示这类民俗现象怎样通过社会实践、风俗信仰、艺术交流、民众叙事和其他多元表现形式发生变化；怎样经过无休止的、不停歇的变异，反复创造与再创造，又怎样经过群体打磨与共享，形成大众文化产品，成为当代社会文化的成分。在全球化和网络信息化时代，信仰故事学的研究，有助于揭示民俗怎样既遵循传统体裁模式，又参与现实社会文化活动，呈现出新精神文化建设的巨大空间。

［法］金丝燕　董晓萍　主编

“跨文化研究”丛书（78）

信仰故事学

［爱沙尼亚］于鲁·瓦尔克（Ülo Valk）著
董晓萍　译

中国大百科全书出版社
2019 年

图书在版编目（CIP）数据

信仰故事学／（爱沙）于鲁・瓦尔克著；董晓萍译．—北京：中国大百科全书出版社，2019.8

ISBN 978-7-5202-0531-3

Ⅰ．①信…　Ⅱ．①于…②董…　Ⅲ．①信仰—研究　Ⅳ．① B92

中国版本图书馆 CIP 数据核字（2019）第 160137 号

责任编辑　帖慧祯
封面设计　程　然
责任印制　魏　婷
出版发行　中国大百科全书出版社
地　　址　北京市阜成门北大街 17 号　　邮政编码　100037
电　　话　010－88390969
网　　址　http://www.ecph.com.cn
印　　刷　北京汇瑞嘉合文化发展有限公司
开　　本　787 毫米 ×1092 毫米　1/32
印　　张　6.375
字　　数　95 千字
印　　次　2019 年 8 月第 1 版　2019 年 8 月第 1 次印刷
书　　号　ISBN 978－7－5202－0531－3
定　　价　49.00 元

本书如有印装质量问题，可与出版社联系调换

教育部人文社会科学重点研究基地重大项目
“跨文化学理论与方法论”
（项目批准号：16JJD750006）

欧盟与非欧盟高校 Erasmus＋合作项目（2017—2020）
综合性研究成果

教育部人文社会科学重点研究基地
北京师范大学民俗典籍文字研究中心
北京师范大学跨文化研究院敦和学术基金

资 助 出 版

“跨文化研究”丛书
编辑委员会

乐黛云 ［法］汪德迈（Léon Vandermeersch） 王 宁 程正民

［法］白乐桑（Joël Bellassen） 陈越光 李国英 李正荣

［法］金丝燕 王邦维 董晓萍 王一川 周 宪 赵白生

［英］白馥兰（Francesca Bray）［法］劳格文（John Lagerwey）

［爱沙尼亚］于鲁・瓦尔克（Ülo Valk） ［日］尾崎文昭

总 序

“跨文化研究”丛书是教育部人文社会科学重点研究基地重大项目“跨文化视野下的汉字、汉语与民俗文化研究”的综合性成果，由教育部人文社科重点研究基地北京师范大学民俗典籍文字研究中心执行，由承担北京师范大学“跨文化学研究生国际课程班”教学任务的中外学者撰写。

跨文化研究事业发端于北京大学，奠基人是北京大学著名教授乐黛云先生，乐先生同时也是中国比较文学专业的开创者，以往中国跨文化研究领域的学者也大都集中于这个领域。在法国，由新一代汉学家金丝燕教授领衔，开拓了跨文化、跨学科和跨文本的学科建设。北京师范大学近年开展的“跨文化学”学科建设之不同，在于将这门吸收世界前沿学问并提倡平等对话的学科向中国学术文化领域全面推进，同时也让中国历史文明与现代人文社会科学的研究成果，通过跨文化的桥梁，公之于世，进行对话和交流。这种学科转向是经过长期准备的。

四年来，乐黛云先生，法国著名汉学家汪德迈先生、金丝燕教授，中国传统语言文字学家王宁先生和民俗学家董晓萍教授等联袂投入，将跨文化研究由文学门类，推向中国古代哲学、传统语言文字学、民俗学和科技史学等主要使用中国思想材料研究中国学问的领域，使多元文化发展与跨文化学学科建设整体关联的理论付诸实践。令人欣喜的是，中外学者对此一致响应，现在陆续出版的这套丛书，正是各国教授共同努力，从各自以中外不同视角长期从事研究所取得的学术成就中，精心提炼的一部分研究成果。

我们希望这套丛书能为跨文化学的理论和方法论建设提供砖瓦，也期盼中外高校跨文化学研究的人才队伍不断壮大。

本项工作得到北京师范大学研究生院的长期支持，北京师范大学民俗典籍文字研究中心和北京师范大学跨文化研究院敦和学术基金提供了出版资助，谨此一并致谢！

“跨文化研究”丛书编辑委员会

2018 年 8 月 28 日

目　录

总　序　‖　I

第一章　民俗信仰研究的理论　‖　1

第一节　民俗与话语：科学修辞的权威性、从无神论到新精神文化建设　‖　3

第二节　理解宗教与信仰　‖　24

第三节　大众信仰理论　‖　43

第二章　民俗信仰研究的学术史　‖　71

第一节　19世纪信仰研究的几个步骤　‖　73

第二节　专业民俗学：从系统收集到研究　‖　79

第三节　苏联时期的信仰研究　‖　89

第四节　概念化的新发展　‖　100

第三章　民俗信仰故事研究的个案　‖　109

第一节　记忆资料的处理方法　‖　109

——“独自在家”个案　‖　109

第二节 “迷信”资料的处理方法 ‖ 127
——“网络论坛”个案 ‖ 127

主要参考文献 ‖ 156

附录 “跨文化研究”丛书书目 ‖ 191

第一章

民俗信仰研究的理论[1]

民俗学作为一门独立的学科诞生于19世纪，是欧洲浪漫主义思潮的产物。当时许多国家的学者都热衷于收集古董和古本，利用口头资料，重新对历史文献做解释，再编成新的文本。他们认为，新文本才是国家民族的历史遗产，包括前基督教时期的神话、信仰和相关民俗资料，是古代文化有价值的遗存。新文本也是一座文学纪念碑，很多学识渊博的学者都参与了它的创造，其中，比较著名的有：德国的格林兄弟（Jacob Grimm & Wilhelm Grimm）、芬兰的隆洛德（Elias Lönnrot）和爱沙尼亚的弗里德曼·雷霍德·柯卢兹沃德（Friedrich

[1] 本部分研究曾获爱沙尼亚科学基金会的资助（项目编号：7516）与欧盟欧洲区域发展基金的支持。向爱沙尼亚沃索的信息提供者 August Kilk 与 Hiiumaa 致谢，一并感谢 Daniel E. Allen 为本文进行英文润色。

Reinhold Kreutzwald）等。19 世纪末至 20 世纪，新文本一直都是欧洲民族文化的范本。

当时的民俗学，在处理民俗资料方面，盛行进化论的方法和超有机论的方法。民俗学者信奉直线进化观，也有早期民族主义的观点，并在这种思维框架下，对“民俗”一词进行概念化。概念化都有核心理念，那个时期民俗学者的核心理念就是将民俗视为濒危的、保守的，是未受到学校教育人群的、未受过现代化影响的民众所享用的文化，民俗即将在工业化时期消失。当然，后来民俗学者摒弃了这种旧概念。当代民俗学者重新对“民俗”概念化，在理论上，关注表演、大众产品、话语的自组织实践、社会系统的关系与运行，以及民俗功能。

传统民俗学的研究方法，包括追溯故事的最初形式、查找故事的历史分布、在传统社会文化的语境中发掘故事的深层含义，现在这些方法已经很少用了。按照重新概念化的“民俗”的理念，民俗，不是世代相传的连续文本，不是来去如风的无形艺术，不是被概念化过程所生产和加工的人为制品，而是通过社会实践、艺术交流、民众叙事、风俗信仰和其他多样化的表现形式，经过无休止的、不停歇的变异，并经过反复的创造与再创造，所形成的大众文化产品。民俗，也是从多角度认识，再经过共享的打磨，最后沉淀下来的浓缩品，同时也是口头表演和书面记载双向传续的具体文本。在以上界定的基础上，可以说，民俗是遵循传统体裁模式叙述故事的事件。

在“民俗”新概念的框架下研究民俗，很多结果告诉我们，当代民俗的范畴与存在形态是多样化的。其中，有一些事象呈现为民俗，有一些事象演变成支配性的大众文化，也有一些事象已经边缘化，还有的民俗事象消失了。只有一种民俗事象很特别，它始终活跃，但也未曾独立，而是始终与口头、书面文献在对话的关系中共存，呈现为一种善于对话、富有生命力的民俗体裁，它就是传说故事。在本书以下章节的讨论中，还将多次提到传说故事，并分析它。

第一节　民俗与话语：科学修辞的权威性、从无神论到新精神文化建设

在过去的几个世纪中，有些启蒙人士、学术社团和宗教组织推广识字运动，扩大了书面用语的影响，民俗的表达形式开始靠向体制化的世界观。传统民俗的表达是自发

的、无组织的、无系统的、无规划的。相比之下，体制化的表达是有组织的、有系统的和有规划的。体制化的表达产生同质化的信条、统一的指令和意识形态系统。这两种表达形式，在基督教化过程、启蒙思想运动、民族主义运动和社会主义精神文化建设中都存在。在现代社会中，体制化的表达渗透到整个社会中去，对民俗产生不可回避的影响。现在人们可以看到的是，两种表达都趋向于一元论的、真理性的概念，就像巴赫金（Mikhail Bakhtin，1895—1975）所概括的那种，很容易形成权威性和极权主义的话语。巴赫金还认为，在欧洲理性主义和启蒙运动中，有一种“狂热崇拜”的东西，它强化独白原则，并能生成意识形态生活的主要因素。[1] 巴赫金的这个观点，使我们想起福柯（Michel Foucault, 1926—1984）的话语的自组织实践的概念。福柯的大体意思是，在一般情况下，多个作者生产的陈述、思想和告白，是不同的文本，有不同的生产范围，彼此存在的状态也是分散的，但是在特定的历史阶段，当它们具有共同的对话对象时，它们也能构成

---

❶ Bakhtin, Mikhail, “Problemy Poetiki Dostoyevskogo”. *Sobraniye sochinenii* T. 6. Moskva: Institut Mirovoi Literatury imeni M. Gorkogo Rossiiskoi Akademii Nauk, 2002, p. 93.

一些共享的概念。[1] 在两种表达形式中，在涉及权威、思想、陈述和告白时，都有自我规定的世界观标准，都在维护某种社会规范和价值观。将民俗与体制化的话语相比，两者的共通之处在于，彼此会经常发生交集；差异在于，民俗是社会角色中的个体词语实践，有时不能完全融入制度，是由个体声音组成的，与体制化的观点未尽一致。话语是制度的声音。话语意味着纪律。使用话语就意味着对感觉、思想和表达的限定。民俗赋予表达的自由和即兴创作的自由，使用民俗就意味着变化和创造。本节以下讨论民俗与话语的关系，主要使用爱沙尼亚民俗、宗教和精神

---

[1] Foucault, Michel, *The Archaeology of Knowledge*. London: Routledge, 1972, pp. 31-39. 译者注：作者在这里引用福柯《知识考古学》的英文原文是"discursive practice"，但由于此概念在欧美学界已产生广泛影响，国际民俗学界已广泛应用，并已在国际民俗学者的专业圈内有了通用的阐释，形成了共识，故作者在此引用福柯原著中该概念的出处长达 9 页（第 31 至 39 页），实际上是采用了其他多种民俗学著述的综合意见加以概括，而并非按原文直译。译者根据福柯原著英文原文和作者综合性概述的上下文，在此将"discursive practice"译为"话语的自组织实践"，这样能体现作者从民俗学角度回应福柯所要表达的意见，也尽量使中国读者容易理解。谨此感谢旅法学者陈力川先生在协助译者核对福柯《知识考古学》法文原版时所提供的帮助。另见，Yurchak, Alexei, *Everything Was Forever, Until It Was No More: the Last Soviet Generation*. Princeton, Oxford: Princeton University Press, 2006, pp. 161-162.

文化建设的资料进行讨论。

自 19 世纪末起，爱沙尼亚的公共领域发生了变化。不同的观点、代言人和思想体系，变得更加多元。当然也有竞争，路德教会和乡村学校之间就有竞争。路德教会和乡村学校都推广识字，双方经过几个世纪的努力，把爱沙尼亚由一个农民社会变成了一个读书的国家。沙皇入侵后，全面推行俄国化，扶持东正教。这时爱沙尼亚民族运动兴起，路德教会的牧师雅各布·霍特（Jakob Hurt）成为领导者，他系统地收集爱沙尼亚的民俗资料，将其概念化，建设爱沙尼亚古代记忆的宝库，编纂爱沙尼亚人民口述的历史文明书籍。但一部分德国精英致力于爱沙尼亚农民文明化的目的，是要在爱沙尼亚推行德国话语化，而俄国沙皇在爱沙尼亚强行推行俄国化的结果，是造成了爱沙尼亚人的身份认同，这是两种制度化的话语，有两种不同的导向。随着第一次世界大战的告终，在俄国社会主义革命胜利后，爱沙尼亚共和国于 1918 年宣告成立。1920 年，爱沙尼亚与苏维埃社会主义政权在塔尔图签订了和平条约，双方互相承认各自是独立国家。

从 19 世纪末开始，爱沙尼亚的各种书刊就转向介绍自然科学知识，支持科学唯物主义世界观。爱沙尼亚国家宪法还做出了将政府与教会分离的决定。1920年，全国学校取消宗教学的课程。1923年，经全民公决，学校又恢复了宗教教育，但仅限于小学义务教育。❶在公共领域的讨论中，“进步”的科学和“反动”的宗教信仰势不两立，这种一边倒的倾向，反过来又压制了学校的宗教教学。❷但阿尔托姆（Lea Altnurme）认为，对唯物主义思想的传播，就路德教会的理性神学而言，是多多少少有所准备的，两者并非完全矛盾。几百年来，路德教会通过教堂活动和学校课本等教育渠道，塑造爱沙尼亚人的精神世界。在20世纪二三十年代，爱沙尼亚很多知识分子都接受直线进化论的世界观和实证主义，认为事物是始终向前发展的。❸一位青年知识分子奥古斯特·安尼斯特（August Annist）在1923年写道：“无论是现在，还是将来，我们都相信人类社会和文化在进化，我们也

---

❶ Valk, Pille, *Ühest heledast laigust Eesti kooli ajaloos. Usuõpetus Eesti koolides aastatel 1918–1940*. Tallinn: Logos, 1997, pp. 120–121.

❷ Valk, Pille, *Ühest heledast laigust Eesti kooli ajaloos. Usuõpetus Eesti koolides aastatel 1918–1940*. Tallinn: Logos, 1997, p. 42.

❸ Altnurme, Lea, *Kristlusest oma usuni. Uurimus muutustest eestlaste religioossuses 20. saj. II poolel*. Tartu: Tartu Ülikooli Kirjastus, 2006, pp. 54–55.

都相信大地的精神与天国的精神在不断生长，并渗透到人文理想中。”❶ 由于科学思想的宣传，在那一阶段，许多爱沙尼亚知识分子也都有了新的选择，他们在现实的教堂与基督教的概念之间，保持一定的距离；在精神世界的表达上，持比较谨慎的态度。1939 年 10 月，苏联军队进驻爱沙尼亚。1940 年，爱沙尼亚并入苏联。1941 年至 1944 年，第二次世界大战期间，爱沙尼亚被德国纳粹侵占。二战结束后，爱沙尼亚再度并入苏联。此后，在爱沙尼亚发生了一系列重大改革，包括将私有制转为国有制，建立社会主义思想权威，抵制一切不和谐的因素，建立新的、进步的社会等，整个国家都发生了巨大变化。

一、科学无神论的概念与修辞

根据共产主义学说，宗教是一种社会意识形态，是以意识形态的形式压抑人性的工具，对社会的进步发展有破坏作用。马克思曾说，宗教是“毒害人民的精神鸦

---

❶ Karjahärm, Toomas, and Sirk, Väino, *Vaim ja võim. Eesti haritlaskond 1917–1940*. Tallinn: Argo, 2001, p. 226.

片”[1]。恩格斯的定义是：“宗教建立在人类想象的基础上，试图借助外力控制社会生活，这种外力是以超越人类自我力量的形式存在的。”在恩格斯的观点中，有两种力量对人类产生作用，一种是自然的力量，一种是社会的力量。人类同时面对这两种力量，对这两种力量都有需求，一方面接受它们，另一方面受到它们的支配。[2]还有一些理论家将人类对社会发展的规律认识不足，归咎于宗教。[3]马克思主义揭示了社会进化的规律，并用它来建设新型的共产主义社会。共产主义社会是人类最先进的社会，在这个先进社会中，宗教是没有立锥之地的，为此宗教和其他不合时宜的意识形态都应该退出历史舞台。马克思主义意识形态的一个重要组成部分是科学无神论，它是科学认知领域的一个分支。科学无神论从人类集体和个体的两个层面，观察和解释宗教衰亡的规

---

[1] Marx, Karl, A Contribution to the Critique of Hegel's Philosophy of Right. Introduction. http://www.marxists.org/archive/marx/works, 1843./critique-hpr/intro.htm#05, 1843.(accessed June 24, 2010).

[2] Engels, Friedrich, Anti-Dühring. Herr Eugen Dühring's Revolution in Science. http://www.marxists.org/archive/marx/works, 1877./ anti-dühring/index.htm (accessed June 24, 2010) Ⅲ, 5.

[3] Gordiyenko, N. et al., *Teadusliku ateismi alused*. Tallinn: Eesti Raamat, 1980, p.19.

律。[1] 同样的道理，腐朽的资产阶级文化观和农民民俗也应该消亡。

爱沙尼亚苏维埃社会主义共和国建立后，苏维埃政权很快对宗教发动了进攻。1940 年，路德教会和东正教的财产被收归国有，塔尔图大学的神学系被取消。1941 年，路德教会和东正教的主教与其他神职人员被驱逐出境。[2] 二战结束后，爱沙尼亚新政府的首要任务就是宣传无神论。1947 年，新政府成立政治与科学知识传播学会，该学会又于 1963 年更名为科学知识协会，列为全苏维埃科学知识协会的分支机构。[3] 在爱沙尼亚全国范围内，抵制无神论的运动正式铺开。科学知识协会定期举办大众讲座，从政府的角度宣传无神论，用共产主义思想教育人民。而在苏联的俄罗斯本土，马克思主义话语权早在 20 世纪 30 年代已经建立，主要功能是"从科学的马克思主义世界观出发，审查、监督和规范语言使用、文艺

---

[1] Gordiyenko, N. et al., *Teadusliku ateismi alused*. Tallinn: Eesti Raamat, 1980, p. 9.

[2] Raun, Toivo U., *Estonia and the Estonians*. Second Edition. Stanford, California: Hoover Institution Press, 1991, p. 156.

[3] Remmel, Atko, "Religioonivastase võitluse korraldusest Nõukogude Eestis". *ajalooline ajakiri. The Estonian Historical Journal*, 3 (125), 2008, p. 267.

作品和科学理论，给予评价和指导”[1]。爱沙尼亚苏维埃社会主义共和国对此是追随的，但相对侧重翻译和出版苏联的无神论著作，第一本书是俄文译著《宗教、迷信及其危害》[2]。原著作者帕夫乔尔金（P. Pavjolkin）指出，唯物主义“是科学世界观，是符合人类社会发展实际的先进思想。唯物主义的正确性，已经为人类社会实践所验证，同时被各种科学数据所证实”[3]。书中大量引用革命领袖的语录，指出共产党要捍卫科学，要公正地对待宗教，同时也要反对一切宗教偏见。要加强科学教育，“清扫旧文化的残余、迷信和偏见”[4]，提高苏联人民的文化水平。这本书还提出，要在农村人口中，大力宣传自然科学技术的成就，有针对性地开展宣传工作。作者还提出了科普的范围和题目，例如：宇宙的结构、太阳和地球的形成、生命的起源和发展、人类的进化、疾病的

---

❶ Yurchak, Alexei, *Everything Was Forever, Until It Was No More: the Last Soviet Generation*. Princeton, Oxford: Princeton University Press, 2006, p. 41.

❷ Pavjolkin, P., *Religioosne ebausk ja selle kahjulikkus*. Tallinn: Eesti Riiklik Kirjastus, 1953.

❸ Pavjolkin, P., *Religioosne ebausk ja selle kahjulikkus*. Tallinn: Eesti Riiklik Kirjastus, 1953, p. 88.

❹ Pavjolkin, P., *Religioosne ebausk ja selle kahjulikkus*. Tallinn: Eesti Riiklik Kirjastus, 1953, p. 146, 148.

起因和防治、农业科学的基础、提高农业生产力、应用能源等。[1] 爱沙尼亚的苏联政权对此积极落实，还要求在爱沙尼亚扩大宣传范围，在教育、电影、文学、绘画、广播电视、地方博物馆和天文馆等部门，都要定期宣传无神论，消除宗教的影响。1964 年，爱沙尼亚共产党中央委员会还专门通过了这方面的文件。[2]

经过几十年的努力，在爱沙尼亚科学无神论话语体系的构建中，出现了混合的、复杂的文本系统，涉及多种体裁，主要是叙事体。大量书刊从不同角度描述不良宗教信仰的危害。上面提到了苏联作者帕夫乔尔金，他在《宗教、迷信及其危害》中还讲了两个宗教受害人的故事。一位主人公，受到宗教偏见的误导，被美国商人敲诈，整日过着痛苦的生活。[3] 一个新当选的村委会主席的父亲被熊咬死了。反科学的萨满就散布谣言，说是神对村委会的新班子不满来报复，这话起了消极作用，

---

❶ Pavjolkin, P., *Religioosne ebausk ja selle kahjulikkus*. Tallinn: Eesti Riiklik Kirjastus, 1953, pp. 148-149.

❷ Kääriäinen, Kimmo, *Atheism and Perestroika*. Helsinki: Suomalainen Tiedeakatemia, 1993, p. 29.

❸ Pavjolkin, P., *Religioosne ebausk ja selle kahjulikkus*. Tallinn: Eesti Riiklik Kirjastus, 1953, p. 37.

村委会的成员集体辞职了，还都交回了任命书。帕夫乔尔金说，他们竟然相信超自然的力量，不知道政治变动与死亡没有关系。[1]我们知道，这种故事有很多虚构成分，但人们还是传来传去，故事的体裁在传讲中已被分解，一部分变成对超自然信仰的怀疑，于是无神论者就拿这种故事当反面教材；一部分变成信仰传说，但也有的民俗学者认为，这种文本伤害了传说的可信性，于是就想方设法为传说中的超自然因素寻找可替代的合理化解释。

1967 年，另一本关于东正教修道院的无神论小册子在爱沙尼亚出版。这是一座女修道院，坐落于爱沙尼亚北部，1891 年建立，迄今已经有上百年的历史。[2]大概因为是东正教的宗教场所，所以在爱沙尼亚并入苏联后，也一直没有被关闭，这在当时是少见的待遇。这所修道院的旁边有一处圣泉，按照民间传说，修道院的香火很盛，是因为圣泉很灵。附近的香客从四面八方来到

---

[1] Pavjolkin, P., *Religioosne ebausk ja selle kahjulikkus*. Tallinn: Eesti Riiklik Kirjastus, 1953. Raun, Toivo U., *Estonia and the Estonians.* Second Edition. Stanford, California: Hoover Institution Press, 1991, p. 38.

[2] Soop, Karl, and Keskküla, Udo, *Kuremäe klooster*. Tallinn: Eesti Raamat, 1967.

这里朝圣，求水治病，常年络绎不绝。这是一个正统宗教、民俗信仰与传说体裁相结合的个案，其中，传说是民俗与话语相关联的纽带，传说传得越火，修道院与圣泉的朝圣者就越活跃。这本书的作者也看上了传说，但制造了一个反传说。传说里的主人公是一名男子，名叫普基·特尼斯。作者说，这个传说是香客们讲的。香客们听说，修道院把一个发光的耶稣基督圣像送给特尼斯，对他说，要在塔尔图的东正教富商到来之前，把圣像放到圣泉里，他照做了。富商来了，从水中看见了圣像，认为是修道院显灵，就向修道院报告了神迹。特尼斯趁夜深人静，光着脚，悄悄地偷走了圣像。商人又来了，看见了特尼斯的脚印，以为是耶稣基督留下的足印，认为上帝显灵了，就向修道院捐了一大笔钱。作者说，这是当地的两个男子从特尼斯口中听说的，他们俩，一个叫米哈尔·卡斯克，一个叫安东·帕帕，消息的来源可靠，特尼斯于1938年去世。[1]

制造反传说是一种修辞手法，主要指制造可信性的

---

[1] Soop, Karl, and Keskküla Udo, *Kuremäe klooster*. Tallinn: Eesti Raamat, 1967, p. 29.

信息来源，再补充活态的记忆物，然后用它去印证另一个传说。这种修辞手法在传统的信仰传说中也有，不过两相比较，民众的信仰传说，依靠信仰的历史基础，也利用个人的体验叙事，去制造可信性的信息来源，而共产主义意识形态则依靠体制化的话语去争取说服力。从这个个案看，传播科学知识和抵制宗教信仰的本身并不是目的，目的是树立社会主义体制话语的权威性，为巩固国家所有权服务。这样的无神论宣传也带有总体性，它的宣传范围，还包括社会主义与资本主义世界的对抗，冷战时期的军备竞赛，进步和落后意识形态的斗争等。

这本书的编写单位是苏联科学院哲学研究所，书中的一个具体任务，就是用无神论的话语对上帝的概念进行解构。作者提出：

> 在20世纪，科学与宗教的斗争，已进入决战阶段；科学与宗教世界观的博弈，在亿万人的头脑中进行。科学已不需要与宗教争地盘，自然科学的进步会让陈腐的“圣经”不攻自破。在科学技术的领域内，每个成就的取得，也许都会引发科学与宗教的较量，但最后的赢家始终是科学。苏联科学家的成就之一，就是创造进步的宇

宙知识，建立正确的引领性科学，让所有宗教信条不堪一击。[1]

作者还十分关注苏联天文学家对西方学术界的批评，例如，苏联科学院院士用原子空间发生论，代替宗教创世说，指出，由上帝“扩大空间”和由诸神“开天辟地”的说法，没有任何科学依据，科学发现的结论才是令人信服的。

这本书的另一个具体任务，是用无神论的话语对民俗信仰中的超自然概念进行解构。作者提出：“苏联科学家的伟大成就是唤醒人与动物中的僵尸，击溃《圣经》关于‘灵魂’对死者的超脱和升华的神话。”首例实验由苏联科学家库雅布克（A. A. Kuljabko）完成，他做了一台成功的手术，让一颗停跳的心脏复苏，把一个孩子从死亡线上拉了回来。在苏联卫国战争时期，尼戈夫斯基（V. A. Negovski）教授和他的医疗组也创造了这种成功的个案，他们救活了许多生命垂危的官兵，让英雄获

---

[1] Tsamerjan, I.P. et al., *Teadusliku ateismi alused. Õpik*. Tallinn: Eesti Riiklik Kirjastus, 1963, p. 55, 59, 93.

得重生。[1] 作者认为，医学科学的解释与超自然信仰的解释是两种平行的解释，但发达的医学科学可以对超自然信仰进行解构，进步的科学比陈腐的迷信更有说服力。

宣传无神论书刊的总体特点，是对社会进化观进行连续修辞和反复公式化的工作，爱沙尼亚苏维埃社会主义共和国在整个权威话语系统的建设过程中都是这样。阿列克谢·尤尔切克（Alexei Yurchak）把这种现象界定为：做标准化和标签化，循环往复，越来越多。[2] 所谓“标准化”，是指削弱或摧毁旧思想及其话语，灌输新主题，教育人民大众做自尊、自豪和爱国的苏联公民。但在爱沙尼亚，此举收效不大。因为它所面对的，是富于文化传统、受教育程度较高、具有宗教背景和民俗积淀深厚的本土社会，是一个多元化民众群体。外来制度化的话语可以在印刷品、出版物、演讲，及学校等公共领域建立权威和通行，但不能改变爱沙尼亚的精神传统，不能完全控制其私人领域的交流习惯。

---

[1] Tsamerjan, I.P. et al., *Teadusliku ateismi alused. Õpik*. Tallinn: Eesti Riiklik Kirjastus. 1963, p. 77.

[2] Yurchak, Alexei, *Everything Was Forever, Until It Was No More: the Last Soviet Generation*. Princeton, Oxford: Princeton University Press, 2006, p. 75.

然而，无神论的世界观也是多元化世界观的一种。1983 年，一位罗马尼亚学者，名叫彼得鲁·贝拉尔（Petru Berar），在爱沙尼亚出版了一本书，书名是《当代世界的宗教》。作者从世界观研究的角度，从国家意识形态建设的角度，对科学与宗教斗争的学术史进行分析。他说：

> 科学与科学认知，跟宗教与宗教信仰，两者有本质上的矛盾。科学是没有矛盾的知识体系，强调真实地、正确地反映现实，并按照这一个逻辑进行推演，同时在社会实践中广泛实施。宗教是有矛盾的知识体系，宗教信仰是建立在对宗教信条的盲目信仰的基础上，它空想地、魔法式地、重复地反映现实，是人类思想领域的另一种话语形式。[1]

一般说，科学的任务是让宗教失灵，但另一方面，也要对一个贫困国家在长期社会历史发展中携带的宗教信仰、仪式、庆典和文本给予承认，同时对建设未来美

---

[1] Berar, Petru, *Religioon nüüdismaa ilmas*. Tallinn: Eesti Raamat, 1983, p. 42.

好社会所需要的信仰加以确认，总之，要让多元信仰都有自己的位置，这也是科学修辞学的工作。❶

1976年，在苏共第25次代表大会上，时任苏共领导的勃列日涅夫（Leonid Brezhnev）总书记谈到巩固科技进步成就的必要性，指出："只有在社会主义的条件下，科技革命才能保持正确的方向，才能符合人类与社会的需要。只有在科技快速发展的前提上，社会主义革命的最终目标——建设共产主义社会——才能实现。"❷ 这是国家社会发展的标准科学修辞，但当其他话语形式都被界定为对立面，被认为缺乏动力和进步活力，遭到封冻的时候，或者说，当完全忽视建设另一种有传统基因的科学修辞的时候，国家社会进步的科学修辞也会陷入僵化状态。后来苏联政府意识到这个问题，尝试改革权威性的话语系统。他们还同步进行政治经济改革，力图建立更为务实的科学修辞模式，但此举也侵蚀了当时的政

---

❶ Remmel, Atko, "Religioonivastase võitluse korraldusest Nõukogude Eestis". *ajalooline ajakiri. The Estonian Historical Journal*, 3(125), 2008, p. 248.

❷ Brezhnev, Leonid, *NLKP Keskkomitee aruanne ning partei järjekordsed ülesanded sise-ja välispoliitika valdkonnas*. Tallinn: Eesti Raamat, 1976, pp. 55–56.

治体系，导致了苏联的解体。❶

二、科学修辞、大众信仰与精神文化新建设

1991 年，爱沙尼亚宣布独立。但正如林戈 · 林格（Ringo Ringvee）所说的，至 20 世纪末，爱沙尼亚已成为一个十分世俗化的社会。所谓世俗化，是与制度化的宗教传统相对而言的。人们在日常生活中热烈亲近宗教的过往已不复存在。虽然据官方统计，还大约有 16% 的人口属于路德教会或其他宗教社区，但信众大部分是老年人。路德教会虽然幸存下来，但已经边缘化。中青年是要摆脱宗教的，他们不大关心原有的宗教，有的还相当反感。❷

与此同时，爱沙尼亚新宗教运动兴起，生态主义流行，互联网的世界观深入人心。很多爱沙尼亚人对科学无神论和路德基督教都选择了半接受的态度。新旧宗教

---

❶ Yurchak, Alexei, *Everything Was Forever, Until It Was No More: the Last Soviet Generation*. Princeton, Oxford: Princeton University Press, 2006.

❷ Ringvee, Ringo, “Religions in Estonia”. *Beyond the Mainstream. The Emergence of Religious Pluralism in Finland, Estonia, and Russia*. Ed. by Jeffrey Kaplan. Studia Historica 63. Helsinki: SKS, 2000, p. 116.

教义和无神论的文本充斥市场，基督教的、佛教的、印度教的，天文学的、生命科学的，占星术的和民俗的，什么都有。互联网的地位日益凸显，人们学会了用这种新媒体自由地表达思想。政府取消了书刊审查制度，学者和民众都可以借助出版物表达观点，新时期的精神文化建设的领域十分宽广，好莱坞占领了电影院，进口商品流入爱沙尼亚的超市，街道上挤满了西方的二手车。出国和入境放开，爱沙尼亚对外国游客开放，外国人乘坐着高档豪华客车，在从未见过的乡村小道上穿行，还能到达偏僻的角落，发现新奇的世界。20 世纪 90 年代，在多地的多个渠道，爆出不明飞行物与外星人接触的消息，可能不完全是巧合。爱沙尼亚，这个曾被铁面具造成与世隔离的自由人，现在已抛弃铁面具，正在与外界积极地沟通。

2000 年至 2003 年，我在希乌马岛和卡萨里岛做田野作业，听到了不明飞行物的传说，而且是一个活态的信仰传统。我的信息提供者是一名中年男子，他有个十几岁的儿子。儿子是中学生，他和儿子住在一起。他要求我不要透露他的身份，他不想出名，不要做公众人物。许多民事调解员、通灵者和民间医疗人士都喜欢找他，跟他聊天。他在离家不远的一块海滨草地上，发现了超自然文明的秘密基地。他家院子里的一块扁平巨石就是该基地接收外星信息的屏幕。它会自动书写，已经记录了外星人的很多知识。这是一个隐秘的世界，共有 22 层，每个层里还有 22 个分层，层内有超自然的文明、精灵、宇宙法则、永动的活力和永恒的进化。外星人在他的面前是隐形的，但在他儿子面前毫不遮掩，他儿子就见过外星人的真容。外星人是微物质构成的，他说，除了我儿子，外星人不向任何人展示自己的结构。外星人的联系人叫“伊沃”，在我儿子面前现过形。伊沃画了一幅自画像，身高大约一米三十，长手，无口，无鼻，脸上有个洞，大眼睛，独脚，长相像我们，但也有很多变形。[1]他们属于伊维利亚人，远远领先于其他外星人，他们的宇宙飞船在岛上被追踪，他们的踪迹广泛地反映在民俗中。他们在地球上还有另外两个秘密基地。星际旅行的权利不是由文明发展程度决定的，而是根据需要决定的。有些行星有它们自己的问题，例如缺乏能量或其

---

[1] Passages from interviews, quoted in this article, are from interviews made in summer 2000.

他东西。他们需要一些其他的能量，或者他们可能有再生产的问题，于是他们被允许去其他星球做研究。这不意味着他们是比我们更高级的生物。他说，伊维利亚人访问地球没有自私的意图，他们掌握了神奇的技术，人类无法理解他们发展的水平。人类也在取得进步，但如果人类砍掉所有的森林，吃掉所有的动物，为了自己的利益而利用世界的资源，还称之为发展，这对人类社会是有害的，他为自己能被一个隐秘世界的先进文明选中当联系人而感到自豪。

他的描述让我想起琳达·戴格（Linda Dégh）和安德鲁·瓦兹森伊（Andrew Vázsonyi）的观点，他们用超自然信仰和科学修辞的两种观点讲故事（1976）。爱沙尼亚苏维埃社会主义共和国时期的权威话语建设，用科技概念为中心的科学修辞，代替以超自然概念为核心的民俗信仰传统[1]，的确做了很多工作，也产生了一些效果，但这样做的趋势也应该承认，那就是切断了权威话语与其他多元性话语的联系，造成内部文化与外部其他文明的联系越来越少，

[1] Bausinger, Hermann, *Volkskultur in der technischen Welt*. Frankfurt, New York: Campus Verlag, 1986, pp. 23-32.

难怪一旦爱沙尼亚解禁，恢复了与其他世界的交流自由，各种外星文明和另类精神交流的说法就纷至沓来，还对爱沙尼亚人产生了很大的吸引力。因此，应该认识到，科学修辞的权威与民俗信仰都有助于充实国家社会文化的活力，两者都是正常的词语实践，不过一个带有制度化权威的授权，通过科学验证产生价值，进行生产和传播；一个通过实证的工具，生产事实的真相，经过重复的、无系统的和无组织的而能部分共享词语实践，投入物质与社会活动之中。这两种系统的个案所应用的修辞词语和方法，都被用来证明科学与民俗信仰。当代社会兴起的大众信仰，正是在这种背景下应运而生。它认可两个系统的互补，更偏重于民俗修辞的建设。没有一种学说是万能的，而人类信仰的本质是走向完美和和谐，要给人类一个完整的世界观。

第二节　理解宗教与信仰

一、导言

民俗学与人类学、文学研究、历史学、文化学等学科有共同的研究兴趣，由于民俗传达共享者的信仰、世界观、风俗习惯和仪式活动，它与宗教学的研究对象就有交叉。但在学术史上，由于民俗本身是多元化，它的存在方式也是多元的，所以对民俗的界定也多种多样。从调查看，大多数学者对民俗的共识是：

传统的

非官方的/非正式的

诗性的

集体的/共享的

简言之，民俗是“非正式的传统文化”[1]，在表演和实践中生存。它的第二层含义可以在民俗档案、录音、录像和出版物中找到。

如何定义宗教？在学术史上，有两种基本的认识。第一，宗教是一种超自然现象。许多神学家和宗教学者都认为，宗教的共同本质是神秘的、超现世的现实，即

[1] McNeill, Lynne S., *Folklore Rules. A Fun, Quick, and Useful Introduction to the Field of Academic Folklore Studies*. Logan: Utah State University Press, 2013, p. 13.

超越于我们所认识事物的他者。宗教史学家已经表明，在不同的文化中，这种超自然的现实拥有不同的形式；在人类文明史的发展中，对它的理解也处于动态的变化之中。

作为这些方法论的一个例子，让我们看奥托（Rudolf Otto, 1869—1937）的说法[1]。他认为，宗教在本质上是一种强大的神秘体验。在这种体验中，人们与神圣力量“努门”发生接触，这种体验既可怕又有诱惑力。所谓宗教的经典和仪式，是人类对这种神秘体验的回应。在初民社会中，宗教以萨满教活动为中心；在较发达的文化中，宗教以先进的形式存在，如基督教的神秘主义和神学。

第二，其他学者认为，没有必要推理宗教是人类对超自然现实的反应，相反，应把宗教当作纯粹的人类现象来讨论。他们发现，宗教根植于人类意识、心理需求和社会现实中。法国学者迪尔凯姆（Émile Durkheim, 1858—1917）是经典社会学方法的代表人物之一。根据他的观点，宗教是“一套有关圣物的信仰和实践的统一

---

[1] Otto, Rudolf, *The Idea of the Holy. An Inquiry into the Non-Rational Factor in the Idea of the Divine and Its Relation to the Rational*. New York: Oxford University Press, 1958.

体，由圣物确定分离与禁忌，与信奉和追随者的信仰及其道德社区的实践相统一”[1]。但“圣物”并非在本质上就是超自然的，而是在传统中由文化来界定的。宗教把人们聚拢在一起，使他们拥有相同的价值观，并因此而团结在一起。

与奥托关注个体体验的不同，迪尔凯姆强调宗教的共享和社会性本质，认为宗教反映社会秩序，具有象征的维度。例如，在万神殿中，具有不同功能的神可以反映社会分工（在印欧文化圈的神话中，战士、农民和牧师有不同的神灵）。迪尔凯姆认为，为了理解宗教，不需要寻找超自然的现实，相反，应该研究宗教赖以生存的社会。

在当代学术史中，宗教也有多种定义。当代美国学者格雷戈里·阿利斯（Gregory Alles）对这些定义进行了比较研究，发现对宗教的理解有四种基本策略[2]：

第一，功能性策略。一些学者试图回答这样一个问

---

❶ Durkheim, Émile, *The Elementary Forms of Religious Life*. New York, London, Toronto, Sydney, Tokyo, Singapore: The Free Press, 1995, p. 44.

❷ Alles, Gregory, “Religion (Further Considerations)”. *Encyclopedia of Religion*. 2nd edn. Lindsay Jones (ed.). Detroit: Macmillan, 2005.

题：宗教要做什么？这是一个基本问题。他们找了很多答案，包括体现基本价值观，唤起集体情感，创造社会凝聚力，或者赋予生命以意义。这些方法，都可以称之为功能方法。

第二，补充性策略。即从具体内容描述宗教，例如“信仰”神灵，人们对“神圣”的反应。

第三，散存性策略。此指列出宗教现象的重要特征，但这些特征未必存在于所有宗教中，例如：

相信超自然力量

祭神和渎神

关注祭品的仪式

道德准则

宗教感情

其他

第四，原初性策略。此指将某种宗教界定为最初的或最早的宗教。在西方学术界看来，原初宗教的标准形态就是基督教。今天看来，这里存在很大的问题，因为这样划分，那些非基督教的宗教就成为非主流的宗教了。

如印度教，就是一种世界性的宗教，但与基督教在很多方面都有所不同，如缺乏基本教义和信条，不以创教主为中心（基督教的创教主是耶稣）等。总之，按照基督教的标准去衡量其他宗教，其他宗教就成了异教。

也有很多学者批评宗教的概念不统一，指出，现行的宗教理论都是欧洲文明的发明，其他文明还有自己的宗教，未必都按照欧洲文明的标准去衡量。美国人类学家塔拉尔·阿萨德（Talal Asad）说："不可能有一个普遍适用的宗教定义，因为宗教的构成要依赖特定的历史条件和社会关系，它是自身所处的话语自组织过程的产物。"[1] 由此，我们应该了解宗教概念的历史，应该看到，所有的定义如何依赖于概念的学术框架而生成。而在理论设定的方法和人为的分类之外，并没有普世的"宗教"。

二、宗教与信仰

自 19 世纪初起，欧洲民俗学者就注意到，宗教有差异性，大体可分为两种：一种是教堂里的宗教和在宗教

[1] Asad, Talal, *Genealogies of Religion. Discipline and Reasons of Power in Christianity and Islam*. Baltimore: John Hopkins University Press, 1993, p. 29.

书本中描写的宗教，一种是民众在日常生活中信奉的、介于信仰与习俗之间的宗教。

德国学者格林兄弟，属于第一批尝试对这种差异性给予解释的学者。他们认为，民俗和民众信仰保存了欧洲前基督教化时期的大量历史要素。乡村人口，即农民，是十分保守的人群。农民保存了很多从异教产生的信仰和习惯，比如，信奉自然界的精灵，朝圣自然环境中的圣地并进献祭品，祭拜亡故，施行魔法等。长期以来，教堂将这类历史文化要素视为有害的迷信，每每将之取缔。但在格林兄弟和同意他们观点的民俗学者看来，这些信仰和风俗习惯是无价的财富，它们保留了遥远古代的信息。这种遗产必须被记录下来，并在可能的情况下进行研究。

根据格林兄弟和相关民俗学者的看法，民俗宗教可以被解释为古老社会的系列遗存，包括神话、故事和其他民俗体裁。[1] 他们将民俗理解为传统文化的资源，是与精英文化不同的文化，这在后来的理论中，又被称为

---

[1] Kamenetsky, Christa, *The Brothers Grimm and Their Critics. Folktales and the Quest for Meaning*. Athens: Ohio University Press, 1992, pp. 99–112.

“两层文化观”。这是一种层级化的表述模式。有些学者又将这种文化分层观挪到宗教学上来，将宗教也划为两层，即制度化的宗教（基督教）和迷信/民俗信仰，并将两者的关系视为对立关系。按照这种观点，宗教是有组织的，是与掌握文字的阶层和受教育阶级有关的宗教。民俗信仰是暗含贬义的，与文盲、落后、非理性和社会孤立相关。至于“民众”，被认定为社会中的初民，是被社会否定的对象。根据早期进化论的理论，“民众”在先进文化和先进文明的世界里是没有前途的。

20世纪60年代，美国兴起多种新的民俗学研究方法。阿兰·邓迪斯（Alan Dundes，1934—2005）通过重新概念化的方法，为民俗学挽救了“民众”的概念。他提出了一个很有名的“民众”定义，即一切共享至少一种相同要素的人群都可称之为“民众”。不必考虑“民众”的共享要素与何相关，共享要素可以是相同职业、相同语言或者相同宗教，重要的是他们拥有“我们”的传统。[1]“民众”也包括受教育人群，如科学家、教师或政治家，他们把自己当作社会精英，但他们也有民俗，

---

[1] Dundes, Alan, *The Study of Folklore*. Englewood Cliffs, N.J.: Prentice-Hall, 1965.

也共享民俗信仰。

美国民俗学者邓友德（Don Yoder，1921—2015）反对将民俗信仰看成是迷信，并通过这种途径，将民俗信仰与“真正”的宗教对立起来。相反，他认为民俗信仰与制度化的基督教虽然有矛盾，但两者也存在着动态的联系。他说：

> 民俗宗教存在于复杂的社会中，与该社会的组织化的宗教之间，两者的关系很紧张，也有联系。
>
> （民俗宗教）是指“在人群中存在所有宗教观点与实践的总和，而不是官方宗教的严格的理论形态”❶。

邓友德所说的“民俗宗教”就是本书所说的“民俗信仰”。他认为，民俗宗教是一个巨大的研究领域，但以往缺乏研究，也低估了它的价值。他的学生普里米亚诺（Leonard Norman Primiano）将老师的观点加以引申，发展了一个新概念，叫“大众宗教”。普里米亚诺指出，“官

❶ Yoder, Don, Toward a Definition of Folk Religion. *Western Folklore (Symposium on Folk Religion)* 33, 1974, p. 14.

方的或制度化的宗教”的概念，已经被问题化。他提出的“大众宗教”，绝非是“制度化的”宗教的分支或某种地方化的模式，而是为民俗宗教提出了另一个理论术语。它不是简单地替换原有的概念，而是要改变民俗宗教研究的途径。学者可以不再纠结于“宗教”或“信仰”这两个抽象的概念，而是关注于如何研究民俗宗教。[1]

在普里米亚诺看来，学术界的宗教研究应该从宗教民族志开始，这类文献记录了广大个体的各种实际的实践形式。它的研究对象可以是信仰的词语、行为和物质等所有信仰的表达物。普里米亚诺本人不仅研究过宗教的语言形式，还研究过宗教的饮食方式、大众艺术和大众建筑。与邓友德关注（非官方）宗教的共享传统不同，普里米亚诺强调宗教的个体化和主体性的维度。对他而言，宗教不仅仅是传统的再生产，也与创造新事物有关。学术界应以宗教的个体表现为基础，注意其独特性和创造性方面。当然，也有的学者始终对“大众宗教”的概

[1] Primiano, Leonard Norman, “Afterword: Manifestations of the Religious Vernacular: Ambiguity, Power, and Creativity”, M.Bowman & Ü.Valk, eds., *Vernacular Religion in Everyday Life: Expressions of Belief.* London, New York: Routledge, 2014, p. 384.

念存疑，不大同意这种提法[1]，但是，事实上，现在接受和使用这个新概念的民俗学者在增加。

鲍曼（Richard Bauman）不但接受“大众宗教”的概念，还进一步将之概念化。他认为，民俗学研究的特征就是“大众语文学”。根据鲍曼的新阐释，“大众”一词，又指特殊的沟通模式，这种模式既是资源，也是实践。这种模式的获取，不是在教育体制之内，而是在非正式的场合中，要经过实践习得。这种沟通的关系是直接的，是根植于生活世界的，在日常互动中进行的。“大众”一词，也是地方的，它的分布区域是有边界的。最后，鲍曼指出，“大众”的特征是以文本为中心。他写道：“文化是由文本构成的。”它的逆定理是：“文本是按文化规则建构的。”[2] 他的陈述揭示了民俗学的使命，即研究被主流学术和精英文化所忽略的边缘化传统，及其大众性和口头性文本。

[1] Primiano, Leonard Norman, Vernacular Religion and the Search for Method in Religious Folklife. *Western Folklore (Reflexivity and the Study of Belief)* Vol. 54, 1995, p. 44.

[2] Bauman, Richard, Philology of the Vernacular. *Journal of Folklore Research. (Special Issue: Grand Theory.)* Vol. 45, No. 1, 2008, p. 30.

三、信仰的体裁是传说

以往对宗教基本特征的研究，要么集中于超自然领域，要么将宗教视为社会的和人文的现象，两者还被视为对立的视角。是否还有其他方法呢，可以使宗教研究既非哲学的陈述，也非超自然的现实？或者是以无神论否认此说，只说它是一种文化现象？民俗学的方法论是从田野实践中来的，大众宗教的研究，正是从实践的方面开辟了不同的视角。民俗学者没有必要放弃超自然的分类，因为它也是一种大众分类，是被携带宗教传统的民众所利用的分类。“超自然”是在大众宗教理论化的过程中，对民众产生意义的概念。

民俗学者都知道，很多人不是生活在故事世界里，而是生活在真实的生活中。人们遇到不寻常的事情，有了超自然的经历，就产生了不平常的叙事。在这种经历中，人们与自然界的精灵相遇，或者是亡者能显灵，或者是灵魂出窍。很难说清楚这种奇遇是在梦魇中，还是在意识清醒的状态下发生。但不管怎样，这种体验本身都是真实的。我们作为学者没有这种体验，就不能直接从事这种个案的研究。可以取而代之的是，民俗学者可以研究叙述这种体验的民众故事。这些故事的词语表达，呈现在不同的形式中，有时是独特的和即兴的，更多的是传统的。这些将一批故事捆绑在一起的传统形式，与其他所谓体裁的民俗叙事的类别、种类或类型，都有所区别。

体裁与词语沟通相关，这种沟通是在不能将个体与社会群体分开的人群中进行的，他们的思想、情感，乃至于他们的认同，都通过这种词语来表达，所以，体裁是将单纯的文本和单纯的表演与传统、历史和边界文化的语境相连接的概念。传说是基本的民俗体裁，用来表达信仰。它可以被简要地定义为一种讲述个人遭遇超自然事物，突然被打破的日常生活节奏的奇遇的短篇叙事。自 19 世纪初开始，当格林兄弟指出了传说、历史和地理环境联系的时候，体裁就一直对此进行描述和界定。[1] 传说将叙事与社会、世界混合为一体，构造了超自然世界的维度。当故事建立了神奇的故事世界时，传说则始终植根于真实的生活。

奥地利民俗学者林安德·佩佐尔特（Leander Petzoldt）

---

[1] Gunnell, Terry, Introduction. *Legends and Landscape*. Ed. Reykjavik: University of Iceland Press, 2008, p.13.

把传说界定为一种让人产生可信性效果的体裁，并能提供时空化和个体化的资料。[1] 传说经常会提供被叙事件的上下文信息，包括具体时间、地点和目击者，让人信以为真。

欧洲传统的传说塑造了故事的世界。在这个世界里，人类与魔鬼、水与森林中的小精灵、鬼与其他超自然异类相遇。他们亲眼看见巫术和魔鬼的眼睛，体验过咒语和魔法治疗的效力。这类故事告诉我们亲历者遭遇超自然事件，并被超自然力量迷惑后的真实反应。下面就是这样一个故事，当事人是女性，45 岁，1947 年在爱沙尼亚乡村讲述，故事将传说、社会与超自然界混合在一起，是个不错的例子。

路易斯·帕克斯（Loviise Paaks）给我讲了她迷路的故事。

> 我小的时候，还是一个小女孩，跟父母生活在一起。有一天，他们让我把马牵到森林里去。天晚了，马把白天的活干完了，我就把马牵到庄园主的林子里，庄园主

---

[1] Petzoldt, Leander, *Einführung in Die Sagenforschung*. Konstanz:UVK Universitätsverlag Konstanz Gmb H., 1999, p. 58.

不知道这件事，但很多人都把自家的马牵到庄园主的林子里喂草、过夜。

别的马一直待在那里，我想回家了，就牵着马离开。突然，森林一下子全变了，四周变得都很陌生，我找不到回家的方向。这就是上帝在启谕。我们的马有个铃铛，我明明看见马在吃东西，却听不见铃铛响。我明明找到了来时的路——一条熟悉的通往庄园的路，我每到森林都要经过它，但现在我却又迷失了方向，不知该朝哪里走。现在我最该做的，就是跪在一棵树下，双手抱住树干，诵读祈祷主的祷文，结果果然灵验，我面前又变得天晴地朗了，我又认识那片熟悉的森林，找到那条回家的路了，听见马脖子上的铃铛声了。这一切都是真的。听说，只要你踩了森林精灵的脚印，你就会变得晕头转向。[1]

这个故事提供了一个发生在农村社区的证据，它证明农民对自然的感知是由对超自然力量的信仰所构成的。它也肯定说，基督教祈祷和运用其他基督教手段能

[1] RKM II 9, 203/4 (18) < Harjumaa county, Rapla parish, Kabala, Pühatu village-Recorded by Emilie Poom, told by Loviise Paaks, [reference to the manuscript collections of the Estonian Folklore Archives in Tartu], 1947.

获得宗教信仰的力量，能保护自己免受魔力的伤害，在这个传说里，指免受森林精灵的魔咒的危害。爱沙尼亚民俗档案馆中，保存了19世纪到20世纪的数万条类似故事的记录，其中广泛流传的母题是，提到上帝的名字，或者诵读一篇祈祷书，或者用十字架当符号，对抗其他恶魔力量，这时基督教的权威就能显灵，帮助人们抵御魔鬼。这个故事揭示了信仰如何能够将真实的生活事件转化为传说中描述的超自然经历。传说不仅仅是一种娱乐体裁，它们还是一种感知模式，一种对不寻常经历的某种解释模式。它们还传授应对危急情况的策略。

根据巴赫金的学说，体裁不仅是词语沟通的形式，而且也是一种思维模式。巴赫金与包威尔·梅德维耶夫（Pavel Medvedev）曾写道：

> 每一种体裁都有自己的方法和含义（工具），去观察现实，并把现实概念化。❶

---

❶ Bakhtin, M. M. and Medvedev, P. N., *The Formal Method in Literary Scholarship. A Critical Introduction to Sociological Poetics*. Baltimore and London: John Hopkins University Press, 1991, p. 133.

体裁还提供了各种观察的观点，包括如何感知和控制现实。体裁提供视角，传达从幽默到恐惧、敬畏，再到神圣的感觉。传说作为一种体裁，还提供了一种认知模式，用于描述体验超自然，它所唤起的感觉可以从恐惧到惊奇，再到神秘的神圣感，就像奥托所说的那样。在讲故事的过程中可以体验到超自然的力量，但传说也会塑造我们看待世界的方式。当传统的传说在我们的脑海中实现时，它们就能在日常生活中唤起超自然的力量。

值得注意的是，传说中的强势争议，也产生可信性的修辞，可以用来证明事情的真相。讲述人使用强势的修辞策略（如“这是上帝的真理”）来传达他的真实经历，验证他对这一事件的解释。美国民俗学者琳达·戴格研究了传说的口头表演，并指出，这种体裁能让故事讲述人参与讨论他们的变异性，引发半信半疑的质疑模式。[1]

传说制造了对超自然现象的质疑，但也引发了反

---

[1] Dégh, Linda and Vázsony, Andrew, “Legend and Belief”. *Folklore Genres*. Ed. by Dan Ben-Amos. Austin: University of Texas Press, 1976.

质疑和其他否认信仰的解释。埃利奥特·欧灵（Elliott Oring）分析了确立传说为自己建立可信性的修辞策略，例如资料来源的权威性和讲述人的变换语调的特点。❶根据埃利奥特·欧灵对传说的多角度的分析，他对传说做出了新的定义，“传说是一种能够援引真理修辞的叙事表演”。

埃利奥特·欧灵的定义强调了研究故事讲述情景和传说的活态传统的重要性。❷他还开辟了从超自然领域到信仰的其他问题的体裁研究领域，如政治信仰、医学、健康、阴谋论和其他人的信念。

在西方民俗学中，这种超自然经历的故事被称为记忆。记忆与传说密切相关，但有时也会纳入一些非传统的母题，比如在故事中，有棕色的小魔鬼，但这与爱沙尼亚传说中的传统魔鬼形象不符。但是，这两种体裁十分接近，在记忆资料中，也统称第一人称传说。它们都有广泛的国际传播，主人公都有相似的经历，是世界大扩布的魔

---

❶ Oring, Elliott, “Legendry and the Rhetoric of Truth”. *Journal of American Folklore* Vol. 121, No. 480, 2008, p.157.

❷ Oring, Elliott, “Legendry and the Rhetoric of Truth”, *Journal of American Folklore* Vol. 121, No. 480, 2008, p.159.

鬼母题。这些故事带有强烈的训诫寓意，提醒人们不要把罪恶当成玩笑。

结论

民俗学研究宗教的方法主要是文本，着重于其词语的表达。民俗学者指出，超自然现象可以作为民俗体裁来研究，也可以作为语言现象来研究，对传说的研究就是这样，因为是传说将超自然现象带入生活，带入叙事。

宗教两层说，把制度化的宗教和“民众”宗教对立起来，长期左右了学术界的认识。当然，为了理解宗教的表达方式，确认各种信仰和仪式的制度化语境是必要的，语境和制度背景都是重要的，对基督教、伊斯兰教、佛教，或其他传统宗教都是一样的。在有些个案中，我们还发现，在某些情况下，本土宗教并不受世界几大宗教的影响。

在自然精灵崇拜上，制度化的宗教（如基督教）和信仰自然精灵的民众信仰两者，并没有判然分开，甚至两者纠缠，不分彼此。在传说中，它们还互相组合在一起，叙述同一种经历，讲同一个故事。

在民俗宗教研究中，个体的维度是重要的，这与传说反映了个人体验有关。然而，单个传说的讲述，不考虑集体传统，也是不能被理解的，因为单个传说也是表达信仰的载体形式，正如一般传说是超自然信仰的体裁，基督教是制度化宗教的载体一样。

研究民俗宗教和信仰的主要资源是文本，它们表达了两个维度。一方面，它们表达了个体的体验、主体性的实践和理解；另一方面，它们反映了共享的、集体的现实。正是在这里，有个体与传统的交汇点，我们就在这里发现民俗的本质。

第三节　大众信仰理论[1]

当代爱沙尼亚人的精神世界是理性主义和物质主义的。前面的几节已经介绍过，这种状态经历了长期复杂的发展过程。当今时代是数字媒体时代，飞碟、鬼屋、

[1] 此节的研究与撰写，曾得到爱沙尼亚科学基金会的资助（项目编号：7516）与欧盟欧洲区域发展基金（CECT）的支持。威廉 · F. 汉克斯（William F. Hanks）与我分享了 2000 年圣马力诺会议提交论文的书面文本。Delfi 网站允许我使用网站材料，在此一并致谢。

治疗师和灵媒的信息，时不时会登上爱沙尼亚小报的头条。它们总会被公共修辞和主流导向所排斥，遭到冷嘲热讽，但这不等于爱沙尼亚的超自然信仰已经绝迹，反而现在是科学理性主义和超自然信仰的表达俱在。近年来，围绕超自然信仰，主要借助互联网，还产生了新的自组织的讨论平台，形成了“一块有争议的空间，一个多层话语的战场”，即大众信仰领域。

本节拟重点谈谈大众信仰，主要讨论的问题有：在一个既理性又世俗的社会中，大众信仰是如何被建构的？又是如何通过互联网得到维护和发展的？

一、大众实践中的信仰

从大众信仰的角度看，信仰，是一种大众化的分类，用于日常沟通，指人们将行为的真实有效性归因于某种外在的东西，并确认它，接受它，把它当成真相，或者坚信不疑地表达这种认识。信仰，也是一种分析性的分类，用于学术研究，人类学、民俗学、心理学和哲学都在使用它。信仰，还是一个认知的实体，一种世界观要素和一类精神状态，并由此成为研究对象。

关于大众信仰的研究，当代学者的关注点是信仰者、信仰的社会形态，以及信仰群体通过词语表演建立的话语自组织结构。[1] 博托洛蒂（Lisa Bortolotti）指出，这种信仰有三个维度：一是与主体对他者的信仰与诉求，二是对主体诉求的证据很敏感，三是主体的行为方式。[2] 他对信仰的哲学特征和心理特点的分析，涉及通过互联网传播的资料，包括对星座的信仰、社会与现实生活、大众的行为取向、仪式的功能等，他的这种研究得到民俗学和宗教学的支持。[3] 民俗学者承认信仰的多样化表现形式，关注大众信仰体裁，强调其超自然性、精神性和神奇性，再将其概念化，并开展研究。体裁的边界又是开放的，这种信仰对象与迷信、习俗、仪式、传说、记忆、咒语、预兆、占卜、民间宗教、信仰疗法等其他范畴都有重叠，所以，这种体裁的

---

❶ Ferreira Barcelos, A. and Kalaja, P., Conclusion: Exploring Possibilities for Future Research on Beliefs about SLA. In Kalaja, P. and Ferreira Barcelos, A. (eds.) *Beliefs about SLA: New Research Approaches*. New York: Springer, 2006, pp. 213-238.

❷ Bortolotti, L., *Delusions and Other Irrational Beliefs. International Perspectives in Psychology & Psychiatry Series*. Oxford: Oxford University Press, 2009, p.12.

❸ Hoppál, M., On belief system. *Studies on Mythology and Uralic Shamanism. Ethnologica Uralica* 4, Budapest: Akadémiai Kiadó, 2000, pp. 39-59.

内容又是不稳定的、不一致的和不固定的，是存在多种声音的，但也可以通过体裁模式，接近它们，获得有效的概念工具，去观察它们无穷无尽的变化中的实质性内涵。[1]

这种研究，还要把信仰当作一种实践去考量，这取决于对大众选择的体裁模式的词语表达的考察。这种体裁模式，已被人类早期的交际行为和表演多样性所塑造，由早期社会发展而来，其中有些表现形式已被浓缩为神话、故事、谚语、谜语和歌谣，带有明确的传统内容和创编风格。有的体裁模式与特殊范畴的需求有关，被理解为个体的独白。[2] 此外，社会上还有相当数量的体裁，可以被描述为体裁族，或者体裁杂交物，它们的属性尚不清楚。[3] 总之，就分类理论而言，体裁未必是纯分类，它更像是一个“话语生产与接受的导向性框

---

[1] Mullen, P. B., Belief and the American Folk. *Journal of American Folklore* Vol. 113, No. 448, 2000, pp. 119–120.

[2] Bakhtin, Mikhail, The Problem of Speech Genres. *Speech Genres and Other Late Essays*. Austin: University of Texas Press, 1986, pp. 60–102.

[3] Bergmann, J.R. and Luckmann, T., Reconstructive Genres of Everyday Communication. In Quasthoff, U.M. (ed.) *Aspects of Oral Communication*. Berlin, New York: Walter de Gruyter, 1995, pp.300–301.

架”[1]。在本节的讨论中，需要比较明确界定的是传说体裁，这对大众信仰研究是非常重要的。

传说有多种定义，其中最能体现深层理解的一种，是信仰叙事，即传说是叙述超自然故事的体裁。[2] 传说体裁的特点，是把现实与虚构相混合，划分族群和社会群体的界限，塑造社会化的生活，面向内部社会整体进行解释，对内部社会整体之外的他者进行妖魔化，予以抵制和排斥。[3] 传说的社会听众，熟悉传说中的叙事事件、叙事地点和叙事信仰。传说中的故事主人公，都是听众

---

[1] Bauman, R., *A World of Others' Words: Cross-Cultural Perspectives on Intertextuality*. Oxford: Blackwell Publishing, 2004, p. 3.

[2] Bennett, G., Legend: Performance and Truth. In Bennett, G.and Smith, P. (eds.) *Monsters with Iron Teeth: Perspectives on Contemporary Legend* III, 1988, pp. 13-36. Sheffield: Sheffield Academic Press; Dégh, Linda, *Legend and Belief: Dialectics of a Folklore Genre.* Bloomington and Indianapolis: Indiana University Press. 2001; Oring, Elliott, “Legendry and the Rhetoric of Truth”. *Journal of American Folklore* Vol. 121, No. 480, 208, pp. 127-166.

[3] Tangherlini, T.R., Rhetoric, Truth and Performance: Politics and the Interpretation of legend. *Indian Folklife. A Quarterly Newsletter from National Folklore Support Centre* 25, 2007, pp. 8-12. Valk, Ü., Folk and the Others: Constructing Social Reality in Estonian legends. In Gunnell, T. (ed.) *Legends and Landscape: Articles Based on Plenary Papers from the 5th Celtic-Nordic-Baltic Folklore Symposium, Reykjavik, 2005*, pp. 153-170. Reykjavik: University of Iceland Press, 2008.

的同事。传说的框架，遵循个人体验叙事的结构模式，讲述单一语境和具体段落。[1]

传说体裁的特征，在一定程度上，规定了传说的表演边界，即限定传说能说什么，怎么说。传说体裁的表演者，不是传说体裁的终结者，因为听众也在参与体裁的实践活动。埃德加·斯鲁特金（Edgar Slotkin）说："体裁不固定在文本内容上，它也要对表演的语境做交代，主要是为他或她所表演的听众们，做好他们参与进来的所有铺垫工作。"[2] 对听众而言，传说体裁是一种阐释的视角，要能给听众带来一种公共态度，或者文化预期，如幽默、讽刺、怀疑、恐惧、敬畏和其他文化上的反应。从这个角度说，对传说体裁的认定，一个比较关键的问题是，要在无意的玩笑和粗鲁的侮辱之间，在虚构的笑话和个人的目击叙述之间，在小说和真相之间，区分虚构的成分与事件的真相。

---

[1] Nicolaisen, W.F.H., The Linguistic Structure of Legends. In Bennett, G., Smith, P. and Widdowson, J.D.A. (eds.) *Perspectives on Contemporary Legend* Ⅱ. CECTAL Conference Paper Series. Sheffield: Sheffield Academic Press, 1987, pp. 61-76.

[2] Slotkin, E. M., Legend Genre as a Function of Audience. In Bennett, G. and Smith, P. (eds.) *Monsters with Iron Teeth: Perspectives on Contemporary Legend.* Ⅲ. Sheffield: Sheffield Academic Press,1988, p. 108.

传说体裁的有些叙事带有母题或主题的线索，可以暗示词语表演的大体倾向性，比如，身为表演者的他或她，用“从前”一词，打开神话的诗性世界；用“给你讲一件真事”的词语，向你介绍一则似信非信的逸闻。有些传说不能满足听众或读者的世界观需求，听众或读者就会在没线索的地方想出线索，按照他们需要的新思路，继续挑战下去，寻找他们认为合适的解释。因此，听或读的行为，总是解释性的。而传说的词语表演，总是被分析的。如果传说叙事的表演者缺乏明确的思路，叙事意图也不清晰，听众或读者就会参与挑战，将传说中的费解部分给予补充叙事。下面是一个例子。

几年前，我在爱沙尼亚北部农村的一家旅店遇到了我的老同学。我们毕业 20 年没见过面，大家都把这次见面戏称为“答辩”，不用说，每个人都要介绍自己毕业后的工作和生活，结果我听到了 26 个叙事文本。它们都是现场即兴的，彼此是有差别的，但我还是能发现它们之间的共性，如约定俗成的主题、语义的限定、适当的长度、听众的反应等。

一位老同学，毕业后当了语言教师，她讲述了当初就业时遇到的难题。她当时有两种选择：一是在塔尔图大学留校工作，一是去当六年级教师。她举棋不定时，产生了精神压力，接着就发生了奇怪的事。她家墙上的镜子自己掉下来了，摔碎了。几天后，她听见一声巨响，原来卧室里的大镜子也神秘地爆裂了，撒了一地的玻璃碎片。她去找一个朋友喝咖啡，两人忽听邻屋的房里“砰”的一声，地板上也掉了一面破镜子。桩桩怪事连连发生，她决定去当六年级教师，于是再也没有怪事来找她。

她的故事讲完了，引来大家一通大笑，后又陷入了集体沉默。这个叙事很神秘，用幽默的模式讲述个人的奇遇，突破了他者故事的链条。我们开始耐着性子提问题：一共打破了多少面镜子？他者是否需要对镜子造成的伤害做出赔偿？“答辩”就这样继续进行，听众没时间讨论，讲述人也没时间多做解释。事后我问她，还有什么需要补充的吗？因为我很想知道，是否有任何超自然因素对她讲的这个故事产生了影响。可惜我什么也没得到。她只是重复说是个人亲身经历。她没有增加任何内容，也没有能力对这些事件做出解释。

因此，我想说，解释的空间是留给听众的，包括我和其他听者。在场还有几位民俗学者，他们都认为这是一种个人体验叙事，因为他们都知道传统叙事模式，如传说的母题要素、三段式结构、处理紧张气氛的张弛度等。传说是依存于超自然信仰的，至于属于哪种信仰，信奉其中的什么信仰，可否从传说中提取信仰词语的表演特质，如“人有压力镜子就会破”，或者“破镜子是坏兆头”。我们本地有这样的传统观念，说破镜子会带来厄运，在传统社会，这种传说让人听了紧张害怕。但在大众信仰时代，大家也知道，很可能什么事都没有。遇到这种情况，就把这种信仰传说当作一种模式，一种态度，一种对难以理解的事情的疑惑，一种对超自然力量的默许。

在大众信仰理论框架下研究信仰传说，需要了解讲述人的生活世界。还说这位老同学，我们需要了解她的信仰、价值观和心理，不然就无从判断这类个人叙事的意义。但她没有清晰的讲述意图，听众的反应也不强烈。然而，这反倒给这种叙事留出一些真空地带，给他者留下了潜在的发挥余地，能够引发其他叙事，这正是在互联网时代蓬勃滋生的现象，正所谓讲者无意，听者有心，网站的跟帖者有时无组织、无固定目标、无统一计划地蜂拥而至，铺天盖地又莫名其妙。爱沙尼亚经常发生这种情况，很多门户网站和无名小报都会刊登这类传说。传说体裁的表演，在这种语境中，不是传统的，而是大众信仰的活态实践。这种互联网资料，为学者的讨论与研究提供了很好的机会。爱沙尼亚的 Delfi 网站正是其中之一。这是一个不错的交互网站，2000 年建立[1]，其招牌是娱乐网站，但也搭载本地消息和国际新闻，还发表一些中立的匿名评论。2005 年 1 月 25 日下午 4 点零 7 分，该网站发表了一篇关于印度洋海啸后某地闹鬼的故事，文章开头如下：

> 印度洋海啸的 28 万名遇难者中的有些孤魂野鬼不甘丧生的寂寞，便出来作祟。据英国 BBC 广播公司报道，泰国当地有一位出租汽车司机叫莱克，他讲了一件真事，他拉七位游客去卡塔海滩观光，游客中途下车，把司机孤零零地丢在半道上。莱克说，在行车途中，他突然感到全身发麻，回过头去一看，车上竟然一个人也没有了，

[1] Runnel, P., Eesti infoühiskonna meedia-ja tehnoloogiakultuur. In Viires, A. and Vunder, E. (eds.) *Eesti Rahvakultuur*.Tallinn: Eesti Entsüklopeediakirjastus, 2008, p. 581.

他吓得瘫了过去，以后再也不敢晚上出来开车，就打算换个工作。还有一个传说讲，在某饭店的废墟里，经常听见一位白人妇女的尖叫，吓得保安魂飞胆战，有一保安当即辞职。某家庭的电话铃日夜响，接电话时，能听到电话里亲友的哭声，请求把他们从火葬场中救出去。最近泰国经常流传这样的故事。

与我的老同学的例子相反，这是一个混合式的媒体文本。它用一个简短的母题情节，将三个传说压缩在一起叙述。首先，是“搭车者”的母题[1]，由此开场，引出本地出租车司机的亲身经历。其次，是两个信仰叙事的压缩本，谈到不安分的亡者灵魂如何作祟。这是一种相当情绪化的叙事，它从远离世界中心的爱沙尼亚，向全球自然灾害一体化的各地发出，带来了精神上的余震。再次，它引起关于大众信仰传说性质的讨论。这种讨论同样超出了爱沙尼亚的范围，带有普遍性的特点。此文章发布后约一个小时，第一个反应出现了，对大灾后的

[1] Brunvand, J.H., *The Vanishing Hitchhiker: American Urban Legends and Their Meaning*, London: Pan Books, 1983.

可怕沉寂做了回应，紧接着又有37条跟帖。这里选几个帖子放在下面。

25.01.2005 17:11

无可奉告，实际是……

25.01.2005 17:21

精灵和闹鬼，信则灵，不信则不灵……

25.01.2005 17:52

哈，大家沉默了。我也见过一个精灵，她就坐在我的床边，认真地跟我谈话。她的脸是那么美丽和明亮，但她的颧骨太高，显得有点不自然，不过看上去人很善良，让人一点也不觉得害怕，还感到有她的陪伴非常好。她和我，都是女人，我都忘了我们之间说过什么了。

25.01.2005 18:26

回到传统，古老宗教的牧师都能帮忙。要从对死者的祈祷开始，为所有突然逝去的人祈求安宁。

25.01.2005 19:43

喊救命，可怕啊，白给我一百万克朗，我也不去……，我恶心、不寒而栗。☹

各式各样的网络反馈强化了传说的传奇性。大多数参与评论的人都认为，这些网络信息能证明超自然力量的存在。也有人认为，这是对外来的泰国民众信仰的报道，本与爱沙尼亚人的精神诉求无关。但网络民俗又是自发的，网络传播又是跨语言的，这就形成了一条新的传说链。[1] 令人惊讶的是，原本是泰国人的信仰，却被爱沙尼亚人予以内化，发表对灵魂信仰的看法（不用说，大多数爱沙尼亚人并不了解泰国文化、民俗和宗教，而爱沙尼亚媒体对泰国的介绍也很少）。

网络民俗信仰的传递还告诉我们，如果还像从前一样，把大众信仰确认为单一民族的本地遗产是有问题的。我们能够看到，信仰有通常的文本形式，也有非文

❶ Blank, T.J., Toward a Conceptual Framework for the Study of Folklore and the Internet. Introduction. In Blank, T. J. (ed.) *Folklore and the Internet: Vernacular Expression in a Digital World.* Logan, Utah: Utah State University Press, 2009, pp. 1-20.

本的形式，像心理的反应，如恐惧；或者像身体的表达，如打寒战；还有评价、解释、情绪和其他叙事而起的反应，都属于信仰表达的形式。在使用更为宽泛的网络平台互动中，民俗信仰与大众信仰实践紧密结合，吸引各种文本涌入，吸收广泛的听众主体介入，每种传说都允许有多角度解释的可能性，每种观点都允许用大众理解的词语传达，但也未必。多元化的传说叙事形式，都能生产新的传说故事，丰富传说模式的特征与功能。

二、里斯蒂街的闹鬼记与大众信仰实践

以下，我们讨论另一个问题，即网络媒体文本与大众信仰实践的关系。

琳达·戴格认为，当代信仰传说的兴盛借助了媒体的力量。与传统的口头文本相比，媒体文本更为复杂和精彩。[1] 电脑和电视机等新媒体的能量很大，超时空地拉动了大众信仰实践，这是口头传统所不能比拼的。然而，就超自然的个体体验而言，新媒体虽能传播，但又

[1] Dégh, Linda., *Legend and Belief: Dialectics of a Folklore Genre*. Bloomington and Indianapolis: Indiana University Press, 2001, p. 84.

因播出时间和栏目主题等限制给予制约，这也是自然环境中的民俗信仰传播所没有的现象。现代社会节奏快，网络平台由高科技操控，播送叙事要求简短、紧凑、双向互动、实时更新，而不能拖沓、冗长、背故事、单方自娱。[1] 互联网适合短、平、快的传播，这正好适合现代信仰传说传播的特点。随着网络成为当代人的共享媒体，信仰传说的搭载会更灵活、更普遍。网络常客和电视观众两个群体，加上介于两者之间的人群，共同构成大众信仰实践的主体。[2]

2004年9月1日晚上，千家万户都在看电视，爱沙尼亚电视台正在播放一档热播节目《目击者》。屏幕上出现塔林的一间公寓，公寓里传出骇人听闻的消息，闹鬼了！观众大吃一惊。次日凌晨，通俗小报打出了醒目标题《信不信由你：闹鬼三月，塔林某公寓被摧

---

[1] Primiano, L., Oprah, Phil, Geraldo, Barbara and Things that Go Bump in the Night: Negotiating the Supernatural on American Television. In Mazur, E.M. and McCarthy, K. (eds.) *God in the Details: American Religion in Popular Culture* 48. New York and London: Routledge, 2001.

[2] Bronner, S.J., Digitizing and Virtualizing Folklore. In Blank, T.J. (ed.) *Folklore and the Internet: Vernacular Expression in a Digital World* 25. Logan, Utah: Utah State University Press, 2009.

毁》。[1] 报纸头版还刊登了一张照片，照片上有一位老太太，衬衫被扯破，满面愁容。头版的另一篇文章是《亲人的亡魂发火了》。爱沙尼亚 Delfi 网站于当日上午 9 点零 3 分转发了此文的摘要。

此户位于里斯蒂街的一栋公寓里，三居室，四个月来，愤怒的鬼魂一直在折腾，闹得这个家庭一片狼藉。破烂的衣帽鞋袜、破碎的钟表和收音机、掀翻的室内家具杂乱无章地堆在地上，电话在房间里到处飞，这就是现在这个家庭的日常生活。周三下午，这个家庭平静了，被掀倒的桌椅和壁橱都复原了，走廊一角的滑雪板被固定在墙上，旁边挂了大蒜，用以保护滑板。据当地晚报讲，这家原有三代人，现在住着埃维夫妇和他们的一双儿女。从 5 月 24 日起，幽灵就来到这家找麻烦，幽灵是家里的老人，87 岁，前一天刚在疗养院去世。原来老人不愿意去疗养院，十分抗拒，多次逃出来。老人死后，其幽灵就回家找儿子埃维。现在，这个家已经没有一样东西不被这个生气的幽灵动过，埃维悲伤地说：

---

[1] Paas, Kadri, surnud sugulase vaim hakkas märatsema. *SL Õhtuleht* 2. September, 2004.

> 我躺在沙发上。一只杯子，装满水，从厨房里出来，向我身上泼过来。我们晚上睡觉时，枕头忽然不见了，被抽走了。幽灵把鞋子扯成碎片，撒到地上，到处都是。幽灵还使劲捶打孙女克里斯蒂娜的床板，还有一次，幽灵把床和孙女都抬起来。昨天上午家里没人，幽灵就把壁橱掀了个底朝天。

埃维承认见过幽灵。他躺在大屋的沙发上，睁着眼睛，看见一位驼背的老太太走过来，他说："正是她向我们泼水。"好心人建议给埃维一家人做心理辅导，但到目前为止，还没有人能为这个家庭提供实质性的帮助。据传说，老人的负能量已渗透到孙女的身体中去，让孙女对周围的人都很抗拒。孙女参加了体育训练营，营地设在一片寂静的地方。埃维想请一个牧师，帮助女儿躲过幽灵的侵害，但孩子的心门锁上了，牧师敲门，她一点都听不见。埃维还担心牧师"会撞上一只杯子！那可怎么办呢？"但牧师说，他既然已经答应帮助这家人，他就会为这家人祈祷，现在他的心情比以往任何时候都更加平静。

反常现象研究者伊戈尔·瓦尔克（Igor Volke）说，这是一个恶作剧的个案，“死者认为这个家对她不公平，她的魂灵就要站出来表达，惩罚这个家庭”。他还说，幽灵出没的地点，除了家庭，一般还有沙滩，这些地方都适合幽灵携带能量，但他也不知道怎样才能制止幽灵的作祟。

作为大众信仰范畴的媒体文本，此文提供了又一个压缩版的循环叙事，里面有紧张情绪，有情节冲突，也有用当事人的话语构成的叙事母题[1]，形成了一个信仰与传说融汇的新文本。此文提出了一个问题，即超自然的力量在物质世界与社会世界中的表现形式。不过，还有一点，我们也必须注意，那就是网络和小报的文章让我们几乎忘了传说。一般读者得到的印象是，某记者个人访问了被毁的公寓，观察了现场，把目击者埃维的话当成有力的证据。作为局外人的专家伊戈尔·瓦尔克，专门研究“闹鬼”事件，他确认这是恶作剧者的过分举动，这也为此案的定性提供了有力的证据。

---

[1] Hennoste, T., *Kommikoer ja pommikoer. Üksteist lugu Eesti ajakirjandusest. Loomingu Raamatukogu* 1/2. Tallinn: SA Kultuurileht, 2010, pp. 13–15.

但是，我们需要注意的是，此文不仅讲了一个闹鬼公寓的奇遇，还提供了一套解释信仰传说的步骤和要点。第一步，是交代信仰主体，这是由小报和网站的标题传达出来的。主体是一个幽灵，一位愤怒的老年妇女的鬼魂，她生前受过虐待。第二步，媒体文本提供解读传说的视角，即"复仇"母题，整体文本的母题就是亡者的复仇。自19世纪末至20世纪初，爱沙尼亚成千上万的传说都有"复仇"母题。第三步，媒体文本给出的解释是，闹鬼是虐待他人或违反社会道德规范造成的严重后果，正是在它的基础上产生了闹鬼的传说。[1] 第四步，小报和网站的传播意图与大量传统"复仇"母题一样，都承载了道德训诫信息，提醒全社会都要恪守正确的伦理道德。第五步，从现代社会的大众信仰实践的角度分析这类传说。

本文的重要性在于：首先，它对现代精神文化建设有益，老人如果生前得到善待，这家人的惨剧就可能得到避免。其次，它对理解世俗信仰与现实理性的混合有

---

[1] Lecouteux, C., *Geschichte der Gespenster und Wiedergänger im Mittelalter*. Köln, Wien: Böhlau Verlag, 1987, p.173.

益，如反常现象研究者伊戈尔·瓦尔克所说，闹鬼挑起了费解的事端，但传说中也有现实环境（如沙滩），这也为认识传说中的反常现象提供了可参考的思路，为揭示一些莫名其妙的叙事现象打开了唯物主义的新视角。再次，它吸引人们关注孙女克里斯蒂娜与超自然事件的联系，暗示我们可以从心理辅导方面对传说做解释和实行救助。以上三点，是三种视角，有三个解释框架，三者彼此不同，但都是大众信仰实践的构成部分。

从理论上分析，以上三者代表了三个理论要点，即：（1）与超自然力量相关的民俗信仰观，（2）（准）科学的观点，（3）（民众）心理的或精神病学的观点。第一个视角支持超自然主义者的世界观，后两种视角提供了将闹鬼传说倒置为反传说的可能性，它能对内在的民俗信仰造成破坏力，使听者与闹鬼传说保持距离。[1] 从三个角度开展研究的方法，就是多元研究方法。总之，最终还是传说本身在引导我们处理社会现实的信仰词语结构。

---

[1] Ellis, B., Legend/anti legend: Humor as an Integral Part of the Contemporary Legend Process. In. Fine, G.A., Campion-Vincent, V. and Heath,C. (eds.) *Rumour Mills: The Social Impact of Rumour and Legend*. New Brunswick (Canada) and London: Transaction Publishers, 2005, pp. 123-140.

据统计，Delfi 网站对此事的报道有 288 条跟帖。自开头讲的小报文章发表后，第一条评论出现在五分钟之后，最后一篇在第二天凌晨 1 点 40 分出现。最活跃者写了跟帖 14、19 和后面的 14 条评论（落款均使用不同姓名，但 IP 地址显示为同一个作者）。共约 150 人发表了看法，但他们并未转向大众信仰理论，而是转向实践方面，就如何帮助被侵扰家庭提出了很多建议。一篇文章说，埃维向心理学家求助，却不敢再邀请牧师帮忙，他们鼓励埃维还是去找牧师，但没有谁能说清楚哪种方法可以去除心魔，也没有一条建议能让众人心服口服。但大家提到比较多的，还是路德教会的牧师。

02.09.2004 09:35

我听说，基督教能祈祷和喝令“邪恶”的幽灵走开，这种帮助……能让幽灵消失。为什么不去找基督教牧师呢？上帝的力量总要比魔鬼的势力更强大吧？

02.09.2004 09:35

我有个建议，去教堂，为逝去的亲人点上蜡烛，请求她的宽恕。也可以把这根蜡烛带到墓地去。另外，天主教神父也能帮忙。还有，鬼魂经常出现在有小孩的地方。

02.09.2004 11:02

请佛僧来，据说他们有对付孤魂野鬼的办法。孙女有点疑虑，但也不一定……

02.09.2004 17:59

应该找伊曼纽尔·克尔斯。

02.09.2004 18:13

伊曼纽尔·克尔斯是爱沙尼亚东正教的牧师，处理过隐形人的案件。我还知道一件事，在读祈文时，坟墓中不安宁的灵魂是安静的，可以制止闹鬼。

使用大蒜当防护工具，防妖除魔（上文已提过。自有关“吸血鬼”的电影放映后，几十年来，爱沙尼亚人都知道可以使用这个方法除魔），人们还推荐没有专业人士帮忙的安抚鬼魂的方法，其中有一条是做仪式，例如：

02.09.2004 12:20

在坟墓上点一根蜡烛，很有用。我有个去世的朋友，在我的梦里闹了三个晚上（让我去看她）。我在她的坟墓上放了一根蜡烛，以后就没事了。

02.09.2004 18:17

我的一个朋友的家人也出过这种事，来了一个幽灵在卧室闹鬼。他们就把十字架挂在每个门的上方，所有门都挂，以后家里就太平了。

爱沙尼亚人在葬礼后，一般是在全灵节（All Souls' Day, 11 月 2 日）、平安夜和其他一些节日，在坟墓上点燃蜡烛，缅怀死者。19 世纪以后，爱沙尼亚人认为，花楸更有避邪的魔力，就用它来趋避求吉。一些信仰者注意到，在“复仇”母题中强调高尚的道德标准，这是应该在现代生活中传承的，魑魅魍魉从不侵害有德之人。有些评论者在更广泛的文化背景下看到了古老民俗信仰现象的现实意义，并列举了忽视超自然现实的后果，表达了他们较为系统的世界观。

02.09.2004 11:55

里斯蒂街挨近墓地。挨近亡故、哀悼和痛苦、悲伤的居所都是不祥之地。医院、监狱、疗养院、兵营和拘留所等能带来痛苦回忆的地方，也都很糟糕，糟糕……

有些人提供了类似的个人体验故事，也符合这种信仰传说的说法。

02.09.2004 11:30

几年前，我有个熟人也碰到这种情况，家里只有一个十几岁的小女孩。幽灵给他们写过警告，他们看见过。他们不信教，都是老实人，没有必要夸张。虽然我是个多疑的人，但我没法不相信他们。

02.09.2004 11:36

我也遇到过同样的事。有人说“少喝点”，或者跟你或你的邻居开玩笑说，如果他是一个活人，他就会成为世界著名的魔术师，或者会在马戏团工作。我们三人去了教堂，读了祈祷书，以后恢复了平静。如果他开始移动，你的脸就会变成绿色的。你就有一种感觉，跑百米准能打破世界纪录。

上述信仰话语的流动，能激起怀疑论者和非信仰者表达他们的不同意见。他们会提出反传说的看法，希望超自然信仰从世界上消灭。

02.09.2004 14:36

万桑（化名）和一个疯人院的清洁工就是现成的证据。某些幽灵的说法其实是耳朵出了问题……你相信吗？我有时候都不知道自己在说什么。举个经典的例子：一场家庭悲剧之后，某女士总觉得电话铃在响，回电话时，对方没动静；把电话放回去，电话铃又响。其实这不是闹鬼，而是某女士有精神障碍。这也能解释从隔壁传来的声音的由来。有时听到隔壁有脚步声或其他动静，病人听见过邻居喊叫或说话，其实什么都没有，只不过是一种幻听现象。劝你们两位也去看看精神病医生。

医学话语是科学权威的代表，是反对超自然主义世界观的有力论据。关于超自然因素，有一种精神病学与理性学说合一的说法，认为闹鬼的“真实”原因是酒精和毒品刺激的反应，是人们对媒体热点的渴望，或者是教育程度和心理水平较低的少女受荷尔蒙影响而产生的情绪变化，这些都让他们产生闹鬼的幻觉。这时医学和科学的权威话语都以令行禁止的明确态度出现，强制这个群体克制自己的行为，例如：“少喝酒！去上学！”（Ci, 02.09, 2004 11：46）[1]。但是，信仰话语也同样是强制性的，他们也指责反对者思维狭隘，无视证据，而有些证据也是不可能自动消灭的。

结论

吉莉安·班尼特（Gillian Bennett）认为：“超自然力量是一个经常被提起的话题，是在非正式情况下十分严肃的话题。在各种评论碰撞的过程中，个体的表达往往被放在一边，人们就像拔河那样，倒向哲学式的概括话语表达。”[2] 互联网的互动品质，与互联网的匿名包装，还使

---

❶ 译者注：此条指爱沙尼亚 Delfi 网站在发布“02.09.2004 11:36”推文 10 分钟后出现的一条跟帖。

❷ Bennett, G., “Alas, Poor Ghost!” *Traditions of Belief in Story and Discourse*. Logan, Utah: Utah State University Press, 1999, p.38.

那些攻击性的说法和不能容忍的修辞手法都得到使用。[1]在这种情况下，信与不信，会形成两个最基本的话语，在传说中频频出现，彼此纠结，并形成鲜明的对话关系。虽然有人说，超自然力量有充分的证据，但也总有人给予嘲笑和破坏，还有人使用替代法去演绎这类事件，使之翻新。信仰与传说的捆绑与幻想或梦想世界无关，反而是社会成员集体共享的现实。但在这个共享世界的精神或物质本质的争论中，没有任何人会无动于衷，会不产生任何反应。

互联网的出现，给大众信仰理论的发展提供了多元声音，也给大众信仰实践提供了多样化的途径。与制度化的话语系统相比，民俗信仰的表达有时是杂乱无章的。占据主导地位的话语，代表制度性的权威，但也催生反对的声音，成为攻击的目标。占据非主导地位的话语，代表民俗信仰的多种形式，但也会发生反戈现象，如传

---

[1] Runnel, P., Eesti infoühiskonna meedia-ja tehnoloogiakultuur. In Viires, A. and Vunder, E. (eds.) *Eesti Rahvakultuur*. Tallinn: Eesti Entsüklopeediakirjastus. 2008, pp. 580–585. Howard, R. G., Crusading on the Vernacular Web: The Folk Beliefs and Practices of Online Spiritual Warfare. In Blank, T.J. (ed.) *Folklore and the Internet: Vernacular Expression in a Digital World*. Logan, Utah: Utah State University Press, 2009, pp. 159–174.

说转化为反传说。与此同时，在批评性的分析中，在话语自组织的过程中，大众信仰理论得到快速的建设和发展。在产生信仰的性质讨论和再现信仰的实践方面，信与不信两者都起到重要作用。不信的表达是主导系统的话语，信的表达是主导话语的“他者”的影子；两者都从通用的文化肌体中抽出，构成活态的主体文化。

第二章

民俗信仰研究的学术史[1]

民俗学怎样将民俗信仰作为自己的研究对象进行研究？以爱沙尼亚为例，一方面，在路德教会的系统中，已经将民俗信仰概念化，使之成为与基督教相联系的异教遗产，同时又通过破除迷信的过程，削弱民俗信仰的世界观，加强基督教的世界观；另一方面，国家独立和民族觉醒的意识形态，将爱沙尼亚民俗信仰描述为前基督教时期的巨大的和有价值的本土宝藏，其中包括古老的芬兰－乌戈尔文化遗产。在苏联时期，马克思主义进化论将宗教视为阻碍人类社会发展的对立物，但是，抵制一切宗教的做法又强化了本国人民对本土宗教的依恋，

❶ 本节的研究曾获欧盟欧洲区域发展基金（CECT）的支持，另获欧洲研究理事会（学院派研究）的资助（项目编号：IUT2-43）。

人们将之与外来基督教相比较，在抵制外来文化的潜在共识中，保护了自我信仰。1991 年爱沙尼亚宣布独立后，各种后来进入意识形态的概念被重新定位，新概念化的现象得到发展。

从历史上看，爱沙尼亚宗教研究的兴起，与新教神学和路德教会的传教活动有关。在整个 18 世纪，爱沙尼亚人都被视为他者，落后的农民和德国庄园的简单劳动力，他们被认为生活在怪诞的世界里，需要通过查阅民族志文献来认识他们，而爱沙尼亚人也一直都与波罗的海德国精英保持着距离。

路德派的牧师霍佩尔（Wilhelm August Hupel）提出，爱沙尼亚人的“迷信”，部分来自所谓的异教时期，部分来自天主教教育。[1] 他把民俗信仰说成是迷信和盲目崇拜，将之与前基督教时期的信仰和实践联系起来，是有争议的，但也一度成为爱沙尼亚学术界通行的说法。

1802 年，塔尔图大学法律系恢复建设，招收了几个爱沙尼亚学生。此后，爱沙尼亚知识分子的出现，刺激

---

[1] Hupel, August Wilhelm, Beitragzuden Nachrichten von den Estenund Letten 1781. *Eduard Laugaste, Eesti rahvaluuleteaduse ajalugu: valitud tekste ja pilte*, Tallinn: Eesti RiiklikKirjastus, 1963, p. 84.

了内部文化中的精英与农民开展对话。第一批受过高等教育的爱沙尼亚人与部分德国上层社会受教育者组合在一起，共建爱沙尼亚本土知识系统，构建爱沙尼亚本土文化。但爱、德不同文化之间仍然存在着分歧。从局外看，即从波罗的海德国学者的角度看，对爱沙尼亚神话和信仰民俗范畴的建构，是以德国的启蒙运动为标准的。从局内看，即从爱沙尼亚学者的角度看，在 19 世纪，德国学者与爱沙尼亚学者都为爱沙尼亚民俗学的发展做出了贡献。进入 20 世纪之后，以爱沙尼亚民俗学者为主。

以下讨论爱沙尼亚民俗信仰研究的学术史。这是因为民俗学的概念和研究框架制定得比较早，从波罗的海德国精英和爱沙尼亚第一批知识分子开始，就一直在历史上使用，因此，如果不进行历史背景的介绍，就很难讨论后来民俗学的发展。下面重点讨论这方面变迁的概念史，同时也涉及相关研究工作的发展。

第一节　19 世纪信仰研究的几个步骤

德国哲学家赫德（Johann Gottfried von Herder, 1744—

1803）是德国民俗学研究的先驱和民族主义的倡导者，对波罗的海德国精英和爱沙尼亚民俗学思想产生了强烈的影响。1764—1769 年间，赫德曾旅居拉脱维亚首都里加，在那里写了一批研究著作。在这期间，他对爱沙尼亚和拉脱维亚的口头传统都增加了了解，很可能这些知识也影响了他的民俗学观点。❶

赫德的基本思想之一，是多元价值观，他拒绝统一的价值观和信仰，认为不同文明都有自己的独特性、个体性和不可比较性。他主张，每种文明都是独立的“有机”体，每种语言都有自己的奇特性，它们显示了各民族的平等权利。❷

按照他的观点，爱沙尼亚和拉脱维亚都是独立的民族，不应该再用社会联盟的概念去说他们是低等的、乡村的人口。他们可以具备自己的民族身份。波罗的海德国学者嘉莱伯·荷尔文格·马克（Garlieb Helwig

---

❶ Undusk, Jaan, Baltisaksa kirjanduse breviaar: põhilaad, erijooned, esindajad. R.Undusk (ed.), *Rahvuskultuur ja tema teised*, Tallinn: Underi ja Tuglase Kirjanduskeskus. (Collegium litterarum, 22.)2008, pp. 108-109.

❷ Berlin, Isaiah, *Vico and Herder: Two Studies in the History of Ideas*. New York: Vintage Books, 1977, pp. 208-289.

Merkel，1769—1850）指出，在历史上，将爱沙尼亚和拉脱维亚基督教化是一种暴力行为，导致两国沦入农奴制。[1] 也有的波罗的海德国学者持有殖民主义者的偏见。在他们看来，波罗的海国家的人民就是历史的弃儿，是本土的“野蛮人”，是德国基督教拯救了他们。但嘉莱伯·荷尔文格·马克反对这种说法，他认为波罗的海人民才是本国历史的主人，他们创造的高度发达的文明，堪与古希腊文明相媲美，可惜遭到入侵者的野蛮摧毁。[2] 嘉莱伯·荷尔文格·马克还赞扬爱沙尼亚人民坚定地保存自己的信仰、神话、古老的祭祀地点，使它们能在历经悲惨的世纪之后，在几乎毁灭性的流动中，得以幸存。爱沙尼亚诗人和作家柯里斯简·雅克·皮特森（Kristjan Jaak Peterson, 1801—1822），将克里斯托弗里德·甘安德（Christfried Ganander, 1741—1790）的神话学从瑞典语翻译成德语，并补入在爱沙尼亚平行传承的同类神话中，

---

[1] Undusk, Jaan, Baltisaksa kirjanduse breviaar: põhilaad, erijooned, esindajad. -R.Undusk (ed.), *Rahvuskultuur ja tema teised*. Tallinn: Underija Tuglase Kirjanduskeskus. (Collegium litterarum, 22.), 2008, p. 106.

[2] Annist, August, *Friedrich Reinhold Kreutzwaldi* “*Kalevipoe*g”. Tallinn: Eesti Keele Sihtasutus, 2005, p. 404.

还增加了个人评论。他将所有爱沙尼亚语的资料重新整理，建立了一个有序分层的资料系统。❶ 他吸收了甘安德著作的思路，构建了爱沙尼亚文学中的诸神，奠定了爱沙尼亚万神殿的基础，后来被称为“仿神话学”。此外，他对芬兰和爱沙尼亚神话的关联的观察，也启发了后来学者的研究。

1838 年，爱沙尼亚博学学会成立，该学会的章程提出，建立学会的宗旨是增加对爱沙尼亚历史变迁的了解，包括过去与现在的知识、语言与文学、古代爱沙尼亚人定居的国家与社会。❷ 学会的创始人之一弗里德曼·罗伯特·法尔曼（Friedrich Robert Faehlmann, 1798—1850），是塔尔图大学的医生和校友。他的母语是爱沙尼亚语。❸ 他设计了爱沙尼亚民族史诗《卡列维伯格》的基本故事框架，后来由弗里德曼·雷霍德·柯卢兹沃德（Friedrich Reinhold Kreutzwald, 1803—1882）改编成史诗。弗里德曼·罗伯特·法尔曼的文学作品《爱沙尼亚传奇》，是爱

---

❶ Järv, Risto, Kristfrid Ganander “Mythologia Fennica” saksakeelsest tõlkest. *Keel ja Kirjandus* 3, 2001, pp. 173-179.

❷ Laar, Mart, Rahvuslus ja eelärkamisaeg. Sulev Vahtre, et al. (eds.) *Eesti ajalugu V. Pärisorjusekaotamisest Vabadussõjani*. Tartu: Ilmamaa, 2010, p. 225.

❸ Laugaste, Eduard, *Eesti rahvaluule teaduse ajalugu: valitudtekste ja pilte*. Tallinn: Eesti Riiklik Kirjastus, 1963, p. 342.

沙尼亚早期文学的代表作。他用德语创作，融合了民俗和小说。在他的创作中，还提供了创世情节和异教诸神的情节。他的这些作品具有特殊的文学史和民俗史地位。他在《传说概论》中指出："爱沙尼亚人保留了相当一部分他们以前的记忆、民歌和传说，把它们当作神圣的东西。几年前，在当地还可能找到古代偶像崇拜的遗迹。"然而，由于虔诚主义已经深入到民众生活中去，现在一切本民族古老的东西似乎都在衰退。唱民歌和讲传说都遭到禁止，信奉异教的最后遗存也正在被摧毁，开展历史研究的机会已消失殆尽。[1] 这种观察符合早期盛行的民俗迅速消失的状况，而基督教的社会主流化不可避免地削弱了本国古老的传统。现在看，上述种种说法都是假设，但它为半个世纪后大规模开展的爱沙尼亚民俗收集工作做了准备。1866年，弗里德曼·罗伯特·法尔曼的《传说概论》第一次被译为爱沙尼亚文，并在一份通俗报纸的头版发表，标题为《关于爱沙尼亚人民的祖先的两句话》。[2] 文章匿名发表，

---

[1] Faehlmann, Friedrich Robert, *Teosed* I. Tartu: Eesti Kirjandusmuuseum, 1999, p. 36.

[2] Perno Postimees, Mõnnisõnna Eestirahwaee swannemattest. –*Perno Postimees* 19.01, 1.1866, p. 1.

但影响很大。他提出将基督教和异教两者分开，指出古代爱沙尼亚人民是异教神灵的崇拜者。他为爱沙尼亚神话学、传说学、故事学、史诗学的建设都做出了重大贡献，是公认的爱沙尼亚民族运动的关键人物。

1867 年，卡尔·罗伯特·雅各布森（Carl Robert Jakobson, 1841—1882），一位爱沙尼亚记者兼民族主义运动的领袖，出版了他的《学校读本》。在这本书中，雅各布森推广法尔曼《传说概论》中的爱沙尼亚神话学和弗里德曼·雷霍德·柯卢兹沃德的史诗《卡列维伯格》。根据雅各布森的说法，朱马尔（Jumal）是古爱沙尼亚人信奉的主神，还有三位次要的神，分别是雷神于克（Ukko）、歌神瓦内穆恩（Wanemuine）和战神塔拉（Tara）。雅各布森写道："当路德宗教改革到达了我们的国家，这些神仍然被崇拜，爱沙尼亚人只是名义上成为基督徒。"[1] 他的这本书被爱沙尼亚所有学校使用，40 年间重印了 15 次。

在这一阶段，异教和基督教被视为对立的，但学者对它们的评价又是模糊的。基督教一方面被视为使爱沙尼亚

---

[1] Jakobson, Carl Robert, *Kooli Lugemise raamat. Esimene jagu*. Tartu: H. Laakman, 1867, p.156.

人免于异教的解放力量；另一方面又被视为外国压迫的思想工具，终结了爱沙尼亚古老文化的黄金时代。早期学者承认基督教，又寻找非基督教信仰的遗存，认为那就是本国的古老宗教，但他们忽视基督教对民俗的渗透作用。民俗也没有被看成是民众日常生活的伴生物，没有被看成大众创造力的表现，而只是看成历史记忆的储存物，是爱沙尼亚民族共同财产的组成部分。还有一种民俗的爱沙尼亚化的观点，认为爱沙尼亚民俗信仰是一种独立的宗教，与德国、瑞典、拉脱维亚和其他国家的民俗信仰相比，其他国家的民俗信仰都有外来影响或外借因素，唯有爱沙尼亚民俗信仰是内生的。爱沙尼亚神话和民俗信仰已经形成了连续的和内在有序的系统，可以加以恢复和给予系统的描述。

在 19 世纪，上述各种思想在爱沙尼亚社会广泛传播，为 20 世纪民俗学的建设做了准备。

第二节　专业民俗学：从系统收集到研究

雅各布·霍特（Jakob Hurt, 1839—1907）是 19 世纪

爱沙尼亚民族运动的领袖，也是最杰出的爱沙尼亚民俗学家。他曾在塔尔图大学学习神学，后在赫尔辛基大学获得语言学博士学位。毕业后曾在奥特帕和圣彼得堡担任路德教会的牧师。在他之前，研究爱沙尼亚民俗学的绝大多数学者都用德语写作和出版，他使用爱沙尼亚语撰写民俗学的专业著作。[1]

1888 年，他在主流报纸上发表《向爱沙尼亚最警觉的儿女们提出几项请求》一文，向公众提供搜集民俗的问卷，并对搜集“旧风俗和仪式”“旧的民俗信仰和迷信”的方法，提出指导意见。他回答记者的提问，对记者提出协助民俗学工作的进一步建议。在记者的帮助下，他搜集了全国各地的口头传统。他本人在报纸上发表了 156 篇民俗搜集报告。他还是当时系列学术著作的发起者，如“老竖琴”系列丛书和“爱沙尼亚老物件 ”系列丛书。他的牧师同行们曾对他热心搜集迷信资料提出批评，但他反击道：

---

[1] Jaago, Tiiu, Jakob Hurt: The Birth of Estonian-language Folklore Research. Kristin Kuutma & Tiiu Jaago (eds.), *Studies in Estonian Folkloristics and Ethnology: A Reader and Reflexive History,* Tartu: Tartu University Press, 2005, pp. 45–64.

> 我们记录民俗的工作是科学研究工作。即使迷信是民俗的阴暗面，也需要成为科学研究的对象，只有这样才能在必要时否定和回击它们。那些向我们灌输迷信的人是不迷信的。迷信者并不给我们写信，所有收集材料都将成为打破盲区的良药。黑暗总会被驱赶，因为人们期待光明，所以不必为记录古代流传下来的可怕事物而担忧。[1]

雅各布·霍特是爱沙尼亚现代民俗学的奠基人。另一位大规模搜集民俗资料的牧师是马提亚斯·约翰恩·艾森（Matthias Johann Eisen, 1857—1934），他的学术研究水平不算高，但在搜集民俗资料的成绩上与霍特齐名。霍特出版过民歌研究著作，提供给学者研究使用，影响很大。艾森出版了大量内容宽泛的民俗小丛书[2]，提供给使用爱沙尼亚语阅读和写作的广大社会读者欣赏。

---

[1] Hurt, Jakob, Kümnes aruanne Eesti wanawara korjamisest ja keelemurrete uurimisest. *Olevik*, 37, 12.09, 1, 1888, p. 36.

[2] Kuutma, Kristin, Matthias Johann Eisen: A Collector and Publisher of Narratives. -Kristin Kuutma & Tiiu Jaago (eds.), *Studies in Estonian Folkloristics and Ethnology: A Reader and Reflexive History*. Tartu: Tartu University Press, 2005, p. 93.

但是在搜集方面，人们还是认为，他与霍特的工作旗鼓相当，霍特的民俗搜集文稿超过 12.2 万页，艾森的民俗搜集文稿达 9 万页。

克里斯蒂 · 库特码（Kristin Kuutma）认为，艾森被“激活民俗搜集和用出版恢复民众遗产”的想法所驱使，从事了大量民俗学工作。❶ 的确，在 19 世纪末，在介绍爱沙尼亚民俗信仰的时期，艾森和他的民俗图书发挥了显著的作用，当时文学和口头传播融合在一起，不能严格区分两种体裁，艾森的大众民俗图书也在扶植口头传统上占有一席之地。当然，人们将艾森与霍特相比，认为他的学术研究不足，但最近他的少量学术著作又有被再度关注的趋势。❷

一些当代民俗学者指出，艾森是将爱沙尼亚民俗信仰进行系统介绍的学者，他出版了四本专著，分别是《爱沙尼亚神话》（1919）、《最近的爱沙尼亚神话》

❶ Kuutma, Kristin, Matthias Johann Eisen: A Collector and Publisher of Narratives. -Kristin Kuutma & Tiiu Jaago (eds.), *Studies in Estonian Folkloristics and Ethnology: A Reader and Reflexive History*. Tartu: Tartu University Press, 2005, pp. 93-94.

❷ Kikas, Katre, Ajakirjandus Jakob Hurda ja Matthias Johann Eiseni rahvaluulek ogumise mõtestajana. *Keel ja Kirjandus* 5, 2013.

（1920a）、《祖先的祭祀仪式》（1920b）和《古爱沙尼亚信仰》（1926）。这些学术书籍的编辑水平不高，但仍然占有里程碑的位置。芬兰学派的几位重要学者，如尤利乌斯（Julius）和科隆（Kaarle Krohn），在研究芬兰民俗信仰和民歌时都使用了艾森描述爱沙尼亚民俗信仰历史的资料。艾森还提到《卡勒瓦拉》，可惜未将之列入书目。他主要使用《卡列维伯格》，从中援引爱沙尼亚的古代神话，尽管这部史诗的作者柯卢兹沃德没有保留艾森在原创《卡列维伯格》时使用的民歌。[1] 但艾森还强调了在芬兰－乌戈尔民俗语境中研究爱沙尼亚民俗信仰，并在这方面列出了一批书目。[2]

艾森出版了第一次全面调查爱沙尼亚境内的芬兰－乌戈尔的民族、语言和文化的资料，调查范围以波罗的海芬兰人和萨米地区为主。[3] 他虽然强调芬兰－乌戈尔背景，但他也提到基督教对爱沙尼亚民俗信仰的影响，在

---

[1] Hurt, Jakob, *Mida rahvamälestustest pidada. artiklitekogumik.* Tallinn: Eesti Raamat, 1989, p. 50.

[2] Eisen, Matthias Johann, *Esivanemate ohverdamised*. Tallinn: Mats, 1996, pp. 178–184.

[3] Eisen, Matthias Johann, *Eestlaste sugu* I–II.E.K.S.Tartu:Rahwakirjanduse Toimekonna Kirjastus, 1909–1911.

《最近的神话》一书中，他专门写了这个专题，称基督教为“大众基督教”。他在这本书的导言中指出：“基督教给我们的人民带来了许多新观念，包括基督教的圣贤，将取代古代爱沙尼亚祖先、神话人物。异教并没有消失，而是或多或少地与基督教融合，并留下了它的痕迹。”❶

1918 年，爱沙尼亚第一次宣布独立，塔尔图大学进行了一场大改革。爱沙尼亚民俗学研究被确认为一门学科，瓦尔特·安德森（Walter Anderson, 1885—1962）应邀主持爱沙尼亚语与比较民俗的研究。他是故事学者，发展了芬兰的地理历史学派。他也有广泛的研究兴趣，对民俗信仰、连锁信和谣言都有研究。他的学生奥斯卡·卢里兹（Oskar Loorits, 1900—1961）后来成为最优秀的爱沙尼亚民俗信仰研究者。❷

从 1920 年开始，瓦尔特·安德森在拉脱维亚的利沃尼亚人中间做定期田野调查，就当地人的民俗信仰出版

---

❶ Eisen, Matthias Johann, *Esivanemate ohverdamised*. Tallinn: Varrak, 1920b, p. 5.

❷ Västrik, Ergo-Hart, Oskar Loorits: Byzantine Cultural Relations and Practical Application of Folklore Archives. Kristin Kuutma & Tiiu Jaago (eds.), *Studies in Estonian Folkloristics and Ethnology: A Reader and Reflexive History,* Tartu: Tartu University Press, 2005, pp. 203-215.

了三本书，其中有两本是手稿，在他身后出版。[1] 第一本是用爱沙尼亚语出版的，共832页，这是研究利沃尼亚人民俗信仰的学术专著。同时期出版的还有艾森研究爱沙尼亚神话的专著和卢里兹的著作，彼此代表了两个不同时代和不同标准的研究。艾森搜集资料丰富，按主题排列，提供了个人评论，主要是从现有的学派中提取问题。卢里兹避开了编写资料，而是使用核心概念框架，驾驭个人搜集材料，并开展了系统的理论分析。他更喜欢完整的文本记录，而不像艾森那样使用资料的摘要或缩写。艾森和卢里兹的方法也有共同点，比如，两人都强调芬兰－乌戈尔语境。根据卢里兹的说法，利沃尼亚传统根植于古老的芬兰－乌戈尔文化语境，而拉脱维亚的有些传统似乎是借来的。

1927年，爱沙尼亚民俗档案馆在塔尔图成立，卢里兹成为该档案馆的第一任馆长。整理材料、编制索引和专题卡片档案的工作相继展开，标志着爱沙尼亚民俗信仰类型系统的创立。这项工作对后来的民俗学研究产生

---

[1] Loorits, Oskar, *Liivi rahva usund* I–III: mit einem Referat: Der Volksglaube der Liven. Tallinn: Tallinna Eesti Kirjastus-Ühisus, 1926–1928, 2000a.

了强烈的影响，它引导研究者将民俗信仰和习俗都视为内部有组织的遗产。档案馆编制了关于生命、自然、人类、民间历法、民间医疗、梦兆、超自然创世传说等许多子课题的卡片文件，为研究者提供了极大的方便。档案工作使卢里兹的研究兴趣转向爱沙尼亚民俗信仰，并出版了两部综合性专著《爱沙尼亚民俗和神话》（1932a）与《爱沙尼亚民俗信仰中的世界观》（1932b）。第一本书是在爱沙尼亚境内，在民族和文化关系的语境下，考察和搜集爱沙尼亚的民俗史，主要在民俗体裁和主题上，讨论民俗信仰。作为一名档案学者，卢里兹知道，并非所有爱沙尼亚民俗档案都代表口头传统，有的还有书本知识背景，有的是小说片段。他为此开始了长期的工作。他反对将爱沙尼亚民俗资料文学化、神秘虚构化和不正确地概念化。他认为，把爱沙尼亚民俗信仰通过本国古代的和日耳曼神话的“过滤镜片”来研究是致命的错误，全部人格化的神和半神在爱沙尼亚民俗中并无依据。除了把“基督教与异教”两分之外，他还有一种反对意见，即“真实的/古老的/口头的/假的/新的/文学的”概念被创造出来，引导爱沙尼亚民俗学者直到20世纪后期都按着这个导向去研究，这里是有一定风险的。卢里兹认为，爱沙尼亚民俗信仰的显著特点是人与自然的密切关系，但人不是自然的统治者，而是平等的伙伴。这种信仰在芬兰－乌戈尔人和其他“初民”中也能找到。[1]他强调爱沙尼亚民俗信仰的万物有灵的特征，并分析了有关的心理、生命力和灵魂的概念。[2]这本书的参考书目，有尤利乌斯、卡尔·科隆、库斯塔·弗雷德里克（Kustaa Fredrik）、卡贾莱宁（Karjalainen）和乌诺·霍姆贝格（Uno Holmberg）的著作，这透露了他对芬兰学派的取向，以及爱沙尼亚民俗信仰应在同族的芬兰－乌戈尔语境下加以研究的信念。

卢里兹学术著作以爱沙尼亚民俗档案馆的实证材料为基础，但他往往从学术基础转向意识形态，甚至是道德家的论证，这种做法，也使他成为有争议的学者。他在《爱沙尼亚民俗信仰中的世界观》的末章，以《向未来传授过去》为题，将爱沙尼亚古代精神描述为以宽容、平等和纯洁的原则为基础。基督教是由德国

---

[1] Loorits, Oskar, *Estnische Volksdichtung und Mythologie.* Tartu: Akadeemiline Kooperatiiv, 1932a, p. 42.

[2] Loorits, Oskar, *Eesti rahvausundi maailmavaade*. –Elav Teadus 12. Tartu: Eesti Kirjanduse Seltsi Kirjastus, 1932b.

人引进的，它带来邪恶。[1] 卢里兹对爱沙尼亚历史的看法被描述为仇视德国。安提·塞拉特（Anti Selart）提出了他的基本立场之一是：爱沙尼亚人在精神上属于东方而不是西方。“西方”是指卢里兹研究的学术文化领域，受印欧文化的影响，但“东方”并不代表北极和西伯利亚的民族，而是指东亚古老的高度发展的文化。[2] 基于这些理由，卢里兹将乌拉尔人和谐与和平的世界观理想化，称为“以平等原则为基础，不仅限于人类，而且延伸到整个自然”[3]。我们看到，在这里，爱沙尼亚民俗信仰的概念是与遗产相关的。它在19世纪民族国家建设的背景下被构建，在意识形态和政治上都处于一定的强势地位。民俗信仰的资料不仅是关于过去文化的文献，也是民族国家建设的工具。在爱沙尼亚并入苏联时期，研究民俗信仰的趋势，在移居国外学者的著

---

[1] Loorits, Oskar, *Eesti rahvausundi maailmavaa*de. -Elav Teadus 12. Tartu: Eesti Kirjanduse Seltsi Kirjastu,.1932b, pp. 105-107.

[2] Selart, Anti, Gehören die Estenzum Westenoder Osten? Oskar Loorits zwischen friedvollen Finnen und aggressiven Germanen. -Alexander Drost and Michael North (Hg.) *Die Neuerfinding des Raumes: Grenzüberschreitungen und Neuordnungen*,. Köln, Weimar, Wien: Böhlau Verlag, 2013, p. 145.

[3] Loorits, Oskar, Eesti esiajaloo keerdküsimusi. -*Meie, eestlased*, Tartu: Ilmamaa. (Eesti mõttelugu, 35) 2000b, p. 319.

作中更为明显，但在爱沙尼亚学者和人民中间，民俗信仰（或称民俗）又与民族抵抗和维护爱沙尼亚身份联系在一起。

第三节　苏联时期的信仰研究

第二次世界大战结束前，卢里兹迁往瑞典定居，在乌普萨拉大学继续从事方言和民俗档案研究。他从爱沙尼亚民俗档案馆带走了丰富的资料，在瑞典完成了他毕生的工作，出版了三卷本的、涉猎广泛的、共近 1800 页的著作。[1] 这是一批里程碑式的著作。

他在这些著作中，对爱沙尼亚民俗档案馆收藏的文献做了有系统、分主题的考察，重点研究民俗信仰和习俗，指出爱沙尼亚民俗信仰的多层次性，理解爱沙尼亚人民的精神“是一个有机的整体”[2]。他区分最初元素和

---

❶ Loorits, Oskar, *Grundzüge des estnischen Volksglaubens*, Bd. Uppsala: Lundequistska Bokhandeln & Köpenhamn: Munksgaard, 1949–1957.

❷ Loorits, Oskar, *Grundzüge des estnischen Volksglaubens*, Bd. Uppsala: Lundequistska Bokhandeln & Köpenhamn: Munksgaard, 1949, Ⅶ .

外借元素，如果有什么东西看起来像是外借元素，他就失去了进一步研究的兴趣[1]。奥古斯特·安尼斯特和哈里·莫拉（August Annist & Harri Moora）评价苏联时期的爱沙尼亚，批评他的弱点是由“理想主义的总体概念”所致，但他们也承认，卢里兹通过民俗信仰研究，提供了“人民世界观和精神遗产中最完整和最系统的材料”[2]。安尼斯特和莫拉也指出，对苏联学者来说，该著作的另一个价值在于，它是“宗教和历史”最杰出的巨著之一。

卢里兹的巨著得到了一些杰出学者的好评，如克里斯蒂安森（Christiansen）、艾克·坎贝尔（Åke Campbell）、威尔·埃里希·佩克特（Will Erich Peuckert）和古斯塔夫·兰克（Gustav Ränk）。他们一致认为，这些著作堪称爱沙尼亚学术史上的丰碑，但也批评他对爱沙尼亚人有乌拉尔精神的假设，认为这是一种没有实证

---

[1] Annist, August & Moora, Harri, Teos eesti rahvausundi uurimise alalt. –*Keel ja Kirjandus* 8, 1965, p. 507.

[2] Annist, August & Moora, Harri, Teos eesti rahvausundi uurimise alalt. –*Keel ja Kirjandus* 8, 1965, p. 508.

根据的错误建构。[1]

古斯塔夫·兰克（1902—1998）与卢里兹属于同一代的爱沙尼亚学者，两人都在1944年离开爱沙尼亚。兰克在瑞典成为国际领先的民族学家。在那里，他的研究范围扩大到北欧亚民间文化、大众建筑和民俗信仰。[2] 艾瓦尔·保尔森（Ivar Paulson, 1922—1966）是爱沙尼亚下一代学者，在汉堡大学撰写了民族学论文，后来继续在斯德哥尔摩大学（1952—1956）学习，成为第一位在宗教研究方面接受系统和彻底训练的爱沙尼亚人。[3] 在安博曼（Ernst Arbmann）教授的指导下，保尔森撰写了他关于北欧亚民族灵魂概念的比较现象学论文（1958）。他还出版了关于北欧亚大陆动物的守护神和狩猎仪式的著作，关于芬兰－乌戈尔人对祖先的崇拜和对人和来世信仰的

---

❶ Ränk, Gustav, Usundvaimsusemõõdupuuna. *Müüt ja ajalugu*, pp. 235-242. Tartu: Ilmamaa. (Eesti mõttelugu), 2000, p. 32.

❷ Ränk, Gustav, *Die Heilige Hinterecke im Hauskult der Völker Nordosteuropas und Nordasiens*. Helsinki: Academia Scientiarum Fennica. (Folklore Fellows' Communications, 137), 1949. *Vana-Eesti rahvas ja kultuur*. Tartu: Ilmamaa. Runnel, Pille, Saatesõna. Gustav Ränk,*Müüt ja ajalugu*, pp. 433-439. Tartu: Ilmamaa. (Eesti mõttelugu, 1949, p. 32).

❸ Ränk, Gustav, Autorist ja tematööst. Ivar Paulson, *Vana eesti rahvausk,* Tartu: Ilmamaa, 1997, pp. 5-9.

著作（1962a，1962b）。作为芬兰－乌戈尔宗教的专家，保尔森接触爱沙尼亚材料后，撰写了专著《古代爱沙尼亚民俗信仰》（1966），在他去世后不久出版。

当时他无法查阅爱沙尼亚民俗档案，就依赖卢里兹和其他学者的著作开展研究。1971 年，他的著作的英译本出版，成为爱沙尼亚民俗信仰史上的一本研究最全面的英文著作。保尔森将民俗信仰概念化为一个单独分开的有机整体，其不同的复合体（就宗教现象学而言），其现象和特征集合为整体，紧密地联系在一起，相互交织，相互融合。[1] 他看到了“普通民众的宗教信仰和习俗与统治阶级的教义和宗教崇拜之间存在着一条尖锐的分界线。统治阶级的宗教是固定的、神圣的，最后是书面教条化的”[2]。他注意到官方基督教对爱沙尼亚民俗信仰的强大影响，但他还是倾向于按照传统研究的方法，去研究它的“古老”成分，在这点上，他认为，应该遵循霍特和卢里兹建立的研究基础。由于有卢里兹、兰克和保尔森

---

❶ Paulson, Ivar, *The old Estonian folk religion*. Bloomington: Indiana University; The Hague: Mouton, 1971, p. 207.

❷ Paulson, Ivar, *The old Estonian folk religion*. Bloomington: Indiana University; The Hague: Mouto, 1971, p. 56.

的著作，爱沙尼亚民俗信仰的研究在瑞典得到了显著的发展。

1966 年 8 月，奥古斯特·安尼斯特（August Annist, 1899—1972）针对苏联学者批评民俗信仰研究发表了一篇文章，指出，苏联在各条战线上取得了社会主义建设的进展，但在爱沙尼亚，已经抛弃了民俗信仰的研究。他认为，研究历史的学者是不应该割断历史的，也不能割断历史上流传下来的相关知识。[1] 为了说明他的观点的重要性，他把这项研究跟意识形态建设联系起来，指出，研究民俗信仰能改进无神论教育的质量。根据他的说法，不研究民俗信仰，会给民俗学研究造成障碍，而这两者又是必须结合在一起的。[2]

他称赞保尔森的著作，认为这本书可以为学生提供研究资料，也可以为未来的研究者提供指南。安尼斯特说，他的研究发现，“爱沙尼亚民间文化的传承

---

[1] Annist, August, Eesti rahvausundi uurimise olukorrast. –*Keel ja Kirjandus* 8, 1966, p. 458.

[2] Annist, August, Eesti rahvausundi uurimise olukorrast. –*Keel ja Kirjandus* 8, 1966, p. 462.

关系不应该在西方寻找，而应该在东方世界寻找”[1]。安尼斯特称赞劳里·航克（Lauri Honko）的“印地语（Ingermanland）”中的《盖斯特·葛兰贝》是一篇杰出的研究民间心理学和功能主义的博士学位论文，“对民俗学者、心理学者和社会学者来说，都是有意思的和有用的”[2]。他还提到，1965年，劳里·航克在图尔库创编的一份专业学术期刊也是值得注意的，这是芬兰、瑞典、丹麦和挪威民族学者的合作项目。[3]他发现，公众一向关注西方学派，但最近这些著作已经可以影响到爱沙尼亚，虽然爱沙尼亚在政治上是孤立的，但这类书刊很可能对当地的研究产生积极的影响。

安尼斯特的纲领性文章没有给苏联时期爱沙尼亚的民俗信仰研究带来实质性的影响。在民俗学研究的关键问题上，仍要考虑持续的田野调查、整理材料、创编类型与索引，以及准备编写研究传统民俗的学术出版物。

---

[1] Annist, August, Eesti rahvausundi uurimise olukorrast. – *Keel ja Kirjandus* 8, 1966, p. 464.

[2] Annist, August, Eesti rahvausundi uurimise olukorrast. – *Keel ja Kirjandus* 8, 1966, p. 467.

[3] Annist, August, Eesti rahvausundi uurimise olukorrast. – *Keel ja Kirjandus* 8, 1966, p. 468.

于鲁·特德尔（Ülo Tedre）在《爱沙尼亚文学史》第一卷的导论中，简要讨论了民俗信仰，强调了它的万物有灵性的特征、魔法实践和萨满教遗痕。按照他的观点，爱沙尼亚古代信仰一直保留到18世纪和19世纪，那时基督教的影响并没有后世那么显著，主要盯着一些终极概念的变化。于鲁·特德尔还指出，苏联民俗学的民俗被概念化为口头艺术作品，其余的传统无形遗产（如宗教和风俗）属于民族志学科。[1] 不管怎样，民俗信仰在民俗学的学术领域的地位虽然被边缘化，但仍保持着它的地位。

爱德华·劳加斯特（Eduard Laugaste, 1909—1994）是20世纪塔尔图大学的民俗学领军者，他出版了中世纪和早期现代社会的爱沙尼亚民俗搜集资料集（1963），其中包括信仰和风俗的民族志资料（1963）。他撰写的学生读本《爱沙尼亚民俗》，专设一章，讲万物有灵论，还涉及魔法、禁忌和图腾主义。[2] 塔尔图大学的学生被鼓励撰

---

❶ Tedre, Ülo, Eesti rahva, tema keele, rahvaluule ja kirjanduse algupärast ja olemusest. –A.Vinkel (ed.), *Eesti kirjanduse ajalugu, I köide: esimestest algetest XIX sajandi 40-ndate aastateni*, Tallinn: Eesti Raamat, 1965, p. 26.

❷ Laugaste, Eduard, *Eesti rahvaluule*. Tallinn: Valgus,1977, pp. 41–47.

写民俗信仰方面的学位论文，包括开展民间历法、民间习俗，或者超自然精灵传说研究。近年已完成从事这项研究的主要论文有：艾哈·维罗亚（Eha Viluoja）《爱沙尼亚不安宁的死魂灵和相关民俗信仰传说》，马尔·凯瓦（Mare Kõiva）《爱沙尼亚的民间医疗和咒语》。此外，劳特与海迈（Selma Lätt & Mall Hiiemäe）出版了《爱沙尼亚民间历法论集》，共8卷，此著由劳特开始，主要由海迈完成[1]。这是一项了不起的成就。

苏联民俗学源自语文学，它将民俗学概念化为艺术发展的早期阶段，界定为文学史上的源头。民俗信仰的表现形式不符合这种狭隘的、诗学的民俗定义，只能留给民族志学者和考古学者去研究。保罗·哈谷（Paul Hagu）研究赛特斯（Setus）族群的农耕习俗和信仰的著作，运用民族志的方法开展工作，是难得一见的个案。[2] 1983年，他在列宁格勒（今圣彼得堡）民族研究所通过了这篇博

---

[1] Lätt, Selma, *Eesti rahvakalender* I. Tallinn: Eesti Raamat.1970.Hiiemäe, Mal, *Eesti rahvakalender* Ⅱ-Ⅷ. Tallinn: Eesti Raamat, 1981-1999. *Der estnische Volkskalender*. Helsinki: Academia Scientiarum Fennica. (Folklore Fellows' Communications, 268), 1998.

[2] Hagu, Paul, Setuviljakusjumal Peko. -*Keel ja Kirjandus* 3, 1975, pp. 166-172.

士学位论文答辩。1990年，艾诺·拉格斯（Aino Laagus, 1944—2004）通过了她的创新性博士学位论文的答辩，这篇论文研究爱沙尼亚森林精灵传说的结构和语义。她对遭遇超自然体验的故事开展研究，发展了语境研究法，加强了系统化的考察与研究。[1]

处理大量文本，得出总体结论的方法，为传说和其他民俗叙事的研究提供了一个严格的模型。[2] 一些考古学家根据新石器文物研究爱沙尼亚史前时期的万物有灵论信仰[3]，将保守的埋葬习俗解释为一种抵制基督教的形式[4]。马克思主义宗教观将民俗信仰视为人类文明较原始时期的一种现象，与民俗学者研究前基督教时期的、古代的偏好相交叉。综上所述，从意识形态上看，人们对宗教是有偏见的，认为宗教阻碍了社会的进步。民俗信仰的本质，是前基督教时期前留存的各种复杂文化，它们的实践与基督

---

❶ Laagus, Aino, Situatsioonia nalüüsist folkloristikas. -*Keel ja Kirjandus* 7, 1974.

❷ Jaago, Tiiu, Lugu ja sündmusjutu-uurimises: situatsioonia nalüüsist kontekstianalüüsini. -*Mäetagused* 43. 2009.

❸ Jaanits, Lembit, Jooni kiviaja uskumustest. -Ea Jansen (ed.), *Religiooni ja ateismi ajaloost Eestis. artiklitekogumik* II, Tallinn: Eesti Riiklik Kirjastus, 1961, pp. 5-70.

❹ SelirandJüri, Muistsed matmiskombed eestlaste usundi ja ristiusu-vastase võitluse kajastajana. -Ea Jansen (ed.), *Religiooni ja ateismi ajaloost Eestis. artiklite kogumik* Ⅱ. Tallinn: Eesti Riiklik Kirjastus, 1961, pp. 71-93.

教相抵触，而这些都是阻碍学术发展的因素。此外，苏联的学科建设框架，是削减从事民俗信仰研究的民俗学者，将其归入民族志学者中。而民族志学者也不随意接纳，而是将之纳入物质文化，取代民俗信仰的研究。

在爱沙尼亚学术史上，在苏联时期移居国外的民俗学者和本国地方民俗学者的著作，当时并未获得承认，没有产生影响，乌库·马辛（Uku Masing, 1909—1985）是其中的一位。他是神学家、文学家、诗人和哲学家，二战前曾在塔尔图大学神学学院任教。在苏联时期曾留在爱沙尼亚，有时还参加民俗学的研讨会。后来在苏联政权的改革中，他失去了大学的工作，成为无职业的私人学者。他在塔尔图生活，他把著作的手稿以打印文本的形式分发。1989 年，《学术》（*Akadeemia*）杂志复刊，该杂志曾在 1940 年被苏联政权强行查封，在第一期上，发表了马辛的长篇论文的第一部分，其余部分在接下来的三期中陆续发表。[1]

马辛认为，爱沙尼亚人和其他芬兰－乌戈尔人是本

[1] Masing,Uku, *Keelest ja meelest. Taevapõdra rahvaste meelestehk juttu boreaalsest hoiakust*. Tartu: Ilmamaa, 2004.

地思维的承载者，这与印地安－日耳曼人的世界观形成了对比。在他看来，印地安－日耳曼人的世界观是建立在二元对立基础上的。1995 年，马辛《爱沙尼亚宗教》一书出版，这是他于 1933 年至 1940 年间的演讲结集。在这本专著中，马辛讨论爱沙尼亚民俗信仰的一些方面，如民众心理、来世与芬兰－乌戈尔宗教背景下对仙女的信仰。1990 年，卢里兹的《爱沙尼亚民俗信仰中的世界观》再次出版。1997 年，保尔森的《古代爱沙尼亚民俗信仰》被重印，从那时起，这本书就一直是该领域研究的必备参考书。当代西方学术研究与带有芬兰－乌戈尔取向的爱沙尼亚研究，是两种不同的趋势，它们都为未来的民俗学研究提供了不同的道路。

苏联时期留下的问题之一是学术藏书的匮乏。芬兰民俗学者的书籍和少量丛书，如芬兰国际民俗学会系列丛书（FFC）和图尔库大学的民俗学学术期刊，在苏联时期还能见到，但其他藏书，如爱沙尼亚民俗学者的著作，及其当前发表的论文，与迅速恢复的民俗学研究需求相比，供不应求，与国际学术界当代语境导向的发展和理论建设相比，也不能适应。打破这种国际孤立是必要的，但缺乏资金是主要问题。1992 年，在芬兰的图尔库大学，举行了“北欧国家民俗学研究的当前问题”的学术会议，会议邀请爱沙尼亚、拉脱维亚和立陶宛的多位民俗学者参加。[1] 爱沙尼亚民俗学者此前已经开始行动，从语文学和回顾方法论方面进行研究，给予遥相呼应。但会议显示，北欧民俗学更追求学术自由和方法论多样化，倾向于使用共时性的方法，研究文化及其多样性表达，而不是回顾过去。他们将民俗看作是一种动态的社会现象，强调理论反观。这两种转折都既令人困惑，又富有启示性。无论如何，复兴民俗信仰研究的动力不在外部，而是依赖于本土传统，也考虑外部影响。

第四节　概念化的新发展

尽管民俗信仰是过去 20 年民俗学研究的关键概念之

[1] The main organizers of this conference were PerttiAnttonen, Gun Herranen (both research secretaries of NIF) and Reimund Kvideland (director of NIF). see Anttonen, Pertti J. & Kvideland, Reimund (eds.), *Nordic Frontiers: Recent Issues in the Study of Modern Traditional Culture in the Nordic Countries*. Turku: Nordic Institute of Folklore, 1993.

一，但现在必须将之问题化，原因是，以往的概念是在异质学术条件下形成的，带有普世性的色彩。然而，考虑到它在学术史上的长期使用，我们在限定在爱沙尼亚范围内的前提下，指出它的总体发展轨迹和具体概念化的变迁，还是有可能的。

在 19 世纪，民俗信仰的概念表达了基督教与异教之间的冲突。前面提到，它曾是两分层的概念，由这个概念所提供的民俗知识的指导，民俗学者寻找古老的信仰和宗教实践。维科·安托宁（Veikko Anttonen）指出，"民俗信仰"是一个信仰与实践结合的、有意义的载体，它与农民文化及其传统的口头传承密不可分。[1] 上述观点，从新教知识分子的视角出发，把基督教与新理性和现代化相联系，但把民俗视为"现代化的他者"，是传统的代表。[2] 在这里，民俗信仰的概念，是一种具体信仰和行为模式的静态载体，它在民众中代代相传。

---

[1] Anttonen, Veikko, "Theory and Method in the Study of 'Folk Religion'" —*Temenos: Nordic Journal of Comparative Religion,* 2004, p. 74.

[2] Anttonen, Pertti J., *Tradition through Modernity.Postmodernism and the Nation-State in Folklore Scholarship.* Helsinki: Finnish Literature Society. (Studia Fennica Folkloristica, 15) 2005, p.33.

在国家民俗建设的语境下，民俗研究获得了一种积极的氛围。民间信仰不再是应该被破除的迷信的载体，而是代表本土传统的文化遗产。民俗成为国家民族认同的标志。如霍特所说，民俗是爱沙尼亚前基督教时期的古老财富。在20世纪，人们尝试把民俗记录当作窗口，观察遥远的过去，也重新认识卢里兹的顶峰著作。后来，苏联学者保留了关于民间信仰是不变的古代遗留物的静态观点。

苏联解体前的1990年，在塔尔图举办了一次民俗信仰研究暨纪念奥斯卡·卢里兹诞辰90周年的国际会议，标志着民俗信仰的概念化方向的转变。从此，民俗学概念化的对象，转向活态生活现象，而不仅仅是遗留物研究或回顾性研究。会议的主要组织者是玛利亚·柯伊娃（Mare Kõiva），当年通过了《爱沙尼亚咒语研究》的博士学位论文答辩。同年，在爱沙尼亚语言与文学研究所内，她还成立了民俗信仰和民间叙事研究小组。1994年，于鲁·瓦尔克通过《基督教妖怪学和国际民俗学语境下爱沙尼亚民俗信仰中的魔鬼形象研究》的博士学位论文答辩，该文稍加修改后，在芬兰国际民俗学会系列丛书（FFC）中，以学术著作的形式出版。❶ 该著揭示了复兴民俗信仰研究的艰巨性，因为它源自爱沙尼亚民俗学中古老的、比较历史的传统。这种现象学和统计学的研究，以爱沙尼亚民俗档案馆搜集的资料为基础，使用语文学的模式，将社会维度置于文本的背景部分，开展民俗信仰研究。与此前的研究有所不同的是，瓦尔克没有强调芬兰－乌戈尔语境，而是将爱沙尼亚民俗信仰与西方基督教联系起来。

近年来，民族志学者不断加入民俗信仰研究领域，学者队伍扩大，体制化研究基础得到拓展。❷ 爱沙尼亚民俗学者陆续出版了研究民俗信仰的著作。阿多·勒内普（Aado Lintrop）出于对芬兰－乌戈尔和西伯利亚的宗教的研究兴趣，出版了一本关于萨满教的综合性研究专著（1995）和另一本研究乌德穆尔田人民俗信仰的专著（2003）。哈特·瓦斯特里克（Ergo-Hart Västrik）研究了伏田民俗信仰现象的历史渊源（2007），及其在当代文化

❶ Valk, Ülo, *The Black Gentleman: Manifestations of the Devil in Estonian Folk Religion*. Helsinki: Academia Scientarum Fennica. (Folklore Fellows' Communications, 276) 2001.

❷ Leete, Art & Vallikivi, Laur, Imitating Enemies or Friends: Comparative Notes on Christianity in the Indigenous Russian Arctic during the Early Soviet Period. -*Asian Ethnology*, 70 (1), 2011, pp. 81-104.

中的表现（2008）。玛迪斯·阿鲁卡斯克（Madis Arukask）出版了关于爱沙尼亚来世信仰的著作。[1] 玛利亚·科伊瓦一直在恢复民俗信仰研究中发挥主导作用，出版了多部著作，在历史与当代的时段内，研究民间治疗者、咒语、魔法、传说和民俗信仰的其他方面（2007；2011）。海密（Reet Hiieme）研究瘟疫的历史传说（1997），她最近还出版了关于保护魔法的专著（2012）和另一本关于征兆和预测未来的专著（2013）。

玛丽－安·雷梅尔（Mari-Ann Remmel）是当地地方传说研究专家，研究圣地传说与地方知识（1998）。玛莉·卡尔登（Mare Kalda）研究藏宝传说（2011）。梅里利·梅斯瓦希（Merili Metsvahi）的研究集中在宗教传统的个人体验方面，以及狼的信仰传说（2012）上。马鲁·克利瓦普（Marju Kõivupuu）研究爱沙尼亚民俗信仰的祭祀地点（2009）、死亡文化（2010）、民间医药

[1] Arukask, Madis, Death and Afterwards. *Folklore: Electronic Journal of Folklore* 9, 1998, pp.7–20. Resurrection, Revenance, and Exhumation: The Problematics of the Dead Body in Songs and Laments. Tore Ahlbäck & Björn Dahla (eds.), *Religion and the Body* Åbo: Donner Institute for Research in Religious and Cultural History, 2011, pp. 28–54.

（2013）。克里斯坦尔·基瓦里（Kristel Kivari）的研究能代表新时期传统的当代信仰、实践活动和宗教话语（2012）。在体制上，爱沙尼亚民俗学研究中心位于塔尔图的爱沙尼亚文学博物馆及其民俗学系、塔尔图大学的爱沙尼亚语和比较民俗学系。

但是，应该指出的是，民俗信仰也从邻近学科的角度来研究。莱阿·阿尔诺尔曼（Lea Altnurme）从宗教学的角度研究爱沙尼亚的宗教生活故事（2011），以及传统基督教转向当代宗教的新变化（2006）。乌尔玛斯·苏楚普（Urmas Sutrop）从民族语言学的角度研究民俗学，他的工作是对爱沙尼亚民间信仰和地名术语的语义和词源进行梳理和廓清。[1] 考古学家海基·瓦尔克（Heiki Valk）研究爱沙尼亚中世纪村庄的墓葬习俗，他系统地利用爱沙尼亚民俗档案馆搜集的文献，在基督教化的背景下，研究考古资料，解释墓葬习俗演变的历史过程（2003；2009）。

许多民俗信仰著述已进入国际读者群，这与在塔尔图编辑的两种学术期刊的数字化有关：一是《民俗学电子期

---

[1] Sutrop, Urmas, Eesti keele maailmapildist: meel, hing ja vaim. -*Mäetagused* 24, 2004a, pp. 99-108. Taarapita-the Great God of the Oeselians. -*Folklore: An Electronic Journal of Folklore* 26, 2004b, pp. 27-64.

刊》（1996 年上网），一是《民族学与民俗学期刊》（2007 年上网）。此外，还有爱沙尼亚语的杂志定期发表民俗信仰研究文章。这三种期刊都定期出版，并免费上网阅读。民俗学研究的国际化受到关注。早期研究与爱沙尼亚和芬兰 - 乌戈尔的联系有关，当代研究更关注概念化的基础和方法论，有时也在地理遥远的其他文化中找到研究对象。

近年研究的新问题之一，是解构“民众”作为传统的和保守的乡村社区的意义。“民俗信仰”开始预示在广大社区和社会网络中共享信仰和共享宗教的实践，又没有制度化背景的文化。民俗信仰和基督教之间的分歧，也失去了它的深层沟壑与鲜明的边界。很明显，基督教对民俗的影响不局限于民间天主教的存亡，而是随着时间的推移而增长。正如大卫 · 埃尔顿 · 盖伊（David Elton Gay）所指出的，“基督教和芬兰 - 乌戈尔元素必须作为一个整体来研究，而不能只讨论其中一种信仰的起源”[1]。虽然不少信仰和宗教活动没有得到路德教会和虔诚运动的认可，但如

---

[1] Gay, David Elton, Christianity as a Problem in Folk Cultural Studies. –*Tautosakosdarbai* XXXI, pp. 74–81. Vilnius: Institute of Lithuanian Literature and Folklore, 2006. Hagu, Paul, 1975, Setu viljakusjumal Peko. –*Keel ja Kirjandus* 3, 2006.

果在19世纪构建了两种分开的宗教体系：一种固有的基督教，另一种是它的对立面——其后来构建必有错误的导向。创造爱沙尼亚民族神话及其大众发展是由意识形态决定的文化进程，但在此基础上对发展宗教研究的所有努力都歪曲了事实。

在新时期，民俗学者将民俗信仰的个人层面置于关注的中心，为“民众”的新概念化奠定了基础。它没有表明哪种社会基础属于哪一群体，而是开始转向非正式的交流渠道和表达形式，这种形式是大众的、非官方的，不受体制化的控制，也不受有权威话语背景的对话关系的约束。普里米亚诺的“大众宗教”的概念，作为主体性的存在和体验式的宗教概念[1]，与爱沙尼亚当代学术产生了共鸣，因为它“突出”了个人的权利和个人化的社区权利，适于帮助人们创造和再创造自己的宗教。[2]“大众”研究的方法，

---

[1] Primiano, Leonard Norman, Vernacular Religion and the Search for Method in Religious Folklife. -*Western Folklore* (*Reflexivity and the study of Belief*), 54 (1), 1995.

[2] Pimiano, Leonard Norman, Afterword: Manifestations of the Religious Vernacular: Ambiguity, Power, and Creativity. Marion Bowman & Ülo Valk (eds.), *Vernacular Religion in Everyday Life: Expressions of Belief*. Sheffield, Bristol, CT: Equinox, 2012, pp. 382-394.

从民俗学研究中的体裁表达形式、修辞策略和传统资源的观点中来。

体裁作为一种概念，已经不再仅仅是给民俗分类贴标签，还呈现出不同的表达模式、信仰传播渠道和构建超自然的词语环境。体裁代表着对社会现实的某些展望和导向。[1] 这种对体裁的理解，引导当代学术走向生活世界，这个世界处于社会关系和主流话语的网络中，无论是宗教的还是世俗的，都处于这个网络中。从基督教新教、启蒙运动，到国家民族精神文化建设，它无处不在。目前爱沙尼亚社会进入准科学唯物主义、资本主义市场化、全球化、生态环境保护和话语的自组织过程中，这种新精神文化建设也是在一个多样化的世界中进行，既要与主流话语产生共鸣，也要关注多元化的选择。

民俗学是一门关注大众实践和多元词语表达的社会导向型学科，现在有了很好的机会，可以运用更新的概念，去分析种种变化的宗教景观，并给予解释。

---

[1] Bowman, Marion & Valk, Ülo, Introduction: Vernacular Religion, Generic Expressions and the Dynamics of Belief. Marion Bowman & Ülo Valk (eds.), *Vernacular Religion in Everyday Life: Expressions of Belief*. Sheffield, Bristol, CT: Equinox, 2012, pp. 1–19.

第三章
民俗信仰故事研究的个案

第一节　记忆资料的处理方法
——“独自在家”个案

爱沙尼亚有个海滨小镇叫沃索（Võsu），是一个避暑胜地，别墅星罗棋布。到了秋季，天气凉了，迷人的海滩失去了魅力，来访的人就少了，小镇也安静下来了。2005 年 10 月份我正好有几天假期，就前往那里开会，顺便搜集民俗信仰资料，在此姑且将这批资料的主题命名为“独自在家”。本节将分析这批资料，同时介绍对于记忆资料的研究方法。

一、现场

我此去沃索，要先听一个学术讲座，主讲人叫奥古斯特·基尔克（August Kilk），是当地知识分子的领袖。他创办了一家精神调养中心，并担任这家中心的主任。中心每月都有例会，会议日程安排很满，有学术演讲，有精神学基础理论的学习和讨论，还有超自然体验的个体交流、讲故事和发布最新信息。中心会员大都是中老年妇女，她们关心很多问题，包括信仰治疗、呼吸术、冥想、梦想和精神旅行等。我到达后，首先介绍自己是民俗学者，对精神调养活动有兴趣。她们完全不介意我是个新人，热情地接待我，还明确地表示，赞成我对精神性范畴的民俗展开研究。

我此番来访，也并非完全没有准备，塔尔图大学爱沙尼亚与比较民间文学专业的博士生蒂娜·塞普（Tiina Sepp）曾邀我来过这里，她在这里还住过一个暑期，与基尔克主任很熟。她还向当地的一位退休邮递员艾尔芙·科托（Elve Kotto）介绍了我，艾尔芙·科托本人就有超自然体验的经历。应该说，这次造访，除了听讲座，所获"独自在家"的记忆资料，都是由艾尔芙和附近社区住户提供的。

艾尔芙在例会第二天邀请蒂娜和我到她家做客。这是一个舒适的小家，房间里堆满了各种新时期出版的信仰和治疗的书刊，还有不少她画的画，挂在墙上，画的内容都是描绘神秘的世界和遥远的异域风光。她是一个出色的故事讲述人，记忆力极强，一肚子的稀奇事。她讲的故事都是第一手的个人体验，是对于超自然力的记忆叙事。[1] 她还擅长使用民俗学的概念说事，并且十分乐意做民俗学田野作业的信息提供者，这就方便我记录她的故事并进行研究。我向她提出各种问题，她都很热心地提供她的经历，还补充了很多细节，她愿意就此寻根问底，与我进行讨论。她对自己讲故事的“真实性”毫不怀疑，也根本不在乎我这个听者信还是不信。她叙述各种奇遇细致入微，绘声绘色，不厌其烦。我忘了在适当的时候打开录音笔，田野作业经常会发生这种情况。对方递给你一杯茶，双方聊起秋天的天气和住在沃索怎么样，这时你拿出录音笔似乎是不礼貌的。然而，就在不经意的迟疑瞬间，聊天变成讲超自然的故事，你就失去了第一时间当场录音的机会。遇到艾尔芙，我就有这

---

[1] For a definition of memorate, see L.Honko, “Memorates and the Study of Folk Belief”, in R.Kvideland, H.K.Sehmsdorf (eds.), *Nordic Folklore. Recent Studies.* Bloomington and Indianapolis, 1989, pp.100–109. Concerning the relationship between memorates and legends, see J.Pentikäinen, “Grenzprobleme zwischen Memorat und Sage”. *Temenos*, 3, 1968, pp. 136–167.

个问题，不能把按下录音机的时间控制得恰到好处。

二、记忆

过了一会儿，我终于打开录音笔，我只好请艾尔芙重复一遍她的故事。

下面是搜集记忆资料过程的记录，文中的访谈人简称“瓦尔克”，被访谈人简称“艾尔芙”。

瓦尔克：可否请您再讲一次刚才说过的故事？

艾尔芙：好。你是说我“独自在家”的那个故事？现在你录音了吗？

瓦尔克：是的。

艾尔芙：我一人住在老房子里，房主原来是从列宁格勒来的一位上校，名叫波尔科夫尼克，房子也是他盖的。每年夏天，他和他太太都来这里住。他们去世后，房子改为度假之家。我买的是这所房子里的一个套间。套间里有厨房、阳台和楼上的一间屋子。有一次，我一个人在家，两个邻居，一个出门了，一个喝醉睡着了。我忽然听见，有上楼的脚步声，一步一步往台阶上走，听得很真切，走了好一阵子。我起身去看，就看见好像有个生人上楼了。

于是我也赶紧跟过去，上了楼，打开灯，就看见一个穿灰大衣、戴旧式礼帽的人朝楼梯的另一头走去。我问他找谁，他没有回答，还是接着往前走，我能听见他的脚步声，但发现他没有脚，可是有皮靴的声音。他走到拐角处就不见了，我听见他下楼了。

正在这时，录音机停了，我这才发现，没有提前检查电池，电池没电了，结果就没有录到她的故事结尾部分。好在艾尔芙十分耐心，她也想让我把整个故事都录下来，就痛快地答应我再讲一遍。等我换了电池，双方接着聊，我继续录音。

瓦尔克：我们在讲鬼故事，可以请您再讲一遍吗？真奇怪，按您说的，故事都发生在晚上。

艾尔芙：可以再讲。是在晚上，当时我一个人在家。邻居喝醉了，睡着了，他的妻子去了芬兰。我听见有人上楼，那声音响了好长一段时间，我想去看看是谁弄出的声音，要找什么东西。我上了楼，开了灯，看见一个穿灰色长大衣、戴旧式帽子的人。他背对着我，从我身边经过，向楼梯的那一头走过去。我冲他喊：“对不起，你找谁？”他也不理我，还是接着往前走，我就跟着他。到了下楼的地方，在拐角，他不见了。我继续下楼，发现门关着，并没有人出入。我当时有一种很奇怪的感觉。后来和村里人说起这件事，他们又跟我说了这幢别墅的主人的事，包括这位上校经常穿灰大衣和皮靴子，戴这种帽子。可是我真的没看见他有脚。

瓦尔克：是不是当时光线太暗了？

艾尔芙：不会，房间里开着灯的，他没有脚！

瓦尔克：可是你听见了脚步声？

艾尔芙：是呀。脚步声很大，听得很清楚，好像他的靴子很沉。

瓦尔克：屋里开着灯，够亮的。

艾尔芙：是的，屋里开着灯，连走廊都是亮的。

瓦尔克：您也看不见他的脸？

艾尔芙：他没转过脸来。

瓦尔克：你叫他，他也不理你？

艾尔芙：不，不，他好像根本没听见，就走了。

瓦尔克：根据您说的情况，其他人的反应是见过他，听见过他说话，他们能认出他来？

艾尔芙：邻居们说，听见过有人走过的声音，还以为是我呢。我在楼上有一个房间，但我很少上去，不可能是我。这真是一件有意思的事。

对比两个连续录音的文本，比较上下文的信息，能看出，对那幢老房子和从前的住户的介绍，大体是一样的。对鬼的移动路线的描述，前后是基本一致的。两者的差异在于体验者的数量。在这两个文本中，艾尔芙都强调她看见这个鬼时，只有她一人。但在第二次录音中——当时我也能跟她一起讨论这件事时，她加入了当地社区住户的回忆和议论资料，这时就转入传统的集体性层面。要知道，在录音时搜集的记忆资料，向被访谈人提问故事的地点时，显然是徒劳的；但如果提问该故事对谁讲过，从前讲过多少次，就会奏效。显然，超自然故事的记忆，已经过各种叙事形式的加工，才呈现给我们。这时呈现的方式，是一个人遇见鬼。对遇鬼经历的最终解释权，也经过传统权威模式的塑造。❶

❶ Séamas Ó Catháin has discussed variation in a fairy legend, told by the same storyteller in different performance situations, in his article "A Tale of Two Sittings. Context and variation in a fairy legend from Tyrone", *Béaloideas. The Journal of the Folklore of Ireland Society* 48-49, 1980-1981, pp. 135-147.

如民俗学者所知道的，个体化的超自然体验，经过反复讲述之后，其原有的独特性已所剩无几。事实上，经常发生的情况是，人们往往向传统的传说和民俗信仰去借用一些特征，放到个人遇鬼的体验叙事中，再把它讲出来。艾尔芙的这个鬼故事始于神秘的脚步声，开始只是一种听觉要素，是在变鬼的少校的故居中捕获的，但故事中令人毛骨悚然的要素并不是鬼是否现身，而是以下令人费解之处：一是听到沉重的脚步声，二是发现陌生人无脚，只是悬浮在空中走路。这样诡异的故事得到社区的回应，而艾尔芙又把这件事与村民认识少校，以及在这幢别墅里发生过同样闹鬼的事等，统统都联系在一起，于是这个故事就变得更加玄妙，还值得添枝加叶。

这个故事也有新奇之处，就是出现了对爱沙尼亚并入苏联时期的历史记忆。当时苏联军队驻扎在边境地带，在临近芬兰湾的沃索镇随处可见。还有很多传说讲，爱沙尼亚家庭的成员突然消失，后来又变成鬼回家，出现在生者面前。沃索镇的这个鬼故事就承载了当地的历史特点。德国贵族曾在二战前离开爱沙尼亚，接着苏联军队踏上了这片土地，于是爱沙尼亚的一些老庄园和别墅传出的鬼故事中，就不时出现苏联人的形象。从爱沙尼亚并入苏联时期到当代，民俗中这些鬼影挥之不去，从梦魇般的体验进入口述历史。❶

三、地方性考察

在艾尔芙的讲述中，苏联上校闹鬼的故事，后来又羼入其他记忆，变成下面的新故事。

> 有好几次，我听见阳台上有人折腾：一会儿扔罐头里的东西；一会儿把盘子打翻。有一次，我猛地开门看，只见有个东西从沙发上跳下来，蹒跚而行。它看着我，我看见一张黑脸，被头发盖住。这是人的脸，不是老鼠或别的动物的脸。这张脸很大，用两条腿走路，开始爬着走，好像受了伤，后来又站着走，一下子冲到楼下，

❶ Jacqueline Simpson has used the term "historical ghost" to denote a ghost "whom the percipient identifies as belonging to a period at least two generations previous to his or her own times". ("A Ghostly View of England's Past", in T. Gunnell ed., Legends and Landscape, Reykjavik 2008, p.25) The hauntings of the Soviet army in Estonian folklore represent a closed chapter in history. Thus, the colonel in Elve's memorate could also qualify as a historical ghost.

钻到煤箱子里，不见了。第二天，我和邻居去一起查看，把煤箱子翻过来看，看看有没有洞，有什么人藏在里面，但是我们没找到洞，也没有找到任何东西。我跟街道对面的邻居说了这件事，他说“那就是房子的寄魂物，别去招惹它”。

在19世纪，爱沙尼亚收集到很多房屋寄魂物的故事，在故事中，它们希望人们供奉食物，人们经常把它们妖魔化，认为它们与妖怪无异。[1] 这种情况反映了当时宗教观念的转变，整个社会都在转向启蒙主义和理性主义，试图铲除超自然信仰对日常生活的影响。在建立社会主义意识形态学的50年中，政府继续改造人民的世界观，破除迷信，扫清超自然信仰。但是，现在仍然可以看到超自然信仰的地方传统。艾尔芙的记忆通过本地资料，沿袭着口头传统的旧模式。在此之前，她对当地爱沙尼亚房屋寄魂物的传说显然一无所知。值得一提的是，由于增加了邻居的解释，让我们能看到，个体的超自然体验如何移入地方集体传统。经过这种移植，

[1] Paulson, I. *The Old Estonian Folk Religion*. Bloomington, 1971, pp.152-153.

如此荒谬的寄魂物故事，非但未被嘲笑，反而给了艾尔芙一种民俗新知识，她叙述的寄魂物故事，也得到本地的确认。

四、历史考察

在爱沙尼亚传说中，还有妖怪，是另一种传统的超自然物。在19世纪，妖怪的形象占据支配地位，但在当代传说中已经十分罕见。下面是艾尔芙讲的故事。

> 后来，我又看见过一个妖怪。这件事真的很特别。我家有一个小的黑白电视机，开着，我在看节目，忽然，我发现，电视上有什么东西在晃动，我定睛一看，是一只山羊，身上有鳞片，发着紫色的光；有尾巴，有羊角，还有一张人脸。我站起来，靠近它，想看看到底是什么动物。它跳起来，钻进我的书架下面的洞里去，进了厨房，我眼看着它就这样跑掉了，跟童话中说的一样，山羊进洞，不见了。

我和艾尔芙对这个故事进行了讨论。她再三说，她一点也不害怕。她还发现，妖怪很好看。但不管怎样，伴随这些无害的妖怪的记忆的，总是让人惊魂未定的故事，连艾尔芙的个人经历也不例外。这类故事还把她的叙事与她的家庭环境分开，把我们带到距沃索最近的大城市拉克维尔，带到那里的荒郊野外。下面是我们的讨论。

艾尔芙：森林里常有这种事，采蘑菇的时候，明明看见有一群人在那边采蘑菇。他们在森林里集合，互相问候，互祝采蘑菇丰收，再一看，踪影全无。沃索附近的拉克维尔有一处“妖怪沼泽”，就有这种事。人们突然蒸发了，连个人影也找不着。我吓坏了，赶紧离开了森林。有一次，我看见远处有一个人。我以为他是个酒鬼，可是他看上去没有醉，只是在采蘑菇。

瓦尔克：你一个人在森林里采集蘑菇，后来才遇见那个人？

艾尔芙：是呀，他离我大约五米远，我们本来是可以谈谈的。

瓦尔克：你跟他说过什么？

艾尔芙：哪里。他是男的，我是女的，单身一人，我不会和他单独说话。他住的地方离走出森林的小路不远。他跟我亲近过。

瓦尔克：你怎么解释这件事？为什么会发生这种事？那人是谁？

艾尔芙：我告诉这里的女人们，我看见了森林的精灵（笑）。

瓦尔克：你说这话，她们信吗？她们又说了什么？

艾尔芙：我的熟人厄弗说，她也见过。她在那里采了很多蘑菇，也见过那里的人。他们也消失了，把她吓坏了，就从森林里出来了。所以，并不是我一个人看到了，其他人也看到了。

与前一个故事相比，后一个故事更零碎，更让人难以理解，民俗学者需要提出问题，弄清被访谈人叙事的细节。也许是这种经历过于可怕，无法经常讲述，因此它被发展成一个精巧的、结构良好的叙事。也许是因为我对超自然民俗研究感兴趣，森林精灵决定让我与艾尔芙分享这段记忆。但我们可以注意到，当艾尔芙和朋友们分享了这个故事之后，她的可怕经历就变得有意义了，她感到有必要与别人交流，了解别人的森林奇遇，再找到一个合适的解释。她们犹豫不决地将这种陌生形

象认定为森林妖怪，但妖怪的传说已经从爱沙尼亚当代传说中消失了，因此需要查找较老的印刷品和相关历史文献。❶

我又问艾尔芙，为什么这个地方叫“妖怪沼泽”？她回答说：“可能是因为那里经常发生妖怪进沼泽的事，所以才取了这个名字。老人们过去经常是这样起名字的。”在这段评论中，她将个人经历与已经赋予意义的历史知识联系起来，证实她的故事是一个可靠的叙述。鲍曼就研究过传说故事与历史文献的联系，以及在这种情况下，将当代传说予以传统化和认证的机制。❷

显然，个人体验叙事需要不同的认证策略，例如，要获得和别人类似的经历的证据，或者参考老一辈人的智慧，或者将特定地点指定为超自然物或超自然力的古老栖身之地。这样的个人体验叙事与历史传统衔接后，人们的传说才有可信性。在个人记忆中已包含共享信仰的历史元素之后，即使是再奇怪的、非传统的情节，也

---

❶ Laagus, A., “Metshaldjauskumus uurimisobj, Elve tina”, in M.Kõiva (ed.), *Sator 6. artikleid usundi- ja kombeloost*, Tartu, 2007, pp. 97–115.

❷ Bauman, Richard, “*A World of Others' Words. Cross-Cultural Perspectives on Intertextuality.* Malde, Oxford, Carlton: Blackwell Publishing, 2004, pp. 25–28.

能变得有意义和可理解。

五、当代修辞

继续讨论艾尔芙的鬼故事，侧重观察这种叙事在当代修辞上的变化。

她看电视，遇到了山羊妖怪，这个故事似乎是独一无二的。这个妖怪的外表特征突出，但情节不寻常，脱离了当代叙事传统，因此也令人质疑，感到晦涩难懂。从书面文献角度说，谈论妖怪，是另一种关于魔鬼的记忆，往往与邪恶者和财富的观念联系密切，这时妖怪是能向追随者提供金钱的，所以民俗学者的调查，要注意这种故事的修辞目的，看看是否有其他的变化，正像沃索精神调养中心主任所强调的那样，于是我们的谈话回到沃索精神调养中心的例会。

瓦尔克：昨天你还讲了一个关于找钱的故事。

艾尔芙：是的，我也把这件事告诉了别的妇女。在8月份，我们开始跟主任谈论他的神、基督和基督教。我确实想过，你谈论神，要谈多久？神最终给了我们什么？在这个世界上，人们生老病死，甚至小孩子有时也会被带走，是因为上帝收集人类的灵魂。他不需要身体，只需要灵魂。灵魂不是这样上天堂的吗？但魔鬼不需要任何东西，他只把你带到他的水壶里，人可以在那里跳舞、唱歌、喝酒、抽烟、聚会，做任何自己喜欢做的事情，就像在地球上一样。每个人都很快乐。当你走到神的门口，他会要求你承认你的罪行。如果有许多罪，你就会被从这扇门送到魔鬼那边。它们很有趣，也有一些故事。

瓦尔克：你有缺钱的体验吗？

艾尔芙：是的。我的外甥和我住在一起，我把他养大了，他已经上学了。我的钱很少。我们在第一个月没到月末的时候就缺钱了，第二个月和第三个月也是这样，天哪，我想，我能找个拿钱的地方吗？有人可以给我这笔钱，有人应该知道我需要钱！我向上帝祈祷，但什么也没有得到。我又一次向别人借了钱，后来我都不知怎么与别人相处了。魔鬼，我需要钱！

我在海滩上，走了5步，看见地上有一个棕色的钱包。我环顾四周，没有人，我就打开钱包，把钱拿出来，有400克朗。我在商店说了这件事。我告诉大家，我的钱包是有钱的。没人认领，我就拿了钱。我认为，妖怪是一定存在的。现在我有一种感觉，我的东西，一半来自上帝，另一半来自妖怪。如果我急需什么，我就说，哦，妖怪，我必须得到它。但如果我不需要什么，我就要感谢上帝。是的，当你跌倒时，你会说，哦，妖怪干的；但如果你桌上有了食物，你就感谢上帝。

这一次讲故事，是基于她的一次孤独的经历。她独自一人，走在海滩上，她的故事中的所有超自然生物都消失了，而它们的神秘消失却是故事的核心元素。结局却是另一种。她在海滩上发现的钱包是实实在在的，因为没人认领它，妖怪可以把她急需的钱留下。这种积极的结果，使这种经历比其他超自然的遭遇更加神秘。也许不仅仅是巧合，但需要用一种新的修辞来介绍这个故事，这种新的修辞的功能是，把对妖怪的理性记忆与另一种不理性的记忆区分开来。这种修辞只需要一个良好的、深思熟虑的建构。

六、个人记忆研究与故事类型研究等的差异

超自然的故事清楚地告诉我们，把个人记忆当作孤立的文本做研究，脱离上下文和讲故事的事件，这种研究是无益的。同时，记忆也不能脱离引用真理化的修

辞，这也是信仰传说体裁的特点。[1] 虽然所有传说都会对现实进行某种陈述，但叙事策略各有不同。有时讲述人把故事指认为从别人那里听到，有时讲述人说成是自然传递的东西。受过训练的民俗学者能够识别这样的故事，这些故事传达了数代人的传统知识，可以划分故事类型。

但是，个人记忆的不同之处在于，它不是以传统故事的形式讲述的，而是叙述个人当下的亲身经历，就是说，讲述人是以“事件的透明表征”为方式讲述的。面对这种资料，民俗学者要注意，自己随时会被推入体验描述的本身。但是，如果仔细地阅读记忆资料，便可以发现，民俗学者不应该将个人记忆与地方传统、历史文献和集体共享文化隔离开来。超自然的叙事是丰富的，我们还需要注意到这种故事的再生能力，它们通过调整修辞策略，可以将已经过时的体裁和信念加以重新包装。记忆不仅揭示了日常生活中神秘的一面，也揭示了本国传统、社会变迁和当下时代的各种力量。

---

[1] Oring, Elliott, “Legendry and the Rhetoric of Truth”. *Journal of American Folklore* Vol. 121, No. 480, 2008, p. 159.

第二节　“迷信”资料的处理方法[1]
——“网络论坛”个案

“迷信”作为一种官方宗教分类被介绍到爱沙尼亚，现在已成为一种大众概念，被广泛地应用于讨论和解释超自然的信仰和相关实践。本节重点讨论“迷信”的资料、概念、应用特点和目前学术界的工作。

“迷信”是一种问题化的表达，出自宗教话语，但它携带着复杂的历史内涵，很难用一种中立的民俗学分类去界定。在爱沙尼亚，它使人想起路德教会为确立基督教的权威、行为典范和引导基督教徒虔诚信奉，对反对“迷信”做出的巨大努力。路德教会反对异教的神偶、排斥“错误”的教义和世俗的娱乐活动，险些将“迷信”

---

[1] 本节是作者于 2006 年 11 月 7 日在伦敦参加英国民俗学会举办的凯瑟琳·布里格斯纪念讲座（Katharine Briggs Memorial Lecture）提交的会议论文的修订版。本项研究为爱沙尼亚科学基金会项目成果（项目编号：6518）。感谢下列学者提供的学术帮助：爱沙尼亚塔尔图大学教授 Riho Altnume、瑞典乌梅大学博士 Soili-Maria Olli 和美国加利福尼亚大学洛杉矶分校博士 Daniel C.Ryan，他们为论文提供了有益的评议；爱尔兰都柏林大学教授 Patricia Lysaght 也曾提出宝贵建议，还为论文的英文译文润色。

扫地出门，但几乎就在这个相同的时期，“迷信”又在进化论中获得了栖身之地。进化论将“迷信”解释为人类早期文明史中的信仰与实践的遗留物，为“迷信”的概念化提供了依据，也让“迷信”研究获得了价值。

19 世纪初，有一批西方学者参与了将“迷信”概念化的工作，主要学者和著作有：约翰·布兰德（John Brand）《大不列颠大众古物观察：主要说明我们的粗俗和地方习俗、仪式和“迷信”的起源》[1]，查尔斯·麦凯（Charles Mackay ）《非凡的大众狂想回忆录》和《人群的疯狂》[2]。他们都是西方社会的知识分子，注意到“迷信”词语，但也对“迷信”的界定表现出十分矛盾的态度。他们指出它的形态、吸引力，又认为它轻贱和低俗。他们还将“迷信”与“落后”“愚昧”“贫穷”，19 世纪的乡村农民、“初民”和“他者”联系在一起，并认为“农民”“初民”和“他者”群体更接近人类的童年，不属于

---

[1] Brand, John, *Observations on the Popular Antiquities of Great Britain: Chiefly Illustrating the Origin of our Vulgar and Provincial Customs, Ceremonies, and Superstitions*. London: F.C. and J.Rivington, 1813.

[2] Mackay, Charles, *Memoirs of Extraordinary Popular Delusions and the Madness of Crowds*. London: Richard Bentley, 1841.

城市文明。

阿兰·邓迪斯（Alan Dundes）在自己的民俗学理论著作中挽救了“迷信”的概念。他将“迷信”作为民俗学的一种分析性工具，界定为“由一个或多个条件的传统表达式组成，是一个或多个条件下的符号和其他原因运行的结果”[1]。他试图从结构上和方法上重新利用这个词语。但是，大多数民俗学者似乎都不喜欢“迷信”，对阿兰·邓迪斯把“迷信”当作学术术语的做法感到不舒服，他们宁愿选择帕特里克·马伦（Patrick Mullen）的观点，回避“迷信”。帕特里克·马伦的看法是：没有任何学术理由把某些群体的信仰贴上“迷信”的标签，把另一部分群体的信仰贴上“宗教”的标签。[2]

还有一些研究者倾向于使用“民众信仰”，而不是使用更有判断力和怀有同情心的“迷信”。当然，“民众信仰”和“迷信”都表示相同的民俗现象，这些现象又通

---

[1] Dundes, Alan, “The Structure of Superstition”. In *Analytic Essays in Folklore*. 88-94. The Hague, Paris, New York: Mouton Publishers, 1975, p. 90.

[2] Mullen, Patrick B., “Belief and the American Folk”. *Journal of American Folklore* Vol. 113, No. 448, (Spring 2000), p. 139.

常被视为是与“宗教信仰”分离的[1]。爱沙尼亚学者也不愿意在学术写作中使用“迷信”这个词，他们从 19 世纪早期起，就使用了“非信仰”一词来表达，意思是不属于基督教信仰的另类信仰，但后来也在学术上放弃了。爱沙尼亚并入苏联时期，民俗学者对超自然的研究没有兴趣，这类研究处于停滞状态。1990 年以后，新宗教运动复兴，民俗学者更喜欢使用比较中立的分类词语，如“民俗信仰”和“大众宗教”。

不管怎样，“迷信”是一种大众概念，无论学术研究的状态火热或者停歇，它都一直在广泛传播。它与超自然的范畴联系，有自己的一套信仰、习俗和魔法实践，而这类活动对相信它的人来说，也是有独特的生活意义的。

“迷信”是一个特殊的概念，它由具体活动承载，符合人们的认同。但是，也由于这些活动的承载被认为是错误的、愚蠢的，甚至危险的，因此，凡称“迷信”，就意味着要做出对与错的判断，也要通过话语自组织的途

[1] Mullen, Patrick B., “Belief and the American Folk”. *Journal of American Folklore* Vol. 113, No. 448, (Spring 2000), pp.126-127.

径去观察。下面让我们简单地考察一下爱沙尼亚文化中的“迷信”概念史。

一、“迷信”作为官方分类：一个历史框架

13世纪德国和丹麦入侵爱沙尼亚，爱沙尼亚被基督教化之后，当时在爱沙尼亚本国，被认为是异教和“迷信”的风俗习惯仍然在继续传播，因为当时牧师在讲话和文章中经常提到这个问题。根据这方面的历史记载，那时爱沙尼亚人并不崇拜上帝，而是崇拜上帝的造物，如树木、石头、河流和泉水。他们将这些地方视为圣地，在那里进献祭品，甚至是飞禽走兽的牺牲，去安抚超自然的力量。17世纪，当瑞典成为瑞典王国时，路德教会的改革在爱沙尼亚的所有教区进行。从这时起，书面手稿和出版物大多使用底层德语，贵族和地主讲高层德语。“迷信”一词的意思颇接近“偶像崇拜”，而“偶像崇拜”被指责为危险的行为，对政府和教堂都有威胁。在对17世纪和18世纪爱沙尼亚教会的查访文件中，能发现“迷信”是常见的话题，许多记载说，农民到老教堂的废墟和其他地方，如单石或堆石、泉水、河流、树木、山丘和十字架的附近，进行偶像崇拜活动，搞“迷信”。

1696年，塔尔图的一位牧师被指控支持“迷信”活动，受到了审判。其实这位牧师只是警告农民避免使用国王禁止的祭品和供品，但他在布道中，还是鼓励农民可以在其他时间和地点举行聚会，没想到引火烧身。在圣玛丽日那天，大批农民带了蜡、黄油和奶酪聚集到鲁格教堂的附近，把它们放到教堂边上的一张桌子上。以前，在教堂全天开放之前，这些祭品和供品是可以被带到教堂以内的。破“迷信”之后，牧师就在教堂附近特设了一张桌子，允许信徒们把祭祀的物品放到桌子上。按古老的习俗，牧师把蜡拿走，先驱者把食品拿走，牧师死后，由他的遗孀拿走[1]，这是“迷信”的简单做法，甚至包括使用儿童做祭品的。但人们认为，这并不意味着17世纪爱沙尼亚人真正使用人体牺牲，其实他们是使用蜡像做象征性的进献，保持对古代异教传统的记忆。[2]

乔治·穆勒（George Müller）是塔林圣灵会的牧师，在1600年至1608年间，他做了39个布道，都用爱沙尼

---

[1] Kõpp, Johan, *Kirik ja rahvas. Sugemeid eesti rahva vaimse palge kujunemise teelt*. Lund: Eesti Vaimulik Raamat, 1959, p. 222.

[2] Kõpp, Johan, *Kirik ja rahvas. Sugemeid eesti rahva vaimse palge kujunemise teelt*. Lund: Eesti Vaimulik Raamat, 1959, p. 242.

亚语传教。[1]他将两种信仰做了对比，指出，真正的上帝信仰与“迷信”不同，“迷信”是一种错误的自信。[2]他还用德文写了一本书，书名是《教皇在位期间的“迷信”》，在作本书中，他将“迷信”当作打击天主教的工具，维护基督教。穆勒认为，是天主教把一些概念强加给当地社会，如“负罪的教皇”“贫穷”“愚昧的民众”等，基督教要优于天主教。

另一位牧师海因里希·斯塔尔（Heinrich Stahl，约1600—1657）出版了一本路德教手册，把“迷信”看成是基督教的敌人，开展斗争。他说，“至今那些被魔鬼引诱而否认上帝的人，都在通过‘迷信’、巫术、咒语和邪恶的艺术崇拜撒旦，或者他们在日常生活中遇到困难时，寻求这些邪恶艺术的帮助”[3]，这时魔鬼可以把自己变成光的

---

[1] 乔治·穆勒（George Müller）的39个布道文本都已在互联网上发表，网址：http://www.murre.ut.ee/vakkur/Korpused/Myller/myller.htm (accessed 4 September 2007). INTERNET.

[2] Reiman, Villem, *Neununddreissig Estnische Predigten von Georg Müller aus den Jahren 1600-1606. Verhandlungen der gelehrten Estnischen Gesellschaft zu Dorpat*, Fünfzehnter Band. Dorpat: Schnakenburg, 1891, p.143.

[3] Stahl, Heinrich, *Leyen Spiegel Darinnen kürtzlich gezeiget wird wie ein einfaltiger Christ Die Fest-uñ Sontägliche Evangelia in reiner Lehr und heiligem Leben jhm zu nutze machen kan*. Revall: H. Westphal, 1641, pp. 192-193.

天使，把水变成血，引起他者的错觉。魔鬼可以向他的虔诚的奴隶提供不同的伪装，把他们变成狼、熊和龙卷风，把他们送到他们想去的任何地方，或者他想送他们去的地方。[1] 因此，狼人说法本身不是“迷信”，只有在传说中表达了对狼人活动的信仰时，才会出现“迷信”。如果这种观点是个人叙述，也就是说，如果有人承认以狼人的身份四处奔走，或以旋风的形式破坏邻居的庄稼，那就意味着已经与魔鬼达成了协议。“迷信”也是一种可以灵活应用的类别，是一种威胁性的指控，用来谴责“他者”教会。他的这本书是有影响力的。在这些基督教神职人员的头脑中，“迷信”不是异教的同义词，而是指所有未经路德教会的认可所传播的信仰、习俗和宗教教义，包括天主教。

1686 年，瑞典皇帝通过了教会法，禁止全国所有非路德教的教堂从事宗教活动。[2] 1721 年，俄国在北部战争中击败瑞典，签订了《尼斯塔德和平条约》。该条约确认，爱

---

❶ Stahl, Heinrich, *Leyen Spiegel Darinnen kürtzlich gezeiget wird wie ein einfaltiger Christ Die Fest- uñ Sontägliche Evangelia in reiner Lehr und heiligem Leben jhm zu nutze machen kan*. Revall: H. Westphal,1641, pp. 292–294.

❷ Andresen, Andres, “Luterlik territoriaalkirik Eestimaal 1710–1832. Riigivõimu mõju kirkiuvalitsemisele, –institutsioonidele ja –õigusele”. Dissertationes Historiae Universitatis Tartuensis 7. Tartu: Tartu Ülikooli Kirjastus, 2004, p. 59.

沙尼亚路德教会保持不变，同时批准传播东正教[1]，这就给少数派的宗教留下了空间。1845年，沙皇尼古拉一世签署了一项关于将爱沙尼亚和拉脱维亚农民皈依为俄国东正教信仰的命令[2]，迫使两个国家的百余万路德教农民改变宗教信仰[3]。宗教归属的反复变化，导致了社会紧张和阶级冲突，主要是波罗的海德国地主和路德教会之间的冲突。另外，在爱沙尼亚，东正教虽然属于“沙皇的信仰”，但皈依者认为，自己成为牧师、地主和村民们激烈批评的对象。在对爱沙尼亚东正教的历史所做的大量研究中可见，莫斯科的主教和其他俄罗斯教会都反对爱沙尼亚的地主和牧师在他们的布道和公开声明中对东正教的指控，反对他们把东正教说成是“偶像崇拜和异教”，并把“偶像崇拜”称为“迷信”，反对宣传东正教是“对牧师的欺诈”，是树立“假先知”，

---

❶ Andresen, Andres, “Luterlik territoriaalkirik Eestimaal 1710-1832. Riigivõimu mõju kirkiuvalitsemisele, -institutsioonidele ja-õigusele”. Dissertationes Historiae Universitatis Tartuensis 7. Tartu: Tartu Ülikooli Kirjastus, 2004, pp. 90-91.

❷ Alexius=Patriarch Aleksii II. *Pravoslaviye v Estonii.* Moskva: Cerkovno-nauchnyi centr “Pravoslavnaya enciklopediya”, 1999, p.186.

❸ Ryan, Daniel C.,“Rumor, Belief and Contestation Amid the conversion Movement to Orthodoxy in Northern Livonia, 1845-1848”. *Folklore. Electronic Journal of Folklore.* http://www.folklore.ee/folklore. Printed version Vol. 28, 2004, p. 7.

会成为“反基督教者”和“罪人”。事实上，萨雷马岛的路德教牧师的确说过：“接受俄国东正教的人们已经把灵魂出卖给撒旦，谁都能从俄国牧师的脸上看到撒旦的脸。”[1]

但是，调查证明，当时地主、牧师和农民谴责东正教，还不能代表路德教会的官方观点。“迷信”一词，在这个阶段，已从官方的审判术语，变成带有攻击性和侮辱性的词语。对比之下，东正教对爱沙尼亚路德教的说法似乎更为宽容，尽管他们也将路德教描述为“冷酷的”“理性的”，但这些概括对简单的农民来说太遥远了。在东正教的布道与训诫中，避免直呼“路德教徒”的不明智之举，代之以“其他信仰者”[2]。自 18 世纪起，公理

---

❶ Patriarch Aleksii II. *Pravoslaviye v Estonii*. Moskva: Cerkovno-nauchnyi centr “Pravoslavnaya enciklopediya”, 1999, p. 253.

❷ Patriarch Aleksii Ⅱ. *Pravoslaviye v Estonii*. Moskva: Cerkovno-nauchnyi centr “Pravoslavnaya enciklopediya”, 1999, p. 251. 译者注：作者在这里又增加了一条说明，原文如下：“迷信”一词，大约 17 世纪下半叶出现在俄语中，但被广泛谈论的时间是在 18 世纪。按照这种概念的描述，以往社会崇拜的巫术、“虚幻”的神迹、泉水和石头等祭祀场所都是错误的，那些所谓神圣的现象；神的标记和其他的信仰和行为都是由迷信导致的误解（*Smilyanskaya* 2003，pp. 15-16）。但在 17 世纪的爱沙尼亚，国内的宗教信仰由德国贵族主导，盛行路德教文化，俄语几乎没有影响力。直到 19 世纪，俄语和俄语文本才进入爱沙尼亚。不过，这种“迷信”的说法对其他信仰还是有影响的，如佛教和其他一些本土古老的信仰都被认为是“迷信”的。

会运动波及爱沙尼亚[1]，助长了反民间习俗和“迷信”之间燃起战火。1767 年，马拉什（J. Marrasch）写了关于萨雷马岛与爱沙尼亚西部地区人民的信仰状况的文章如下：

> 异教和天主教时代的“迷信”，仍在当地人民中间根深蒂固，民众的生活在“迷信”的程度上极深，他们很难不遵循父辈的习惯而采取任何其他行动。这种“迷信”可以在他们的家务劳动、农田劳作、捕鱼和狩猎生产中随处找到，而且比人们想象得更广泛。
>
> 当思想上的杂草逐渐被拔除后，大量的“迷信”观点、偏见和行为，丧失了基础，失去了目的性，从人们的思想意识中消失。这时只有少数人知道怎样复兴它们，

---

[1] 译者注：作者在此使用的“公理会”一词，特指在爱沙尼亚农民中间传播的一种兄弟会式的公理会运动，也称赫恩胡特兄弟会，英文写作 Herrnhut。从 1730 年开始，这种信仰以举办情感祈祷会为由，在爱沙尼亚乡村迅速传播，主张民俗神秘主义和觉醒，至 1740 年，参加者达到约 1.2 万人。统治阶级政府和路德教会都无法控制它，后来还出现了几起农民骚乱，政府于 1743 年将其取缔。19 世纪以后，俄国沙皇统治了爱沙尼亚，沙皇亚历山大一世于 1817 年颁布法令，批准赫恩胡特兄弟会的活动，这种信仰再度兴起。

了解它们的意义。[1]

路德教会不懈地努力，开展扫盲活动、推动学术研究和教育事业，支持破除“迷信”的工作。一些学者对当地风俗和信仰感兴趣，就将之记录下来。约翰·瓦尔夫刚·鲍克勒（Johann Wolfgang Boecler）出版了早期民族志著作，里面有对“简朴的爱沙尼亚人的‘迷信’、习俗、礼貌和习惯”的详细描述[2]。这本书实际上可能是由牧师约翰·弗塞留斯（Johann Forselius，？—1684）汇编的。该书所记录的“迷信”涉及很多方面，包括洗礼、订婚、婚礼、婚姻、怀孕、子女、圣餐、葬礼、时间和日期、风、雷、雨、牛、家禽等。

19 世纪的民俗学者认为，“迷信”是古老异教的遗存，值得记录和研究，他们接受了进化论的思想，延续

---

[1] Põldmäe, Rudolf, “Rahvaluulesse puutuvaid sugemeid Eesti vennastekoguduse allikais”. *Paar sammukest eesti kirjanduse uurimise teed. Uurimusi X. Eesti rahvaluule aspekte.* 58-82. Tallinn: Eesti Raamat, 1984, p.64.

[2] Boecler, J.V. and Kreutzwald, Fr.R., Der Ehsten abergläubische Gebräuche, Weisen und Gewohnheiten von Johann Wolfgang Boecler... Mit auf die Gegenwart bezüglichen Anmerkungen beleuchtet von Dr.Fr.R.Kreutzwald. St. Petersburg: Buchdruckerei der Kaiserlichen Akademie der Wissenschaften, 1854.

了早期民族志的传统。法尔曼认为，异教的爱沙尼亚人，原本是一神教者，崇拜大神塔拉（Tara）。他们的崇拜被天主教压制。在他们中间保留的古老信仰就变成了“迷信”。[1] 在另一部著作中，法尔曼写道，消除“迷信”和偏见，发展教育和传播爱沙尼亚语，可以让这个国家提高文化水平。[2] 法尔曼是深受欧洲启蒙运动影响的学者，他把“迷信”的概念从宗教范畴提取出来，阐释为落后的和缺乏现代文明素质的标志物。

爱沙尼亚民俗的主要搜集者，雅各布·霍特（Jakob Hurt, 1839—1907）牧师在1896年里加举办的一次考古学大会上发表讲话，表达了他对“迷信”的矛盾看法。一方面，他是基督教信徒，蔑视“迷信”；另一方面，他是严肃的学者，能够看到“迷信”的价值。霍特还将大量的民俗手稿编辑成图书保存，他还创造了把口头传统与书面文献进行比较的修辞学方法。他指出，基督教有《圣经》，“迷信”也有剧本，而且是很厚的剧本。虽然基

---

[1] Faehlmann, Friedrich Robert. *Teosed* I, Ed. Mart Lepik, Eva Aaver, Heli Laanekask and Kristi Metste. Tartu: Eesti Kirjandusmuuseum, 1999, p.144.

[2] Faehlmann, Friedrich Robert, *Teosed* I, Ed. Mart Lepik, Eva Aaver, Heli Laanekask and Kristi Metste. Tartu: Eesti Kirjandusmuuseum, 1999, p.109.

督教信徒鄙视“迷信”的剧本，但这个黑色的剧本有其特殊的价值。如果我们科学地对待它，就必须认真地阅读和研究它。它对认识古代宗教信仰和宗教历史有重要的价值，科学研究不能忽视这些资料。❶

19 世纪末和 20 世纪初，学术界对民俗信仰的兴趣从神学的禁锢中解放出来。1919 年，塔尔图大学设立了爱沙尼亚语和比较民俗学讲座，1927 年，在同一城市建立了爱沙尼亚民俗档案馆，开创了爱沙尼亚民俗学的新时期。❷ 正是在这几年里，卢里兹成为爱沙尼亚民俗信仰的主要学者。他的巨著《爱沙尼亚民间信仰的主要特征》(1949—1957)，只是偶尔地使用“迷信”一词，举例说明这种信仰的分类，如对信仰治疗师、算命者和先知活动的分类等，并无任何贬义。❸ 根据卢里兹的进化论观，爱沙尼亚古老民俗文化的衰落，是由于德国的影

---

❶ Hurt, Jakob, *Mida rahvamälestustest pidada. artiklite kogumik*. Tallinn: Eesti Raamat, 1989, p.88. 译者注：作者在此增加一条说明，原文为：雅各布 · 霍特（Jakob Hurt）牧师的此书可以在网上查到，网址：http://www.folklore.ee/pubte/forselius/(accessed 4 September 2007) INTERNE。

❷ 关于从 19 世纪 40 年代至 20 世纪 30 年代末爱沙尼亚民俗学概论的综述性介绍，另见 Kuutma, Jaago, 2005.

❸ Loorits, Oskar, *Grundzüge des Estnischen Volksglaubens* Ⅰ-Ⅲ. Lund: Kungl. Gustav Adolfs Akademien, 1949, p. 12.

响和 13 世纪基督教十字军入侵造成的。[1] 他对异教的基督教化的研究方法也值得关注，尽管他的研究过程不无遗憾，但他的方法的创造性和有效性是必须肯定的。事实上，正如卢里兹所指出的，制度化的权力对民众信仰的攻击，并不一定导致它们全部毁灭，还可能导致它们被妖魔化，也还可能是它们融合到宗教世界观中去，正如邪恶势力是基督教的黑暗面一样，成为同一事物的两面。

大卫·埃尔顿·盖伊（David Elton Gay）曾撰文指出：神学越来越被认为是超自然的信仰，这种信仰在本质上也是“迷信”的，这就强化了民族志学者的信心。[2] 虽然爱沙尼亚民众信仰的研究者大都倾向于认为，“迷信”是由古老遗存的异教元素组成，但同样的现象也与基督教化的信仰世界有关，卢里兹已经指出了这一点。

---

[1] Västrik, Ergo-Hart, “Oskar Loorits: Byzantine Cultural Relations and Practical Application of Folklore Archives”. In *Studies in Estonian Folkloristics and Ethnology: A Reader and Reflexive History*. Kristin Kuutma, and Tiiu Jaago. 203-215. Tartu: Tartu University Press, 2005, p. 209, 591; 1957, p. 335.

[2] Gay, David Elton, “Christianity as a Problem in Folk Cultural Studies”. *Tautosakos Darbai. Folklore Studies XXXI*. 78. Vilnius: Institute of Lithuanian Literature and Folklore, 2006.

1940 年，爱沙尼亚并入苏联后，大力推行无神论，教会成为“进步”社会的弃儿。可以想象的是，从前的宗教和“迷信”之间的划分是绝对的，两者判然有别，现在两者的区分却成为相对的，而且都成为无神论的废除对象。❶ 无神论者有一本宣传手册，书名是《信徒答问》。据编辑说，书中对“信徒经常提出的问题”提供了标准答案。❷ 此书的主要章节有：“关于宇宙、其规律和秘密”，“关于人与社会”，“关于宗教的出现”，“关于宗教节日和习俗”，“关于宗教奇迹及其真伪特征”，“关于道德”，“为什么征兆是‘迷信’”，“关于共产党和苏联政权对宗教和教会的态度”。其中，此书对“为什么征兆是‘迷信’”的回答如下：

> 这个问题不太准确。并非所有的征兆都是“迷信”。但大多数征兆是没有正当理由的。只有那些错误的、站

---

❶ 1946 年，爱沙尼亚颁布取缔所有宗教和神学文献的法令。此外，在 1954 年至 1972 年的 18 年间，共出版了 91 份无神论出版物，332，315 篇文章（Salo 1978、198 和 208），《宗教、迷信及其危害》是其中的第一种。

❷ Mezenceva, V. A. ed., *Vastused usklikele. Populaarne teatmik.* Tallinn: Eesti Riiklik Kirjastus, 1964, p. 5.

不住脚的征兆才被称为“迷信”。相信这样的征兆，就等于相信上帝、奇迹、邪恶的精灵和巫术的显灵一样。在这些信念的背后，总有一些超自然的、神秘的幻想物。科学已经证明，并不存在超自然的力量，“迷信”的征兆以不可思议的方式反映生活，扭曲了生活，所以它们不可能变成现实，除非出现极其罕见的偶然巧合。总之，相信“迷信”的征兆，会造成极大的伤害，束缚了人的能动性，让人失去理想目标，在生活中消极被动，这种有害的信仰是与社会进步背道而驰的。[1]

打击教会，反对宗教和民俗信仰，是当时苏联政权的一项重要工作，他们组织科学家参加这项宣传活动。坎德·梅德·S. 科佩尔（Cand. med. S. Koppel）医生就曾受邀工作，担任了科普宣传家，他负责解释“迷信”是如何产生的，以及如何破除“迷信”。1961 年，他在《爱沙尼亚共产党员》杂志的《问答》副刊发表了一篇题为《宗教、迷信及其危害》的短文，回答什么是“迷

[1] Mezenceva, V. A. ed., *Vastused usklikele. Populaarne teatmik.* Tallinn: Eesti Riiklik Kirjastus, 1964, pp. 289–290.

信”？附带回答读者的其他问题，例如：“为什么我们的党叫共产党？”“无产阶级有祖国吗？”“什么是反现实主义的艺术倾向？”和“如何摆脱演讲的不足？”科佩尔列出了 20 世纪 50 年代在爱沙尼亚广泛存在的信仰征兆：

> 早晨［听到］杜鹃啼鸣，意味着勤奋；中午杜鹃啼叫，意味着悲伤；晚上杜鹃婉啼，意味着幸运。春天里，第一只杜鹃的叫声，预示着人的寿命……。如果有一只黑猫走过你走的路，就会带来厄运；如果打碎一面镜子，就会带来眼泪。星期五，尤其是 13 日，不能开工，也不能旅行。为了迎来成功的一天，人应该从右床脚那边走过来。第一个遇到的人应该是男性。永远不要祝渔夫好运。蚂蚁近前就是要出事。夜里狗叫就是死人了。[1]

他还指出：

---

[1] Koppel, S., “Mis on ebausk?” *Küsimused ja vastused*, No. 21, June 1961, p. 30. 译者注：作者在这里增加一条说明，原文为：在 21 世纪的爱沙尼亚民俗中，这些征兆也很普遍。

这种毫无根据的观点，与日常经验、实践和常识相矛盾，被称为“迷信”。在一般情况下，“迷信”的说法是不会被认真对待的，如上文描述的那些征兆，也会很快被忘记。但是在日常生活中，仍有些人相信“迷信”的征兆，并在日常生活中相应地顺从或规避它们，在这种情况下，那些原本看上去无害的征兆就会出来害人，有时甚至是致命的。❶

以这种很悲观的方式描述“迷信”的后果，似乎很荒谬，但在人心惶惶和缺乏社会安全感的时期，树立正确的世界观绝不是开玩笑。“迷信”的社会根源在于资本主义的危机、失业、战争、饥饿和人民的苦难生活等不稳定的社会状况，社会主义的胜利摧毁了“迷信”的社会基础，所以，对“迷信”的残存，不能用少数人思想意识的遗留物来解释，应通过大力宣传科学唯物主义的世界观来解决。❷

❶ Koppel, S., “Mis on ebausk?” *Küsimused ja vastused*, No. 21, June 1961, p. 30.

❷ Koppel, S., “Mis on ebausk?” *Küsimused ja vastused*, No. 21, June 1961, p. 34.

读了这些意见，加上下面的观点，可以了解，“迷信”和民俗信仰是怎样在建设意识形态的战略中被反复运用的。

1966 年，文学史家和民俗学家安尼斯特发表了关于爱沙尼亚民众信仰现象研究的文章，在爱沙尼亚并入苏联时期，安尼斯特已在呼吁恢复这项研究，并用不同的论据，解释了这项工作的重要性。他避免简单地使用马克思主义思想，他指出，欧洲思想启蒙运动的不足，就在于只强调步调一致的社会进步思想，忽视了其他系统的存在。他说：“关于民众信仰的历史的知识，能帮助我们与过时的真理形式作斗争，也能打破僵化的思想教条、学说和解释，还能消除我们接近真理的障碍。”❶

我们可以看到，在爱沙尼亚，传教士、学者、意识形态的决策者，等等，都参与过“迷信”概念史的构建。但是，在今天，认为“迷信”应该被文明力量铲除的观点，也已经被反思。

❶ Annist, August, Eesti rahvausundi uurimise olukorrast. –*Keel ja Kirjandus* 8, 1966, p. 463.

二、“迷信”作为一种当代大众概念的同步应用

当代爱沙尼亚的世俗化程度很高。爱沙尼亚共和国宪法“保障每个人的思想自由和宗教自由”（第40条），承认人人有权“以文字、印刷、图片和其他方式自由地传播思想、意见、信仰和其他信息”（第45条）。[1] 当代爱沙尼亚文化的多元化还得到互联网的广泛接纳和大众信仰运动的支持。[2] 现在让我们来考察当代爱沙尼亚的“迷信”概念，以及公众舆论对“迷信”的态度。

在当代官方话语中，已经很难找到这种表达，现在它经常出现在大众媒体和非正式的交流中。过去用“迷信”区分是非的信仰是常见的做法，现在“迷信”的概念很难被轻易下定义，人们已了解这个词语的历史语义负担，倾向于产生新的含义，对“迷信”的社会态度也

---

[1] 译者注：作者在这里增加一条说明，原文为：该宪法的英文版已上网，网址：http://www.president.ee/en/estonia/constitution.php (accessed 4 September 2007). INTERNET。

[2] 译者注：作者在这里增加一条说明，此说根据国际新闻学会发布的《2006世界新闻自由评论》拟就，原文为：爱沙尼亚及其波罗的海与斯堪的纳维亚邻国拥有欧洲最自由的媒体环境。网址：http://www.freemedia.at/cms/ipi/(accessed 5 September 2007) INTERNET.

在发生变化。当然，有时“迷信”也还被用来指缺少正确的教育和理性思维的“他者”，会指被社会边缘化的现象。但总体说，公众反对将“迷信”投射到“无知的他者”上，甚至采取相反的态度，即承认“迷信”是可靠的知识，是自身世界观的组成部分。

有些人拥有较高的社会地位，受过大学教育，能正确地对待“迷信”的问题，慎重地对待公共领域的话语表达方式。爱沙尼亚记者于里·皮诺（Jüri Pino）在评论一篇讨论“迷信”的文章中写道：

> 当我说我“迷信”的时候，可能会给人一种印象，说我是胡说八道，其实我并非如此。我可能仅仅是一个普通人。晚上我从来不把书打开放在桌子上，防止魔鬼来读它。我相信某一天在楼梯上绊倒，意味着倒霉的事不会再来。我试着在完成计划之前免开尊口，以免透露我的想法。经验证明，保持缄默是合适的。

2007年的4月13日，星期五，《妇女》周刊出版了特刊，上面有一篇文章，题目是《人人都有自己的“迷信”》，据编辑说，一些“著名爱沙尼亚女性”揭示了她们的信仰世界。“迷信”是女性特有的属性[1]。有时“迷信”的概念也被用于性别研究。La Perla内衣店的主管、女商人leelo sui说：

如果我忘了什么东西，我也不会回家去拿了，否则会带来厄运。在彩虹下开车，会带来好运，我试过这样做，但我也没成功过。右脚或左脚绊倒是有意义的。如果你的左脚滑倒了，一切都会好的，如果你的右脚滑倒了，是防止坏事的警告。我还做了一个统计，发现13日星期五对我来说从来都不是最糟糕的一天，反而是最幸运的日子之一。[2]

以下是发表在Delfi网站上的妇女网络论坛上的声明，从中可以看出民俗学和修辞学的融汇：

为了避开厄运，人必须往左肩吐唾沫，因为魔鬼在

❶ Naised 2007="Igal oma ebausk". In *Naised. Ebausu eri: kogu tõde saatuslike numbrite kohta*. No. 6., (13 April, 2007) p. 12.

❷ Naised 2007="Igal oma ebausk". In *Naised. Ebausu eri: kogu tõde saatuslike numbrite kohta*. No. 6., (13 April, 2007) p. 12.

左肩后面无形地嘲笑，而你的守护神站在右边。这种“迷信”已经被科学证实了，它已经证明了大脑的左侧控制着逻辑思维，因此可以移动右手。这里出现了“规则”：不要用右手拎东西，可能会影响健康；如果你的左手发痒，那就是要发财。[1]

“迷信”广泛存在，而它的有效性又被不断怀疑，这造成人们对它的一种特殊的态度，使之始终处于一种“挑战模式”之中。2001 年，爱沙尼亚自行车运动员 Jaan Kirsipuu 在环法自行车赛的第六阶段胜出。2001 年 7 月 13 日，他在接受爱沙尼亚新闻社的采访时说，他从不怕凶险的日子，“每个人都在谈论运气的好坏，但我们爱沙尼亚人不用担心”。“爱沙尼亚航空公司”是世界上唯一有第十三排座位的航空公司。[2]

---

[1] Delfi Naisteleht, “Kust tuleb ebausk?” In *Delfi Naisteleht* 30.5.2005. (http://www.delfi.ee/) INTRNET．译者注：作者在此写一条附注，提供了下列参考网站与网址：http://www.postimees.ee/(accessed 4 September 2007) INTERNET.

[2] Martinson, Jaan, “Võit! Lõpuks ometi!” In *SL Õhtuleht*. 14 (July, 2001).

这则简讯在互联网上引发了评论，以下是一些跟帖："今天是13日星期五"，接着有人说，"这跟13日和星期五有什么关系"，"迷信把人弄到如此低能的地步"。然而，又有人补充道："第一次在一个新的地方死去，这也许是生命中最辉煌的时刻。13日和星期五，是一个'迷信'的理由吗？"

讨论"迷信"可以反映局内观，但也使人们感到被他人的信仰挑战，需要回击他人。但是，虽然存在分歧，人们还是在相互对话，试图理解"迷信"或"不迷信"的"他者"，讨论彼此的世界观。2002年，爱沙尼亚学生凯尔伯格（Liis Keerberg）接受《邮报》的采访，讲述了她在俄罗斯的沃罗涅日做访问学生的经历。她与非洲同学同住一个宿舍，这是一名来自中非乍得的女孩。她的回忆表明，所谓"迷信"，在界定上，是有种族界限的。一位记者对她的经历做了如下描述：

> 塔尔图的凯尔伯格在沃罗涅日大学的宿舍里点燃蜡烛，在墙上画出人形时，黑人同学吓了一跳，问："你在做什么？"这种反应在凯尔伯格看来很有趣。"这个女孩以为我在房间里练巫术呢，"凯尔伯格笑了起来，"这个女

孩没有平静下来，时不时地来看我，想知道我还在策划什么巫术？”凯尔伯格向来自乍得的女孩解释，在房间里点燃蜡烛是多么的美妙和惬意，但这是毫无用处的。这不可能让非洲女孩相信这样做是为了美化房间，而不是一种仪式，而仪式的目的是诅咒某人或窃取某人的灵魂。另一个俄罗斯学生给了凯尔伯格一点安慰，她喜欢在室内吹口哨。非洲女孩就说：“别吹口哨，要么你就没钱了。”[1]

遣责某些信仰或整个宗教，认为它们是“迷信”的，这在过去是众所周知的，当时指责的言辞是代表体制化的权威话语的。这还意味着，与“迷信”的“他者”是没有任何对话的，信仰的沟通是被排斥在外的，真理的声音是一元论的。让我们再考查一下爱沙尼亚基督教论坛的匿名意见，这也是一个互联网论坛[2]，基督

[1] Pau, Martin, “Ebausk võib teha irvhambale nalja, kuid määrata ka ebauskuja saatuse”. *Tartu Postimees* (8 October, 2002). 译者注：作者在此增加了对爱沙尼亚旧俗知识的介绍，原文为：爱沙尼亚人过去认为，在屋里吹口哨会招来火灾，我从小在塔尔图生活，就有这种童年记忆，现在大多数人也都知道这种禁忌。

[2] 译者注：作者在此提供了这个网站的网址，并对网站项目负责人 Antiy Loodus 和 Kristlik Meedia 允许使用上网资料，支持学术研究表示感谢。这个网址是：http://foorum.usk.ee/(accessed 30 July, 2007) INTERNET.

教和其他宗教也都受到质疑。有人对佛教的看法如下：

> 佛陀为什么抛弃自己的孩子？没有什么好的（佛教），没有什么可以作为模式，没有什么能唤起人们内心的信心和希望。佛教只是“迷信”而已，不值得追随。

另一位匿名人士说：

> 有人认为耶稣是先知，创造了正确的教义。《圣经》说，有人添加了东西，或者拿走了东西，他或她就会被诅咒，是吗？《圣经》为什么不说耶稣也不一定事事都正确？但是，在耶稣之后，我们要崇拜谁呢？《圣经》和很多信仰的经典都充满矛盾，都有“迷信”和错误的理论。请停止你的宣传！

民俗学者在对“迷信”的讨论中增加了他们的分析和解释的视角。总的说，爱沙尼亚民俗学者已经放弃了看待“迷信”的进化论观点，现在正在进行的是，在民俗学发展过程中解释“迷信”的概念史。同时，从实践功能的角度，他们也能看到“迷信”在不确定的生活情境中，被用作适应某种心理需求，即使在理性主义的主流世界观和世俗社会中也如此。

三、“迷信”作为意识形态建设策略的工具

在历史上，“迷信”被当作必须被教会根除的异教和错误信仰的元素。在学术史上，“迷信”从宗教范畴变成19世纪发展起来的学术概念。在意识形态领域，“迷信”曾作为一种自上而下的观点，被当作政府管理的对象。在思想文化史上，很多学者对“迷信”资料的收集、研究、解释和理解产生了兴趣和需要，建立了大量档案遗产。

在当代社会，爱沙尼亚民俗学者在使用“迷信”一词时非常谨慎，在学术讨论中通常避免使用它。在当代爱沙尼亚民俗学中，很难描绘“迷信”概念的语境，也很难列出爱沙尼亚社会对“迷信”概念的主要态度，因为在成千上万的语境中，这个词语都是大众的表达。互联网搜索引擎谷歌提供了大约3.56万个爱沙尼亚语的表达“迷信”的含义的单词，可供学者研究时参考。由于新信仰的不断出现，从民俗学的角度，全面列出当代

“迷信”的样本和含义，似乎已经是不可能完成的任务[1]。

在当代社会，“迷信”已经成为一个被广泛使用的大众概念，一种十分流行的元民俗分类。它以多种表达形式出现，如信仰的陈述、传统习俗和个人体验等。在一般意义上，它与生动的民众创造力相联系。虽然制度化的后盾地位已经下降，官方话语已经从权威话语转向大众表达形式，但是，“迷信”一词仍会被用作意识形态建设策略的工具。

[1] 译者注：作者就此提供的网址和下载日期是：5 September 2007 INTERNET。

主要参考文献

民俗信仰研究的理论

第一节　民俗与话语：科学修辞的权威性、从无神论到新精神文化建设

Internet sources

Engels, Friedrich, 1877.Anti-Dühring. Herr Eugen Dühring's Revolution in Science. http://www.marxists.org/archive/marx/works/1877/anti-dühring/index.htm (accessed June 24, 2010)

http://www.spiritism.ee/et (accessed June 25, 2010)

Marx, Karl, 1843. A Contribution to the Critique of Hegel's Philosophy of Right. Introduction. http://www.

marxists.org/archive/marx/works/1843/critique-hpr/intro.htm#05 (accessed June 24, 2010)

Radiating Biosphere, 2006. Radiating Biosphere and Fields of Earth, Related Architectural Geometry of Forms and Their Environmental Psycho-Physical Influence on Organisms. Abstracts and Articles. International Seminar at Käsmu, June.15–18, 2006. Compiled by Rein Koha. Geopathic Society. http://www.geopaatia.ee/seminar_2006.pdf (accessed June 26, 2010)

Other publications

Altnurme, Lea, 2006. *Kristlusest oma usuni. Uurimus muutustest eestlaste religioossuses 20. saj. II poolel.* Tartu: Tartu Ülikooli kirjastus.

Bakhtin, Mikhail, 2002."Problemy Poetiki Dostoyevskogo". *Sobraniye sochinenii* T.6. Moskva: Institut Mirovoi Literatury imeni M. Gorkogo Rossiiskoi Akademii Nauk. 5–300.

Berar, Petru, 1983. *Religioon nüüdismaa ilmas.* Tallinn: Eesti Raamat.

Bausinger, Hermann, 1986. *Volkskultur in der technischen Welt.* Frankfurt, New York: Campus Verlag.

Brezhnev, Leonid, 1976. *NLKP Keskkomitee aruanne ning partei järjekordsed ülesanded sise-ja välispoliitika valdkonnas*. Tallinn: Eesti Raamat.

Dégh, Linda, 1995. *Narratives in Society: A Performer-Centered Study of Narration.* Folklore Fellows' Communications No. 255. Helsinki: Academia Scientiarum Fennica.

Dégh, Linda and Andrew Vázsonyi, 1976. "Legend and Belief". *Folklore Genres*. Ed. by Dan Ben-Amos. Austin: University of Texas Press.

Earth's Fields, 2003. *Earth's Fields and Their Influence on Organisms. Abstracts. International Seminar at Kloogarana June 26–29, 2003*. Tallinn.

Elu, 1999. *Elu teispoolsuses. See tekst on antud TEISPOOLSUSEST VEND VAHINDRA juhendamisel. Teksti edastas MARI, vahendas ja võttis vastu ROOSI, kirja pani LILIAN*. [The book lacks any information about the publisher and the year of publication. The medium séances, recorded in the book, occurred in early 1999.]

Foucault, Michel, 1972. *The Archaeology of Knowledge*. London: Routledge.

Gordiyenko, N. et al., 1980. *Teadusliku ateismi alused.* Tallinn: Eesti Raamat.

Heelas, Paul, 1996. *The New Age Movement. The Celebration of the Self and the Sacralization of Modernity.* Oxford, Cambridge, Massachusetts: Blackwell Publishers.

Karjahärm, Toomas, and Sirk Väino, 2001. *Vaim ja võim. Eesti haritlaskond 1917–1940.* Tallinn: Argo.

Kääriäinen, Kimmo, 1993. *Atheism and Perestroika.* Helsinki: Suomalainen Tiedeakatemia.

Oring, Elliott, 2008. "Legendry and the Rhetoric of Truth". *Journal of American Folklore* Vol. 121, No. 480.

Paas, Kadri, 2004. "Nõiad läksid energiasammaste pärast tülli". *SL Õhtuleht*, 04.08.200.

Pavjolkin, P., 1953. *Religioosne ebausk ja selle kahjulikkus.* Tallinn: Eesti Riiklik Kirjastus.

Raun, Toivo U., 1991. *Estonia and the Estonians.* Second Edition. Stanford, California: Hoover Institution Press.

Remmel, Atko, 2008. "Religioonivastase võitluse korraldusest Nõukogude Eestis". *Ajalooline Ajakiri. The Estonian Historical Journal*, 3 (125).

Ringvee, Ringo, 2000. “Religions in Estonia”. *Beyond the Mainstream. The Emergence of Religious Pluralism in Finland, Estonia, and Russia*. Ed. by Jeffrey Kaplan. Studia Historica 63. Helsinki: SKS.

Soop, Karl, and Udo Keskküla, 1967. *Kuremäe klooster*. Tallinn: Eesti Raamat.

Tsamerjan, I.P. et al., 1963. *Teadusliku ateismi alused. Õpik*. Tallinn: Eesti Riiklik Kirjastus.

Valk, Pille, 1997. *Ühest heledast laigust Eesti kooli ajaloos. Usuõpetus Eesti koolides aastatel 1918–1940*. Tallinn: Logos.

Vikk, Ella, 2007. “Porkunis on energiat”. *Tamsalu ajaleht*. Nr 1, Jaanuar 2007.11.

Yurchak, Alexei, 2006. *Everything Was Forever, Until It Was No More: the Last Soviet Generation*. Princeton, Oxford: Princeton University Press.

第二节　理解宗教与信仰

Alles, Gregory, 2005. “Religion (Further Considerations)”. *Encyclopedia of Religion*. 2nd edn. Lindsay Jones (ed.). Detroit: Macmillan.

Asad, Talal, 1993. *Genealogies of Religion. Discipline and Reasons of Power in Christianity and Islam*. Baltimore: John Hopkins University Press.

Bakhtin, M.M. and Medvedev P.N., 1991. *The Formal Method in Literary Scholarship. A Critical Introduction to Sociological Poetics*. Baltimore and London: John Hopkins University Press.

Bauman, Richard, 2008. Philology of the Vernacular. *Journal of Folklore Research. (Special Issue: Grand Theory.)* Vol. 45, No.1.

Dégh, Linda, 1995. *Narratives in Society: A Performer-Centered Study of Narration*. Folklore Fellows' Communications No. 255. Helsinki: Academia Scientiarum Fennica.

Dégh, Linda and Vázsonyi, Andrew, 1976. "Legend and Belief", *Folklore Genres*. Ed. by Dan Ben-Amos. Austin: University of Texas Press.

Dundes, Alan, 1965. *The Study of Folklore*. Englewood Cliffs, N.J.: Prentice-Hall.

Durkheim, Émile, 1995. *The Elementary Forms of Religious Life*. New York, London, Toronto, Sydney, Tokyo,

Singapore: The Free Press.

Gunnell, Terry, 2008. Introduction. *Legends and Landscape*. Ed. Reykjavik: University of Iceland Press.

Kamenetsky, Christa, 1992. *The Brothers Grimm and Their Critics. Folktales and the Quest for Meaning*. Athens: Ohio University Press.

McNeill, Lynne S., 2013. *Folklore Rules. A Fun, Quick, and Useful Introduction to the Field of Academic Folklore Studies*. Logan: Utah State University Press.

Oring, Elliott, 2008. "Legendry and the Rhetoric of Truth". *Journal of American Folklore* Vol. 121, No. 480.

Otto, Rudolf, 1958. *The Idea of the Holy. An Inquiry into the Non-Rational Factor in the Idea of the Divine and Its Relation to the Rational*. New York: Oxford University Press.

Petzoldt, Leander, 1999. *Einführung in Die Sagenforschung*. Konstanz: UVK Universitätsverlag Konstanz Gmb H.

Primiano, Leonard Norman, 1995. Vernacular Religion and the Search for Method in Religious Folklife. *Western Folklore (Reflexivity and the Study of Belief)* 54.

Primiano, Leonard Norman, 2014. "Afterword:

Manifestations of the Religious Vernacular: Ambiguity, Power, and Creativity", M.Bowman & Ü.Valk, (eds.) *Vernacular Religion in Everyday Life: Expressions of Belief.* London, New York: Routledge.

Yoder, Don, 1974.Toward a Definition of Folk Religion. *Western Folklore (Symposium on Folk Religion)* 33.

第三节　大众信仰理论

Internet sources

Tsunamipiirkonnas kummitab http://publik.delfi.ee/news/kuum/tsunamipiirkonnas-kummitab.d?id=9626380

Surnud sugulane hakkas märatsema http://www.delfi.ee/news/paevauudised/eesti/surnud-sugulane-hakkas-maratsema.d?id=8516115 (both accessed July 29, 2010)

Other publications

Bakhtin, Mikhail, 1986. The Problem of Speech Genres. *Speech Genres and Other Late Essays*. Austin: University of Texas Press.

Bauman, R., 2004. *A World of Others' Words: Cross-Cultural Perspectives on Intertextuality*. Oxford: Blackwell

Publishing.

Bennett, G., 1988. Legend: Performance and Truth. In Bennett, G. and Smith, P. (eds.) *Monsters with Iron Teeth: Perspectives on Contemporary Legend* III. Sheffield: Sheffield Academic Press.

Bennett, G., 1999. *"Alas, Poor Ghost!" Traditions of Belief in Story and Discourse*. Logan, Utah: Utah State University Press.

Bergmann, J.R. and Luckmann, T., 1995. Reconstructive Genres of Everyday Communication. In Quasthoff, U.M. (ed.), *Aspects of Oral Communication*. Berlin, New York: Walter de Gruyter.

Blank, T.J., 2009. Toward a Conceptual Framework for the Study of Folklore and the Internet. Introduction. In Blank,T.J. (ed.) *Folklore and the Internet: Vernacular Expression in a Digital World*. Logan, Utah: Utah State University Press.

Bortolotti, L., 2009. *Delusions and Other Irrational Beliefs. International Perspectives in Psychology & Psychiatry Series*. Oxford: Oxford University Press.

Bronner, S.J., 2009. Digitizing and Virtualizing Folklore. In Blank, T.J. (ed.) *Folklore and the Internet: Vernacular Expression in a Digital World*. Logan, Utah: Utah State University Press.

Brunvand, J.H., 1983. *The Vanishing Hitchhiker: American Urban Legends and Their Meanings*. London: Pan Books.

Dégh, Linda. 2001. *Legend and Belief: Dialectics of a Folklore Genre*. Bloomington and Indianapolis: Indiana University Press.

Ellis, B., 2005. Legend/anti legend: Humor as an Integral Part of the Contemporary Legend Process. In. Fine, G. A., Campion-Vincent, V. and Heath, C. (eds.) *Rumour Mills: The Social Impact of Rumour and Legend*. New Brunswick (Canada) and London: Transaction Publishers.

Ferreira Barcelos, A. and Kalaja, P., 2006. Conclusion: Exploring Possibilities for Future Research on Beliefs about SLA. In Kalaja, P. and Ferreira Barcelos, A. (eds.) *Beliefs about SLA: New Research Approaches*. New York: Springer.

Hanks, W., 2001. Belief Ascription and the Social Production of Belief. Paper Presented at the Conference on

Belief Ascription at the International Center for Semiotic and Cognitive Studies, University of the Republic of San Marino.

Hennoste, T., 2010. *Kommikoer ja pommikoer. Üksteist lugu Eesti ajakirjandusest. Loomingu Raamatukogu* 1/2. Tallinn: SA Kultuurileht.

Hoppál, M. 2000. On Belief System. *Studies on Mythology and Uralic Shamanism. Ethnologica Uralica* 4. Budapest: Akadémiai Kiadó.

Howard, R.G., 2009. Crusading on the Vernacular Web: The Folk Beliefs and Practices of Online Spiritual Warfare. In Blank, T.J.(ed.) *Folklore and the Internet: Vernacular Expression in a Digital World*. Logan, Utah: Utah State University Press.

Kramsch, C., 2006. Metaphor and the subjective construction of beliefs. In Kalaja, P. and Ferreira Barcelos, A.(eds.) *Beliefs about SLA. New Research Approaches*. New York: Springer.

Lecouteux, C., 1987. *Geschichte der Gespenster und Wiedergänger im Mittelalter*. Köln, Wien: Böhlau Verlag.

Mullen, P.B., 2000. Belief and the American Folk. *Journal of American Folklore* Vol. 113, No. 448.

Nicolaisen, W.F.H., 1987. The Linguistic Structure of legends. In Bennett, G., Smith, P. and Widdowson, J.D.A.(eds.) *Perspectives on Contemporary Legend* Ⅱ. CECTAL Conference Paper Series. Sheffield: Sheffield Academic Press.

Oring, Elliott, 2008. "Legendry and the Rhetoric of Truthn". *Journal of American Folklore* Vol. 121, No. 480.

Paas, Kadri, 2004. Surnud sugulase vaim hakkas märatsema. *SL Õhtuleht* 2. September.

Primiano,L., 2001. Oprah, Phil, Geraldo, Barbara and Things that Go Bump in the Night: Negotiating the Supernatural on American Television. In Mazur, E.M. and McCarthy, K. (eds.) *God in the Details: American Religion in Popular Culture* 47-63. New York and London: Routledge.

Runnel, P., 2008. Eesti infoühiskonna meedia-ja tehnoloogiakultuur. In Viires, A. and Vunder, E. (eds.) *Eesti Rahvakultuur.* Tallinn: Eesti Entsüklopeediakirjastus.

Slotkin, E.M., 1988. Legend Genre as a Function of Audience. In Bennett, G. and Smith, P.(eds.) *Monsters with Iron Teeth: Perspectives on Contemporary Legend.* III: 8. Sheffield: Sheffield Academic Press.

Tangherlini, T.R., 2007. Rhetoric, Truth and Performance: Politics and the Interpretation of Legend. *Indian Folklife. A Quarterly Newsletter from National Folklore Support Centre* 25.

Valk, Ü., 2008. Folk and the Others: Constructing Social Reality in Estonian legends. In Gunnell, T.(ed.) *Legends and Landscape: Articles Based on Plenary Papers from the 5th Celtic-Nordic-Baltic Folklore Symposium, Reykjavik 2005*, Reykjavik: University of Iceland Press.

Warf, B. and Grimes, J., 1997. Counterhegemonic Discourses and the Internet. *Geographical Review* Vol. 87, No. 2.

民俗信仰研究的学术史

Altnurme, Lea

2006, *Kristlusest oma usuni.Uurimus muutustest eestlaste religioossususes 20.saj.* II *poolel*. Tartu: Tartu Ülikooli Kirjastus.

2011. Changes in Mythic Patterns in Estonian Religious Life Stories. –*Social Compass.*

Annist, August & Moora, Harri

1965. Teos eesti rahvausundiuurimisealalt. – *Keel ja*

Kirjandus 8.

Annist, August

1966. Eesti rahvausundi uurimise olukorrast. – *Keel ja Kirjandus* 8.

2005. *Friedrich Reinhold Kreutzwaldi "Kalevipoeg"*. Tallinn: Eesti Keele Sihtasutus.

Anttonen, Pertti J.

2005. *Tradition through Modernity.Postmodernism and the Nation-State in Folklore Scholarship.* Helsinki: Finnish Literature Society. (Studia Fennica Folkloristica, 15.)

Anttonen, Pertti J. & Kvideland, Reimund (eds.)

1993. *Nordic Frontiers: Recent Issues in the Study of Modern Traditional Culture in the Nordic Countries.* Turku: Nordic Institute of Folklore.

Anttonen, Veikko

2004. Theory and Method in the Study of "Folk Religion". *Temenos: Nordic Journal of Comparative Religion.*

Arukask, Madis

1998. Death and Afterwards. *Folklore: Electronic Journal of Folklore* 9.

2011. Resurrection, Revenance, and Exhumation: The Problematics of the Dead Body in Songs and Laments. –Tore Ahlbäck & Björn Dahla (eds.), *Religion and the Body*. Åbo: Donner Institute for Research in Religious and Cultural History.

Arukask, Madis & Raudalainen, Taisto-Kalevi

2014. Autobiographical and Interpretative Dynamics in the Oral Repertoire of a Vepsian Woman. –Marion Bowman & Ülo Valk (eds.), *Vernacular Religion in Everyday Life: Expressions of Belief*. Sheffield, Bristol CT: Equinox Publishing.

Berlin, Isaiah

1997. *Vico and Herder: Two Studies in the History of Ideas*. New York: Vintage Books.

Bowman, Marion & Valk, Ülo

2012. Introduction: Vernacular Religion, generic expressions and the dynamics of belief. –Marion Bowman & Ülo Valk (eds.), *Vernacular Religion in Everyday Life: Expressions of Belief*. Sheffield, Bristol, CT: Equinox.

Eisen, Matthias Johann

1909–1911. *Eestlaste sugu* Ⅰ–Ⅱ. E.K.S. Tartu: Rahwakir

janduse Toimekonna Kirjastus.

1919. *Eesti mütoloogia.* Tallinn: Eestimaa Kooliõpetajate Vastastiku Abiandmise Seltsi raamatukauplus.1920a *Eesti uuem mütoloogia*. Tallinn: K/Ü "Rahvaülikool".

1920b. *Esivanemate ohverdamised.* Tallinn: Varrak.

1926. *Eesti vana usk.* Eesti Kirjanduse Seltsi Toimetised, 21. Tartu: Eesti Kirjanduse Selts.

1996. *Esivanemate ohverdamised.* Tallinn: Mats.

Faehlmann, Friedrich Robert

1999. *Teosed* I. Tartu: Eesti Kirjandusmuuseum.

Gay, David Elton

2006. "Christianity as a Problem in Folk Cultural Studies". -*Tautosakos darbai* XXXI. Vilnius: The Institute of Lithuanian Literature and Folklore.

Hagu, Paul

1975. Setuviljakusjumal Peko. -*Keel ja Kirjandus* 3.

Hiiemäe, Mall

1981-1999. *Eesti rahvakalender* II-VIII. Tallinn: Eesti Raamat.

1998. *Der estnische Volkskalender.* Helsinki: Academia Scientiarum Fennica. (Folklore Fellows' Communications, 268.)

Hiiemäe, Reet

1997. *Eesti katkupärimus*. Tartu: EKI folkloristika osa- kond, EKM Eesti Rahvaluule Arhiiv. (Monumenta Estoniae Antiquae, II.)

2012. *Kaitsemaagia eesti rahvausundis*. Tallinn: Pegasus.

2013. *Ended ja ennustamised eesti rahvausundis*. Tallinn: Pegasus.

Hupel, August Wilhelm

1963. Beitragzuden Nachrichten von den Estenund Letten 1781. Eduard Laugaste, *Eesti rahvaluuleteaduse ajalugu: valitud tekste ja pilte*. Tallinn: Eesti Riiklik Kirjastus.

Hurt, Jakob

1888. Kümnesaruanne Eesti wanawarakorjamisest ja keelemurreteuurimisest. *Olevik*, 37, 12.09, 1.

1989. *Midarahvamälestustestpidada. Artiklitekogumik*. Tallinn: Eesti Raamat.

Jaago, Tiiu

2005. Jakob Hurt: The Birth of Estonian-language Folklore Research. -Kristin Kuutma & Tiiu Jaago (eds.), *Studies in Estonian Folkloristics and Ethnology: A Reader and Reflexive History*. Tartu: Tartu University Press.

2009. Lugu ja sündmusjutu-uurimises: situatsioonia nalüüsist kontekstianalüüsini. -*Mäetagused* 43.

Jaanits, Lembit

1961. Jooni kiviaja uskumustest. -Ea Jansen (ed.), *Religiooni ja ateismi ajaloost Eestis. Artiklitekogumik* II, pp. 5-70. Tallinn: Eesti Riiklik kirjastus.

Jakobson, Carl Robert

1867. *Kooli Lugemise raamat. Esimene jagu.* Tartu: H. Laakmann.

Järv, Risto

2001. Kristfrid Ganander "Mythologia Fennica" saksakeelsest tõlkest. -*Keel ja Kirjandus* 3.

Kalda, Mare

2011. *Rahvajutud peidetud varandustest: tegude saamine lugudeks*. Tartu: Tartu University Press. (Dissertationes Fo-kloristicae Universitatis Tartuensis, 15.) http://dspace.utlib.ee/dspace/bitstream/handle/10062/17237/kalda_mare.pdf?sequence=1

Ķencis, Toms

2012. *A disciplinary history of Latvian mythology.*

Tartu: Tartu University Press. (Dissertationes Folkloristicae Universitatis Tartuensis, 19.) http://dspace.utlib.ee/dspace/bitstream/handle/ 10062/26720/kencis_toms.pdf?sequence=1

Kikas, Katre

2013. Ajakirjandus Jakob Hurda ja Matthias Johann Eiseni rahvaluulekogumise mõtestajana. –*Keel ja Kirjandus 5.*

Kivari, Kristel

2012. Energy as the Mediator Between Natural and Supernatural Realms. –*Journal of Ethnology and Folkloristics* 6 (2).

Krohn, Julius

1894. *Suomen suvun pakanallinen jumalanpalvelus: Neljä lukua Suomen suvun pakanallista jumaluus-oppia*. Helsinki: Suomalaisen Kirjallisuuden Seura.

Krohn, Kaarle

1915. *Suomalaisten runojen uskonto*. Helsinki: Suomalaisen Kirjallisuuden Seura.

Kuutma, Kristin

2005. Matthias Johann Eisen: A Collector and Publisher of Narratives. Kristin Kuutma & Tiiu Jaago (eds.), *Studies in Estonian Folkloristics and Ethnology: A Reader and Reflexive*

History. Tartu: Tartu University Press.

Kõiva, Mare

2011. Eesti loitsud. Tallinn: Pegasus.

2007. *Through the Ages: Folklore as a Common Expression of Lingual, Figurative, Emotional and Mental Memory*. Tartu: EKM Teaduskirjastus.

(Sator, 5.) http://www.folklore.ee/rl/pubte/ee/sator/sator 5.

Kõivupuu, Marju

2009. Natural Sacred Places in Landscape: An Estonian model. -S. Bergmann & P.M.Scott & M.Jansdotter Samuelson & H.Bedford-Strohm (eds.), *Nature, Space and the Sacred. Transdisciplinary Perspectives*. Farnham, Surrey, Burlington, VT: Ashgate Publishing.

2010. Surmakultuuri suundumustestt änapäeval. -*Usuteaduslik Ajakiri* 1.

2013. *Igalhädalomaarst, igaltõvelisetohter. Sissevaade Eesti rahvameditsiini*. Tallinn: Varrak.

Laagus, Aino

1974. Situatsioonia nalüüsist folkloristikas. -*Keel ja*

Kirjandus 7.

Laar, Mart

2010. Rahvuslus ja eelärkamisaeg. –Sulev Vahtre, et al. (eds.) *Eesti ajalugu V. Pärisorjusekaotamisest Vabadussõjani.* Tartu: Ilmamaa.

Laugaste, Eduard

1963. *Eesti rahvaluuleteaduse ajalugu: valitudtekste ja pilte.* Tallinn: Eesti Riiklik Kirjastus.

1977. *Eesti rahvaluule.* Tallinn: Valgus.

Leete, Art

2000. *Põhjarahvad antiigist tänapäevani.* Tartu: Eesti Rahva Muuseum. (Eesti Rahva Muuseumi sari, 3.)

2004. Folk Religion and Identity: A Study of Ethnic Conflicts in Siberia. –*Temenos: Nordic Journal of Comparative Religion.*

Leete, Art & Vallikivi, Laur

2011. Imitating Enemies or Friends: Comparative Notes on Christianity in the Indigenous Russian Arctic during the Early Soviet Period. –*Asian Ethnology*, 70 (1).

Lintrop, Aado

1995. *Šamaaniraamat.* Tartu: Ilmamaa.

2003. *Udmurdiusund.* Tartu: Eesti Rahva Muuseum. (Eesti Rahva Muuseumi sari, 5.)

Loorits, Oskar

1926-1928. *Liivi rahva usund* I-III: mit einem Referat: Der Volksglaube der Liven. Tallinn: Tallinna Eesti Kirjastus-Ühisus.

1932a. *Estnische Volksdichtungund Mythologie.* Tartu: Akadeemiline Kooperatiiv.

1932b. *Eesti rahvausundi maailmavaade.* -Elav Teadus 12. Tartu: Eesti Kirjanduse Seltsi Kirjastus.

1949-1957. *Grundzüge des estnischen Volksglaubens*, Bd. Uppsala: Lundequistska Bokhandeln & Köpenhamn: Munksgaard.

1990. *Eesti rahvausundi maailmavaade.* Tallinn: Perioodika.

2000a. *Liivi rahvau sund* Ⅳ-Ⅴ. Tartu: Eesti Kirjandusmuuseum.

2000b. Eesti esiajaloo keerdküsimusi. -*Meie, eestlased.* Tartu: Ilmamaa. (Eesti mõttelugu, 35.)

Lätt, Selma

1970. *Eesti rahvakalender* I. Tallinn: Eesti Raamat.

Lyngdoh, Margaret

2012. The Vanishing Hitchhiker in Shillong Khasi Belief Narratives and Violence Against Women. –*Asian Ethnology* 71 (2).

Masing, Uku

1995. *Eesti usund*. Tartu: Ilmamaa.

2004. *Keelest ja meelest. Taevapõdra rahvaste meelest ehk juttu boreaalsest hoiakust*. Tartu: Ilmamaa.

Metsvahi, Merili

2011. Die Frau als Werwölfin (AT 409) in der estnischen Volkstradition. Willem de Blecourt & Christa Agnes Tuczay (eds.) –*Tierverwandlungen. Codierungen und Diskurse*. Tübingen: Francke Verlag.

Paulson, Ivar

1958. *Die primitiven Seelenvorstellungen der nordeurasischen Völker. Eine religions ethnographische und religions phänomenologische Untersuchung*. Stockholm. (The Ethnographical Museum of Sweden, Stockholm.Monograph Series, 5.)

1962a. Die Religionen der finnischen Völker. –*Die Religionen Nordeurasiens und der amerikanischen Arktis*.Stuttgart:

W. Kohlhammer. (Religionen der Menschheit, 3.)

1962b. Die Religionen der nordasiatischen (sibirischen) Völker. –*Die Religionen Nordeurasiens und der amerikanischen Arktis*. Stuttgart: W.Kohlhammer. (Religionen der Menschheit, 3.)

1971. *The old Estonian folk religion*. Bloomington: Indiana University; The Hague: Mouton.

Perno Postimees

1866. Mõnnisõnna Eestirahwaee swannemattest. –*Perno Postimees* 19.01, 1.

Primiano, Leonard Norman

1995. Vernacular Religion and the Search for Method in Religious Folklife. *Western Folklore*, 54 (1).

2012. Afterword: Manifestations of the religious vernacular: Ambiguity, power, and creativity. –Marion Bowman & Ülo Valk (eds.), *Vernacular Religion in Everyday Life: Expressions of Belief*. Sheffield, Bristol, CT: Equinox.

Raudalainen, Taisto-Kalevi

2004. The Traits of Cultural Contacts Between Orthodox and Lutheran Commemoration Practices Among Ingrian Finnish Women. –*Folklore: An Electronic Journal of*

Folklore 28.

Remmel, Mari-Ann

1998. *Hiie ase. Hiis eesti rahvapärimuses*. Tartu: Eesti Kirjandusmuuseum.

Runnel, Pille

2000. Saatesõna. Gustav Ränk, -*Müüt ja ajalugu*. Tartu: Ilmamaa. (Eesti mõttelugu, 32.)

Ränk, Gustav

1949. *Die Heilige Hinterecke im Hauskult der Völker Nordosteuropas und Nordasiens*. Helsinki: Academia Scientiarum Fennica. (Folklore Fellows' Communications, 137.)

1996 (1949). *Vana-Eesti rahvas ja kultuur*. Tartu: Ilmamaa.

1997. Autorist ja tematööst. -Ivar Paulson, *Vana eesti rahvaus*. Tartu: Ilmamaa.

2000. Usundvaimsusemõõdupuuna. -*Müüt ja ajalugu*. Tartu: Ilmamaa. (Eesti mõttelugu, 32.)

Selart, Anti

2013. Gehören die EstenzumWesten oder Osten? Oskar Loorits zwischen friedvollen Finnen und aggressiven Germanen. -Alexander Drost & Michael North (Hg.)

Die Neuerfinding des Raumes: Grenzüberschreitungen und Neuordnungen. Köln, Weimar, Wien: Böhlau Verlag.

SelirandJüri

1961. Muistsed matmiskombed eestlaste usundi ja ristiusuvastase võitluse kajastajana. -Ea Jansen (ed.), *Religiooni ja ateismi ajaloost Eestis. Artiklite kogumik* II. Tallinn: Eesti Riiklik Kirjastus.

Seo, Jinseok

2013. *The role of shamanism in Korean society in its inter- and intra-cultural contacts*. Tartu: Tartu University Press. (Dissertationes folkloristicae Universitatis Tartuensis, 20.)

Sepp, Tiina

2012. Stories of Santiago pilgrims: Tradition through creativity. -Marion Bowman & Ülo Valk (eds.), *Vernacular Religion in Everyday Life: Expressions of Belief*, 301-327. Sheffield, Bristol, CT: Equinox.

Sutrop, Urmas

2004a. Eesti keele maailmapildist: meel, hing ja vaim. -*Mäetagused* 24.

2004b. Taarapita-the Great God of the Oeselians.

-*Folklore: An electronic journal of folklore* 26.

Tedre, Ülo

1965. Eesti rahva, tema keele, rahvaluule ja kirjanduse algupärast ja olemusest. -A.Vinkel (ed.), *Eesti kirjanduse ajalugu, I köide: esimestest algetest XIX sajandi 40-ndate aastateni*. Tallinn: Eesti Raamat.

1996. Matthias J. Eisen rahvausundi uurijana. -Matthias Johann Eisen, *Esivanemate ohverdamised*. Tallinn: Mats.

Valk, Heiki

2003. The Christianisation of Estonia and Changes in Burial Customs. -*Offa*, 58. Neumünster: Wachholz Verlag Neumünster.

2009. Sacred natural places of Estonia: regional aspects. -*Folklore: An electronic journal of folklore*.

Valk, Ülo

2001. *The Black Gentleman: Manifestations of the Devil in Estonian Folk Religion*. Helsinki: Academia Scientarum Fennica. (Folklore Fellows' Communications, 276.)

Valk, Ülo & Lourdusamy, S.

2007. Village Deities of Tamil Nadu in Myths and Legends: the Narrated Experience. -*Asian Folklore Studies* 66 (1-2).

Vallikivi, Laur

2011. What does matter?: Idols and icons in the Nenets tundra. –*Journal of Ethnology and Folkloristics*, 5 (1).

Undusk, Jaan

2008. Baltisaksa kirjanduse breviaar: põhilaad, erijooned, esindajad. –R. Undusk (ed.), *Rahvuskultuur ja tema teised*. Tallinn: Underi ja Tuglase Kirjanduskeskus. (Collegium litterarum, 22.)

Viluoja Eha

1978. Sõnamaagia kodukäijatõrjes. –Ü.Viks and V. Pall (eds.) *Sõnast tekstini*. Tallinn: Eesti NSV Teaduste Akadeemia.

Västrik, Ergo-Hart

2005. Oskar Loorits: Byzantine Cultural Relations and Practical Application of Folklore Archives. –Kristin Kuutma & Tiiu Jaago (eds.), *Studies in Estonian Folkloristics and Ethnology: A Reader and Reflexive History*. Tartu: Tartu University Press.

2007. *Vadjalaste ja isurite usundi kirjeldamine keskajast 20. sajandie simese pooleni: alliktekstid, representatsioonid ja tõlgendused*. Tartu: Ülikooli Kirjastus.(Dissertationes folkloristicae Universitatis Tartuensis, 9.) https://dspace.utlib.ee/dspace/bitstream/handle/10062/ 3458/vastrik_ergo-hart.pdf?sequence=1

2008. Votian Village Feasts in the Context of Russian Orthodoxy. -*Journal of Ethnology and Folkloristics* 2 (1).

民俗信仰故事研究的个案

第一节 记忆资料的处理方法
——“独自在家”个案

Bauman, Richard, 2004. *A World of Others' Words. Cross-Cultural Perspectives on Intertextuality.* Blackwell Publishing Malde, Oxford, Carlton.

Oring Elliott, 2008. "Legendry and the Rhetoric of Truth", *Journal of American Folklore* Vol. 121, No.480.

Honko, L., 1989. "Memorates and the Study of Folk Belief", in R.Kvideland and H.K.Sehmsdorf (eds.), *Nordic Folklore. Recent Studies.* Bloomington and Indianapolis.

Laagus, A., 2007. "Metshaldjauskumus uurimisobj, Elve tina", in M.Kõiva (ed.), *Sator 6. Artikleid usundi-ja kombeloost,*

Tartu.

Pentikäinen, I., 1968. “Grenzprobleme zwischen Memorat und Sage”. *Temenos: Nordic Journal of Comparative Religion*, 3.

Séamas Ó Catháin, 1980–1981. “A Tale of Two Sittings. Context and variation in a fairy legend from Tyrone”, *Béaloideas. The Journal of the Folklore of Ireland Society*.

第二节 “迷信”资料处理方法
——“网络论坛”个案

Alexius = Patriarch Aleksii II.1999, Pravoslaviye v Estonii. Moskva: Cerkovno-naucnyj centr Pravoslavnaya enciklopediya.

Andresen, Andres. 2004. “Luterlik territoriaal kirik Eestimaal 1710–1832. Riigivõimu mõju kirkiuvalitsemisele, –institutsioonidele ja –õigusele”. Dissertationes Historiae Universitatis Tartuensis 7. Tartu: Tartu Ülikooli Kirjastus.

Annist, August, 1966. Eesti rahvausundi uurimise olukorrast. –*Keel ja Kirjandus* 8.

Boecler, J. V. and Kreutzwald, Fr. R., 1854. *Der Ehsten abergläubische Gebräuche, Weisen und Gewohnheiten von Johann Wolfgang Boecler... Mit auf die Gegenwart bezüglichen Anmerkungen beleuchtet von Dr. Fr. R. Kreutzwald.* St. Petersburg: Buchdruckerei der Kaiserlichen Akademie der Wissenschaften.

Brand, John,1813. *Observations on the Popular Antiquities of Great Britain: Chiefly Illustrating the Origin of our Vulgar and Provincial Customs, Ceremonies, and Superstitions*. London: F.C. and J. Rivington.

Delfi, Naisteleht, "Kust tuleb ebausk?" In *Delfi Naisteleht* 30.5.2005. (http://www.delfi.ee/) INTRNET.

Dundes, Alan, 1975. "The Structure of Superstition". In *Analytic Essays in Folklore*. 88–94. The Hague, Paris, New York: Mouton Publishers.

Faehlmann, Friedrich Robert, 1999. *Teosed* I. Ed. Mart Lepik, Eva Aaver, Heli Laanekask and Kristi Metste. Tartu: Eesti Kirjandusmuuseum.

Gay, David Elton, 2006. "Christianity as a Problem in Folk Cultural Studies". In *Tautosakos Darbai. Folklore Studies*

XXXI. 74-81. Vilnius: The Institute of Lithuanian Literature and Folklore.

Hurt, Jakob, 1989. *Mida rahvamälestustest pidada. Artiklite kogumik*. Tallinn: Eesti Raamat.

Kahk, Juhan, 1987. "Ristiusk, teadus ja nõiaprotsessid XVII sajandil". In *Religiooni ja ateismi ajaloost Eestis. Artiklite kogumik* III, ed. J. Kivimäe. Tallinn: Eesti Raamat.

Kivirähk, Andrus, 2007, "Valitsus matab Eestit". In *Eesti Päevaleht* (25 August).

Koppel, S., 1961. "Mis on ebausk?" *Küsimused ja vastused*, No. 21 (June 1961).

Kuutma, Kristin, and Jaago,Tiiu, 2005. *Studies in Estonian Folkloristics and Ethnology: A Reader and Reflexive History*. Tartu: Tartu University Press.

Kõpp, Johan, 1959. *Kirik ja rahvas. Sugemeid eesti rahva vaimse palge kujunemise teelt*. Lund: Eesti Vaimulik Raamat.

Loorits, Oskar, 1949-1957. *Grundzüge des Estnischen Volksglaubens* Ⅰ-Ⅲ. Lund: Kungl. Gustav Adolfs Akademien.

Mackay, Charles,1841. *Memoirs of Extraordinary Popular Delusions and the Madness of Crowds*. London: Richard

Bentley.

Martinson, Jaan,2001. "Võit! Lõpuks ometi!" In *SL Õhtuleht*. 14 (July 2001).

Mezenceva, V. A. ed., 1964. *Vastused usklikele. Populaarne teatmik.* Tallinn: Eesti Riiklik Kirjastus.

Mullen, Patrick B., 2000. "Belief and the American Folk". *Journal of American Folklore* Vol.113, No. 448 (Spring 2000).

Naised, 2007. = "Igal oma ebausk". In *Naised. Ebausu eri: kogu tõde saatuslike numbrite kohta*. No.6. (13 April 2007).

Pau, Martin, 2002. "Ebausk võib teha irvhambale nalja, kuid määrata ka ebauskuja saatuse". In *Tartu Postimees* (8 October 2002).

Pavjolkin, P.,1953. *Religioosne ebausk ja selle kahjulikkus.* Tallinn: Eesti Riiklik Kirjastus.

Postimees, 2007 = "Milanos hukkus Eesti modell". In *Postimees* 18 (July 2007).

Põldmäe, Rudolf, 1984. "Rahvaluulesse puutuvaid sugemeid Eesti vennastekoguduse allikais". In *Paar sammukest eesti kirjanduse uurimise teed. Uurimusi X. Eesti rahvaluule aspekte.* Tallinn: Eesti Raamat.

Reiman, Villem, 1891. *Neununddreissig Estnische Predigten von Georg Müller aus den Jahren 1600–1606. Verhandlungen der gelehrten Estnischen Gesellschaft zu Dorpat*, Fünfzehnter Band. Dorpat: Schnakenburg

Ringvee, Ringo, 2000. "Religions in Estonia". In *Beyond the Mainstream. The Emergence of Religious Pluralism in Finland, Estonia, and Russia,* ed. Jeffrey Kaplan. Helsinki: SKS.

Ryan, Daniel C., 2004. "Rumor, Belief and Contestation amid the Conversion Movement to Orthodoxy in Northern Livonia, 1845–1848". *Folklore. Electronic Journal of Folklore.* http://www.folklore.ee/folklore. Printed version Vol. 28.

Salo, Vello, "The Struggle Between the State and the Church". In *A Case Study of a Soviet Republic. The Estonian SSR*, ed. Tönu Parming and Elmar Järvesoo. 191–222. Boulder, Colorado: Westview Press, 1978.

Selder, Sergo, 2004. "Homme on reede, kolmeteistkümnes". In *Eesti Päevaleht* 12 (February 2004).

Smilyanskaya, Elena B., 2003. *Volshebniki. Bogohulniki.*

Eretiki. Narodnaya religioznost. i "duhovnye prestupleniya" v Rossii XVIII v. Moskva: Indrik.

Stahl, Heinrich, 1641. *Leyen Spiegel Darinnen kürtzlich gezeiget wird wie ein einfaltiger Christ Die Fest-uñ Sontägliche Evangelia in reiner Lehr und heiligem Leben jhm zu nutze machen kan.* Revall: H. Westphal.

Västrik, Ergo-Hart,2005. "Oskar Loorits: Byzantine Cultural Relations and Practical Application of Folklore Archives". In *Studies in Estonian Folkloristics and Ethnology: A Reader and Reflexive History,* eds. Kristin Kuutma, and Tiiu Jaago. Tartu: Tartu University Press.

附录

“跨文化研究”丛书书目❶

1 乐黛云《跨文化方法论初探》，中国大百科全书出版社，2016。

2 ［法］汪德迈（Léon Vandermeersch）《中国文化思想研究》，中国大百科全书出版社，2016。

3 ［法］金丝燕、法宝（T·Dammaratana）《佛经汉译之路：〈长阿含·大本经〉对勘研究》，北京大学出版社，2016。

4 ［法］金丝燕《文化转场：中国与他者》，中国大百科全书出版社，2016。

5 程正民《跨文化研究与巴赫金诗学》，中国大百科全书出版社，2016。

6 董晓萍《跨文化民间文艺学》，中国大百科全书出版社，2016。

7 ［法］劳格文（John Lagerwey）《华南民俗志》，中国大百科全书出版社，2016。

8 王邦维《跨文化的想象：文献、神话与历史》，中国大百科全书出版社，2017。

9 王一川《跨文化艺术美学》，中国大百科全书出版社，2017。

10 董晓萍《跨文化民俗学》，中国大百科全书出版社，2017。

11 董晓萍《跨文化民俗志》，中国大百科全书出版社，2017。

12 董晓萍《钟敬文与中国民俗学派》，中国社会科学出版社，2017。

13 ［爱沙尼亚］于鲁·瓦尔克（Ülo Valk）《信仰·体裁·社会》，董晓萍译，中国大百科全书出版社，2017。

［法］劳格文（John Lagerwey）、谭伟伦主编《中国客家地方社会研究》（全4卷），中国人民大学出版社，2017。

14 ［法］劳格文、谭伟伦主编《（一）闽西客家社会——长汀》，中国人民

---

❶ “跨文化研究”丛书是教育部人文社会科学重点研究基地重大项目“跨文化视野下的汉语、汉字与民俗文化研究”的综合性研究成果，［法］金丝燕、董晓萍主编，中国出版社有：中国大百科全书出版社、北京大学出版社、商务印书馆、中国人民大学出版社、高等教育出版社、中国社会科学出版社、文化艺术出版社和上海大学出版社。法国出版社有：Paris:Éditions You Feng Libraire & Éditeur 与 Paris：Nuvis，乐黛云、［法］金丝燕、董晓萍主编。

大学出版社，2017。
15 ［法］劳格文、谭伟伦主编《（二）闽西客家社会——宁化》，中国人民大学出版社，2017。
16 ［法］劳格文、谭伟伦主编《（三）与非客的社会》，中国人民大学出版社，2017。
17 ［法］劳格文、谭伟伦主编《（四）粤东粤北社会》，中国人民大学出版社，2017。
18 ［法］汪德迈（Léon Vandermeersch）《中国思想的两种理性：占卜与表意》，［法］金丝燕译，北京大学出版社，2017。
19 王宁《汉字六论》，中国大百科全书出版社，2017。
20 ［法］汪德迈（Léon Vandermeersch）、金丝燕编著《古文言读本》（法文版），Paris: Éditions You Feng Libraire & Éditeur，2017。
21 ［法］金丝燕等译《药师琉璃光七佛本愿功德经》（法文版），Paris: Éditions You Feng Libraire & Éditeur，2017。
22 董晓萍《中国经典故事》（法文版），Paris :Nuvis，2017。
23 ［德］艾伯华（Wolfram Eberhard）《中国民间故事类型》（修订版），王燕生、周祖生译，刘魁立审校，董晓萍校注，商务印书馆，2017，2018。
24 ［法］汪德迈（Léon Vandermeersch）《跨文化中国学》，中国大百科全书出版社，2018。
25 乐黛云、陈越光主编《全球视野下的中国文化本位》，中国人民大学出版社，2018。
26 乐黛云、陈越光主编《全球治理、国家治理和社会治理》，中国人民大学出版社，2018。
27 ［法］金丝燕主编《中国当代艺术》（法文版），Paris: Nuvis，2018。
28 ［法］白乐桑（Jöel Belensan）《跨文化汉语教育学》，中国大百科全书出版社，2018。
29 ［英］白馥兰（Francesca Bray）《跨文化中国农学》，董晓萍译，中国大百科全书出版社，2018。
30 董晓萍《跨文化民俗体裁学》，中国大百科全书出版社，2018。
31 王宁《跨文化汉字学》，Paris:Éditions You Feng Libraire & Éditeur，2018。
32 程正民《巴赫金诗学》，Paris:Éditions You Feng Libraire & Éditeur，2018。

程正民主编《20 世纪俄罗斯诗学流派研究》（全 6 卷），中国社会科学出版社，2018。
33 程正民《巴赫金的诗学》，中国社会科学出版社，2018。
34 王志耕《俄罗斯社会学诗学》，中国社会科学出版社，2018。
35 张冰《俄罗斯形式主义诗学》，中国社会科学出版社，2018。
36 贾放《普罗普的故事诗学》，中国社会科学出版社，2018。
37 马晓辉《俄罗斯历史诗学》，中国社会科学出版社，2018。
38 张冰《洛特曼的结构诗学》，中国社

会科学出版社，2018。

董晓萍主编《钟敬文全集》(全16卷，共30册)，高等教育出版社，2018。

39 钟敬文《钟敬文全集》第1册，董晓萍编《总目》，高等教育出版社，2018。

40 钟敬文《钟敬文全集》第2册，连树声编《中国民俗学派》，高等教育出版社，2018。

41 钟敬文《钟敬文全集》第3册，钟敬文主编《民俗学概论》，高等教育出版社，2018。

42 钟敬文《钟敬文全集》第4册，董晓萍编《歌谣学 / 故事学》，高等教育出版社，2018。

43 钟敬文《钟敬文全集》第5册，董晓萍编《神话传说学 / 谚语与谜语 / 民族民间文学》，高等教育出版社，2018。

44 钟敬文《钟敬文全集》第6册，董晓萍、刘铁梁编《民间文艺新论集 / 民间诗歌与文人诗 / 歌谣史与诗歌史》，高等教育出版社，2018。

45 钟敬文《钟敬文全集》第7册，董晓萍编《民间文学（香港版）/ 人民口头创作》，高等教育出版社，2018。

46 钟敬文《钟敬文全集》第8册，钟敬文主编《民间文学概论》，高等教育出版社，2018。

47 钟敬文《钟敬文全集》第9册，陈子艾编《民俗文化学与文化史》，高等教育出版社，2018。

48 钟敬文《钟敬文全集》第10册，董晓萍整理《民俗文化学个案研究：女娲考 /〈水浒传〉专书研究》，高等教育出版社，2018。

49 钟敬文《钟敬文全集》第11册，王宁整理《民间文化传承学卷（第一册）/ 国学与外来学说》，高等教育出版社，2018。

50 钟敬文《钟敬文全集》第12册，王宁整理《民间文化传承学卷（第二册）/ 民间宗教与民间口头传承研究》，高等教育出版社，2018。

51 钟敬文《钟敬文全集》第13册，萧放编《历史民俗学》，高等教育出版社，2018。

52 钟敬文《钟敬文全集》第14册，杨利慧编《民间艺术学》，高等教育出版社，2018。

53 钟敬文《钟敬文全集》第15册，万建中编《民俗教育学》，高等教育出版社，2018。

54 钟敬文《钟敬文全集》第16册，程正民编《文艺学》，高等教育出版社，2018。

55 钟敬文《钟敬文全集》第17册，张恩和编《鲁迅研究文存（第一册）/ 关于鲁迅的论考与回想》，高等教育出版社，2018。

56 钟敬文《钟敬文全集》第18册，张恩和编《鲁迅研究文存（第二册）/ 鲁迅研究札记与译著》，高等教育出版社，2018。

57 钟敬文《钟敬文全集》第19册，何乃英编《国际交流卷》，高等教育出版社，2018。

58 钟敬文《钟敬文全集》第20册，童

庆炳编《散文卷（第一册）/五四以来散文创作与抗战报告文学》，高等教育出版社，2018。
59 钟敬文《钟敬文全集》第21册，童庆炳编《散文卷（第二册）/现代散文与创作论》，高等教育出版社，2018。
60 钟敬文《钟敬文全集》第22册，董晓萍、康丽编《诗歌概论/诗歌通论/诗词格律要略》，高等教育出版社，2018。
61 钟敬文《钟敬文全集》第23册，胡友鸣编《考证〈白香词谱〉》，高等教育出版社，2018。
62 钟敬文《钟敬文全集》第24册，赵仁珪编《诗词总集》，高等教育出版社，2018。
63 钟敬文《钟敬文全集》第25册，赵仁珪、钟宜编《诗词补集》，高等教育出版社，2018。
64 钟敬文《钟敬文全集》第26册，宫苏艺编《报刊文章》，高等教育出版社，2018。
65 钟敬文《钟敬文全集》第27册，秦永龙、董晓萍编《学术书信卷》，高等教育出版社，2018。
66 钟敬文《钟敬文全集》第28册，史玲玲、朱霞、赖彦斌、赵娜编《钟敬文与北师大民俗学史（1949—2013年）》，高等教育出版社，2018。
67 钟敬文《钟敬文全集》第29册，董晓萍、赖彦斌、赵娜编《钟敬文录像图文卷》，高等教育出版社，2018。
68 钟敬文《钟敬文全集》第30册，钟少华、钟宜、曹文瀚编《图片手迹》，高等教育出版社，2018。
69 董晓萍《文献与口头：历史经典名著故事类型》，上海大学出版社，2019。
70 ［法］金丝燕《文化转场：法国早期汉学视野研究》，中国大百科全书出版社，2019。
71 董晓萍《跨文化技术民俗学》，中国大百科全书出版社，2019。
72 董晓萍《跨文化民间叙事学：鲁班研究个案》，中国大百科全书出版社，2019。
73 王一川《中国艺术心灵》，中国大百科全书出版社，2019。
74 李国英《〈说文解字〉研究四题》，中国大百科全书出版社，2019。
75 韩琦《康熙皇帝·耶稣会士·科学传播》，中国大百科全书出版社，2019。
76 ［法］罗栖霞（Julie Lechemin）《法国国家图书馆：汉学图书的跨文化典藏》，中国大百科全书出版社，2019。
77 刘宁《跨文化苏联文学访谈录》，李正荣整理，中国大百科全书出版社，2019。
78 ［爱沙尼亚］于鲁·瓦尔克（Ülo Valk）《信仰故事学》，董晓萍译，中国大百科全书出版社，2019。
79 董晓萍《国家·历史·民俗》，中国大百科全书出版社，2019。
80 ［法］汪德迈（Léon Vandermeersch）《中国教给我们什么？》，［法］金丝燕译，香港中文大学出版社，2019。

闲读闲记

朱小棣　著

图书在版编目（CIP）数据

闲读闲记 / 朱小棣著 . —北京：中国大百科全书出版社，2020.1

ISBN 978-7-5202-0626-6

Ⅰ . ①闲… Ⅱ . ①朱… Ⅲ . ①随笔－作品集－中国－当代 Ⅳ . ① I267.1

中国版本图书馆 CIP 数据核字（2019）第 248065 号

策 划 人 曾 辉
责任编辑 姚 萱
责任印制 常晓迪
装帧设计 仙 境
出版发行 中国大百科全书出版社
社　　址 北京阜成门北大街 17 号
邮政编码 100037
电　　话 010-88390969
网　　址 www.ecph.com.cn
印　　刷 北京地大彩印有限公司
规　　格 787 毫米 × 1092 毫米 1/32
印　　张 10.5
字　　数 138 千字
印　　次 2020 年 1 月第 1 版 2020 年 1 月第 1 次印刷
书　　号 ISBN 978-7-5202-0626-6
定　　价 45.00 元

本书如有印装质量问题，可与出版社联系调换。

目　录

诗和远方（自序） 1

西窗闲话 **001**

穿透历史的迷雾 002

“识其小”，“不苟且” 009

打虎亲兄弟，笔耕若比邻 015

童年的作家 023

桨声灯影话自清 032

失而复得福兮祸 041

沙菲丁玲都是她 048
百年过后看杨绛 054
他从历史中走来 060
尘埃落定看梅郎 069
即兴判断，木也有心 076
一盘“散”沙 081
儒学分朝野，辅周有成无 086
四口忆旧，燕园乐汤 092
上海的王安忆 097
陈丹燕的上海 102
错过了与三毛活在同一时空 111
终于有了碰上的缘分 118
情人眼里出情人 122
闲读拾梦 128

闲读闲记 **133**

重读余秋雨，再觅旧中华 134
时势比人强，时势催人老 141
启蒙尚未成功，改革仍需努力 146
温故何必要知新 153
不省心的老炮儿 161
电影与文学的距离 165
晓来看松几多高 171
白说也要说《白说》 176
石康的经验 181
闲读拾穗 188
世上最遥远的距离 194
书“杂碎” 199
熟悉的陌生 207
语中画　域外音 214
半句实话几句真 222
连环画梦旧，痴女长成人 228

有花如冰我不识 236
接着说 248
诗歌衔白话，散文断古今 254
高考、爬藤与科举 260
《品园》说“影” 265
三国易品，九城难读 270
闲说秋雨，醉看文明 276
有缘千里未相会，相识何必曾相逢 285
美国人的《美国故事》 291
闲读与 2016 年美国总统竞选 296
无巧不读书 301
无畏的希望 315

诗和远方（自序）

不知从何时起，流行起一句话，叫作“生活不止眼前的苟且，还有诗和远方”。偏居海外的我，俨然已在远方，哪怕没有诗。那天看见上海《文汇报》副刊编辑朱自奋在微信朋友圈里转发毛尖的文章，介绍上海思南读书会，她还特地加上了一句引语，说：“在人头涌动的读书会现场，上一分钟旁边的阿姨还在谈论鲜肉月饼，下一分钟就进入了诗和远方”。我立刻插嘴说：“鲜肉月饼就是我的诗和远方啊！”她迅即笑而答道：“倒也是噢！”

眼下已是手机微信时代，实时对话的障碍只剩下时差，地理距离早已不成其为问题。诗文写在哪里都一样，唾手可得。眼前不能得到的，唯有正宗鲜肉月饼，或者说是儿时记忆中的美食。

如今的我，每日苟且在英语世界里面。除了幻想一下心中的美味，得空还是来把闲书翻看。边看边想，随想随记。我一贯信奉“好记性不如烂笔头”，如今有电脑帮助储存整理，比起笔头真不知要好上千百万倍。有了电脑的帮助，零星碎片似的思绪、稍纵即逝的古怪想头、差可人意的思想火花，全都可以及时储存，任意调度，随心整理，再度加工。既方便了写作，又战胜了老年痴呆症的来袭。何乐而不为？

乐此不疲的结果，是一连写出了五本“闲”字品牌的书话随笔集。海内外读者对此的反响均还不错，我也收获了“静品闲书，热话红尘”的赞誉。

如今适逢跨年度时分，告别 2017，迎来 2018。掐指算来，手头刚好又凑满五十篇随笔，于是我又精心打造，刻意编排，织成又一本书话随笔集。

承蒙中国大百科全书出版社的美意，由他们出版我的这部作品。此书分二辑，“西窗闲话”“闲读闲记”，为的是凑一个闲趣，和鲁迅同时代的《西滢闲话》搭个伴儿，冀望亦能够有旗鼓相当的文学生命，乃至百年后还会偶遇三两读者。就权当是我痴人说梦，或曰新年企盼吧。

瞧，我不会诗，却也想着远方呢。

2018 年 1 月 1 日

补记：年初杀青的书稿，至今尚未在出版社里编辑发排。耐心等候的日子里，刚好凑成同题小诗一首。添补在此，以增闲趣。

诗和远方

诗不在远方

在心里

心里无诗

哪还会有远方

远方的诗

可以入心

入心的诗

方能走远

生活里若是

没有苟且

又哪能算得上

完整的生活

2018 年 6 月 17 日

西窗闲话

穿透历史的迷雾

人们常说，历史是任人打扮的小姑娘。其实，或许也可以说是人人都想打扮历史这位小姑娘。随着时代的变迁，打扮的方式和动机又会有很大的不同。所以那天当我在波士顿公立图书馆邂逅一本长江文艺出版社 2010 年出版的由周海婴主编、许广平撰写的《鲁迅回忆录》（手稿本），立刻下架借出，如获至宝，因为我想要看一看这久经风霜的历史，究竟还存留下多少件各色花衣。

周海婴主编的这个手稿本，顾名思义，应当是其母许广平原始的手稿，有别于当年出版时整理删改过的版本。编者主观上当然有正本清源的意思，所以将手稿中凡是和当年发表的版本不一致的地方，都一一注明了。更为难得的是，他还引入了朱正在《鲁迅回忆录正误》里指出的之前版本中谬误的相关内容。通过这样的比对，当能读出许许多多的意趣。

尽管海婴可能想要尽量展现手稿本与当年版本的异同，但作为读者的我，还是感受到作者已是非常积极主动地想要配合主流意识形态，并已尽量加入了对胡适、胡风、冯雪峰、林语堂等人的指责批判。更有意思的是，许广平在书中还总结出一个所谓“社会主义风格创作方法”的定义：“就是个人执笔，集体讨论、修改的创作方法”。虽然我们都熟悉那是后来所谓八个“样板戏”的创作法，但我还真不知道早在1959年就已经被她如此信奉并加以运用。

不过虽然她主观上是想要按照当时的认识标准去努力拔高鲁迅，强调鲁迅如何接受和坚持党的领导、是“党的一名小兵”，我从她的这本回忆录里却也还是读出了鲁迅先生许多本色真面目。更由于作者对鲁迅的真实感情，我能感受到许多场面的真实感人，而这些恰恰都是冷冰冰的研究文字所无法传递和保留的历史真情。

例如书中写到鲁迅和瞿秋白的见面与往来，那种一见如故、神交已久、惺惺相惜的感情，全都力透纸背，穿越时空，直达我心。书中还提到鲁迅日记里曾有记载，1932 年 12 月 9 日瞿秋白夫妇来访并“赠海婴积铁成象玩具一合”。书里并且这样写道：瞿秋白“又料到自己随时会有不测，说‘留个纪念，让他大起来也知道有个何先生’（何先生是他来我家的称呼的话）”。虽是短短数语，却让我迅即体悟到当年革命者舍生忘死的高尚情怀与初心。

接下来的一个故事就更为生动有趣。书中说鲁迅“不但关心能见到的同志，就是远在苏区延安的，也一样使他怀念不止。曾经盛传过一个故事：就是鲁迅托人带了两只火腿到延安”，“听说到了西安，再也不能通过了，只好在西安的同志代表食了，但一剖割开来，里面却还有书信。下文如何，就到此为止了”。“带东西的不容易，鲁迅是晓得的”。书中还说，曾听讲盐被封锁，往往以棉袄浸泡浓盐水带入，所以，“如果能带到火腿，够多么妙呀！就希望在幻想之下变成现实，也不枉丹心一片吧！”

周海婴在这里还特地加上了一个注。“（注：《正误》认为此处三点有误：一、鲁迅当时送往陕北的火腿是一只而不是两只；二、火腿没有送到陕北的原因，是因为火腿好吃，被西安截留了；三、火腿夹带书信是莫须有的事，见277页）”。看到此处我不禁莞尔。火腿究竟是一只还是两只，真有那么重要么？夹带书信被判定是莫须有。弄清事实固然好，但若是这几项考据提早发现了三四十年，“文化大革命”中那些当年在西安私下吃了火腿的人，可是要挨整被批斗的不轻呢。这一罪名是否也是莫须有呢？

海婴主编的这本书的附录里，另有两段故事也引起了我的注意。一是当年党中央曾就1928年创造社与鲁迅笔战的问题，派李立三去见鲁迅。而多年后李立三对于这次会面的记忆是，“当时鲁迅谈了什么？已不能记忆，只记得我谈了二个问题”。李立三这位历史人物的个性，由此可见一斑：一方面是绝对的自我中心，竟然不关心鲁迅说了什么，只晓得自己谈了什么；另一方面又是绝对地忠实执行党的任务，务必传达党的指示与立场，以致刻骨铭心，永世不忘。这可不就是一个标准的李立三嘛。

二是演员于蓝回忆，当年为了在电影《鲁迅传》里成功扮演许广平，曾和许广平有过四次谈话。这些都收录于开明出版社 1995 年出版的《许广平》一书中。其中一次有如下记录：“有一次她给鲁迅抄稿子，鲁迅叫她放下来，看看她手指的纹路，实际是想握着她的手。许大姐感觉到了鲁迅对她的爱。她说自己是打破了一切束缚，解放了的女性，对于爱情是没有任何条件的，所以鲁迅先生深深爱上了她”。所谓“没有任何条件”，大约就是不要任何名分喽。

手稿本里还有许广平的一大段后来被之前版本删除的关于自身的“废物利用法”，提到自身的包办婚姻，以及从家里跑出来以后在社会上所受到的冷遇。许广平说：“但我自具一个奇怪想法，就是废物利用法”。她还认为游行、请愿也是消极的，“不是为了游行、请愿本身，乃是为废物利用。对自己可以说无大希望的。这思想发展下去，对鲁迅也是如此”。这样深刻的内心剖析，当年诚然是要被删去的，好在今天终于得见天日。

书中还记载了“三一八”事件的前前后后，许多细节我也是刚刚注意到。例如说到许广平与刘和珍等六名学生，曾是女师大的学运首领，被杨荫榆校长勒令开除。还说当时三天两头群众集会，游行示威，“女师大队伍前面的旗总是我和刘和珍两人拿的”。而“三一八”那一天，许广平把手头抄完的《小说旧闻钞》送到鲁迅的寓所，放下抄稿正要走，鲁迅问：“为什么这样匆促？”答：“要去请愿！”书里说，“鲁迅就讽刺地说：‘请愿请愿，天天请愿，我还有些东西等着要抄呢’。那明显是先生挽留的话，学生不好执拗，我只得在鲁迅故居的南屋抄起来。写着写着，到十点多就有人来报讯，说铁狮子胡同段执政府前关起两边铁门拿机关枪向群众扫射，死伤多少还不知道”。

敢情那天要不是因为鲁迅，许广平就会和刘和珍一起赴难了，鲁迅的那一篇《纪念刘和珍君》，或许就该叫做《纪念许广平君》了罢。如果真是那样，那篇文字，又该当会是如何地更加铿锵有力呢？此后又会有一个怎样不同的鲁迅呢？

历史啊，真的是不能细想与假设。

2017 年 9 月 3 日

“识其小”，“不苟且”

周日在家闲翻一本名叫《晴耕雨读》的闲书，看到两则胡适旧事，大得意趣。其一说，胡适曾在给本家叔叔所著的《上海小志》一书作序时写道：“‘贤者识其大者，不贤者识其小者’，这两句话真是中国史学的大仇敌。”《晴耕雨读》的作者说：“平和中庸到家的胡适，这么激越地评价经典史书和官修方志，可见他对帝王将相和所谓大人物的轻蔑，也可见他对平民历史的尊重。在他眼里，《史记》里偶然一句‘奴婢与牛马同栏’比楚汉战争重要得多，女人穿的鞋子‘关系无数人民的生活状态，关系整个时代的文明性质’，是‘呱呱叫的大事’。”“胡适赞赏‘识其小’，看重平民历史，倡导小人物注意保留史料，个中深意，值得记取。”我心认同，又怕日后遗忘，故而记取在这里。

同一本书里，另一则故事，更是让我击掌。说的是胡适“不苟且”，不为大人物所动，不人云亦云，保持了头脑的清晰。关于孔子、老子孰先孰后的史学考据问题，胡适一一辩驳了梁启超、冯友兰、钱穆三人的立论。梁是胡适的前辈，也有“《老子》晚出”的主张，但胡适认为他仅靠“一二个名词或术语来做考证年代的标准”，会有“更多漏洞，更多危险”。在给钱穆的信中胡适写道：“我并不否认‘《老子》晚出’之论的可能性。但我始终觉得梁任公、冯芝生与先生诸人之论证无一可使我心服。若有充分的证据使我心服，我绝不坚持《老子》早出之说”。在给别人的信中，胡适也曾说过，“举一例，立一证，下一结论，都不苟且”。“不苟且”，这也正是他对自己的一贯要求。

他还曾去信冯友兰，逐一质问冯的三条论证："第一，'孔子以前，无私人著述之事'，此通则有何根据？……第二，'《老子》非问答体，故应在《论语》《孟子》之后'，此说更不能成立。……第三，'《老子》之文为简明之经体，可见其为战国时之作品'，此条更不可解"。其实，从这封信里，我们更可以看出，胡适讲的不是结论，甚至不是方法，而是逻辑。这才是接受了科学及逻辑以后的大脑对国学的最大挑战。

而在给钱穆的信中，胡适之言更是让我触目惊心。他对钱穆文章的驳斥是："此文的根本立场是'思想上的线索'。但思想线索实不易言。希腊思想已发达到很深远的境界了，而欧洲中古时代忽然陷入很粗浅的神学，至近千年之久。后世学者岂可据此便说希腊之深远思想不当在中古之前吗？又如佛教之哲学已到很深远的境界，而大乘末流沦为最下流的密宗，此又是最明显之例"。

从以上胡适对三人的辩驳中，我看到的不仅是胡适“不苟且”的人格精神，更是国学发展之落后、逻辑思维之缺乏、思辨精神之脆弱，简直到了何等令人可笑、令人发指的地步。以上三人皆为大师，各自均有精深学问，但是思维思辨的逻辑水平，尚不及今日哈佛耶鲁的本科生，甚至连美国名牌高中生的水平也不如。今日英美名校所能标榜的，早已根本不是所谓学问知识，而是一颗具备良好思辨能力的大脑和能够恰当运用逻辑思辨的基本技能。

胡适对梁、冯、钱，连发三枪，口口声声说的是证据，殊不知他的子弹，击中的全是本民族思想的根本致命伤。我这里再不厌其烦地解读一下，为那些尚未看出问题严重性的读者做一点提示。先说“思想的线索”，胡适的文字已然告诉我们，人类的思想水平是会严重倒退的。欧洲可以从希腊哲学倒退到中世纪的神学。我们这一代人更是经历了“文化大革命”的疯狂倒退，开历史的倒车。做学问，考据历史，又岂能拿思想水平高低作为历史先后发生的证据。那不就从根本上否认了“初心”存在的可能性，说它必然只会发生在后来啦！哈哈，想不到还会有大学者用这种方法来论证老子与孔子的先后。这绝不是学者的耻辱，而是国学的落后、民族的硬伤！

接着再说胡适对冯友兰的批驳，条条指向逻辑，皆与实证无关。冯说孔子以前无私人著述，如果《老子》真的在前，不就推翻这一说法了嘛，怎么还能用这个说法来证明老子不可能在前？《老子》非问答体，同样不能证明其后出，只能说明其卓绝高明，如果真是早出生的话。《老子》为文简明，为何就一定是战国时期作品。要是没有文物出土，岂不是可以否定其存在，甚至可以判定为更加后人所为？胡适的发问，句句指向逻辑，只是没有挑明罢了。当年胡适、鲁迅，都是学贯中西的，早已熟练掌握了逻辑学而不一定自知自觉，可惜其他人在这方面往往还根本没有入门，才会有这样的文章问世。呜呼！这绝不是学者们的悲哀，而是民族自醒的晚成与悲凉。

最后再说梁启超，他是更早一辈的人，自然也就不必亦无需再去苛求。总之，科学方法论在那时尚未诞生，中华尚需启蒙。我今翻看闲书，读出如此令人心痛、汗颜的事实与史实，恐怕也算得是一种“识其小”，应当受到点赞而不该是收获口水与谩骂詈。

2017 年 12 月 17 日

打虎亲兄弟，笔耕若比邻

当红电视剧《人民的名义》的原同名小说的作者周梅森说："有一种风气特别可怕，就是躲避文学的思想性，不再谈论文学为社会带来的巨大思考量。只关心如何把文章往精巧玲珑细腻里写，认为这是艺术，我不能认同。张爱玲、周作人都是有才情的作家，但称不上伟大的作家"。他还认为，"像鲁迅，放在任何一个时代都是伟大的作家"，他的这个观点，我是特别地赞同。可是把周作人与张爱玲等量齐观、划在一类，则有些片面与不公。其实，周梅森的这位本家周作人，原先也曾是和兄长周树人一起，在新文学运动中冲杀的斗士。可是从当年到现在，却一直不为世人恭维和记住他的这一面，实在是令人有些不可思议。今日我就只好来八卦一下。

从我初次接触周作人的文字起，看到的恰恰就是这一面。早在八十年代初期，我就曾经给《读书》杂志投过一篇稿，题目是《不要因人废言》，因为当时周氏作为汉奸，文字不得通行，而我为文的起因，则是看见一篇周氏作品，嘲讽革命领袖以人民的名义，坐享革命果实。这才是我所偏爱的周氏文字，它与鲁迅的作品一般地讥讽辛辣。

若干年后，随着思想解放运动，周氏文字重见天日。可是在一片赞扬声中，我看见的全是青涩的苦茶，精致而不关痛痒，与我心目中的周氏文笔完全不是一个味道。看得多了，愈觉无聊。偶尔也会纳闷，我曾经喜爱的周氏文章都躲到哪里去了。难道是我无中生有，记忆有误？

近日手捧一本华夏出版社2008年出版的《周作人代表作——雨天的书》，终于让我找回原有的印象，有些真相大白起来。《雨天的书》曾经是周氏早期作品的书名。我手头的这本集子，收罗的当然不只是那里面的作品。但随手拣出一篇早期作品，就能看出周氏兄弟文字的相近。早在1921年的《晨报》副刊上，就有这篇《碰伤》，文中写道：

“近日报上说有教员学生在新华门外碰伤，大家都称咄咄怪事”，“因此可以知道，碰伤在中国实是常有的事。至于完全责任，当然由被碰伤的去负担”。“听说，这次碰伤的缘故由于请愿。我不忍再责备被碰的诸君，但我总觉得这办法是错的。请愿的事，只有在现今的立宪国里，还暂时勉强应用，其余的地方都不通用的了”。接下来他还说到俄国的东宫，“碰的更厉害了。但他们也就从此不再请愿了”。“我希望中国请愿也从此停止，各自去努力吧”。

这样的文字是否与鲁迅的很像？至于五年以后的三

月十八日事件，作者和鲁迅一样，也写了文章，而且更加直白。结尾的挽联竟然是："赤化赤化，有些学界名流和新闻记者还在那里诬陷。白死白死，所谓革命政府与帝国主义原是一样东西"。该文就发表在三月二十九日的《语丝》上。

更早的还有1919年发表于《每周评论》的一篇《思想革命》，里面写道："我们随手翻开古文一看，大抵总有一种荒谬思想出现"。"如今废去古文，将这表现荒谬思想的专用器具撤去，也是一种有效的办法。但他们心里的思想，恐怕终于不能一时变过，将来老瘾发时，仍旧胡说乱道地写了出来，不过从前是用古文，此刻用了白话罢了"。"话虽容易懂了，思想却仍然荒谬，仍然有害。好比'君师主义'的人，穿上洋服，挂上维新的招牌，难道就能说实行民主政治？""从前的荒谬思想，尚是寄寓在晦涩的古文中间，看了中毒的人，还是少数，若变成白话，便通行更广，流毒无穷了"。

同年还有一篇《祖先崇拜》里说："我最厌听许多

人说，‘我国开化最早’，‘我祖先文明什么样’，开化的早，或古时有过一点文明，原是好的。但何必那样崇拜，仿佛人的一生事业，除恭维我祖先之外，别无一事似的。譬如我们走路，目的是在前进。过去的这几步，原是我们前进的始基，但总不必站住了，回过头去，指点着说好，反误了前进的正事”。这样的文字，才是我所欣赏的、与鲁迅一般犀利的战斗匕首。

再来看看1928年的这篇《妇女问题与东方文明等》。文中写道：“第一重要的事，青年必须打破什么东方文明的观念。自从不知是哪一位梁先生高唱东方文明的赞美歌以来，许多遗老遗少随声附和，到处宣传，以致青年耳濡目染，也中了这个毒，以为天下真有两种文明，东方是精神的，西方是物质的，而精神则优于物质，故东方文化实为天下至宝，中国可亡，此宝永存。这种幼稚的夸大也有天真烂漫之处，本可以一笑了之，唯其影响所及，不独拒绝外来文化，成为思想上的闭关，而且结果变成复古与守旧，使已经动摇之旧制度旧礼教得了这个护符，又能支持下去了。就是照事实上说来，东方文明这种说法也是不通的”，“佛老或者可以说是精神的（假如这个名词可通），孔孟则是专言人事的实际家，其所最注意的即是这个物质的人生，而西方也有他们的基督教”，“其‘精神的’之处恐怕迥非华人所能及”，“其实这些议论都是废话，人类只是一个，文明也只是一个，其间大同小异，正如人的性情肢体一般，无论怎样变化，总不会眼睛生到背后去，或者会得贪死恶生的吧？”

今日读一读这样的文字，是不是如同鲁迅的一样令人警醒？其实，周氏兄弟本来就是新文学运动中同一条战壕里的战友，面对封建大山，他们是打虎亲兄弟。当然，那时的战友还有胡适、陈独秀、刘半农等人。从何时起，周作人就被人认作是文章闲适的代表呢？这次读书，才发现了源头。

在一篇《两个鬼的文章》中，周作人讲起别人对自己的评论。“其一是说我写的都是谈吃茶喝酒的小品文，是不革命的，要不得。其二又说可惜少写谈吃茶喝酒的文章，却爱讲那些顾亭林所谓国家治乱之原，生民根本之计，与文学离得太远。这两派对我的看法迥异，可是看重我的闲适的小文，在这一点上是意见相同的。我的确写了些闲适文章，但同时也写正经文章，而这正经文章里面更多的含有我的思想和意见，在自己更觉得有意义”。“我写闲适文章，确是吃茶喝酒似的，正经文章则仿佛是馒头或大米饭”。

读到这里，我才豁然开朗。原来弟弟也是想写、要写、能写哥哥那类文章的，只是因为写得太接近、太相似，反而被笼罩在哥哥的树荫中，而那些跨越枝头的闲适小品，反倒更加令人瞩目。众口纷纭的夸赞也好，指指戳戳的议论也罢，都是一桶浆糊泼身，裹上了层层的标签。从此他被套牢在“闲适小品”的帽子底下，永世不得翻身。且不说后来的一生，大到政治行径，小到私人婚姻，千夫所指，落得一顶“汉奸”的帽子摘除不掉，就连在文学史上，也只好顶着一块“苦茶”的巨砖，动弹不得。可是作为读者的我，仍然欣赏的是他蒸出来的馒头、米饭，哪怕与兄长做的十分相似、一模一样。它们的味道，比茶香，比酒浓，恰合吾意。

2017 年 4 月 9 日

童年的作家

作家的童年，其实应该与普通人或者说其他人的没有什么太大的不同，不可能某一种童年专门孕育作家。尽管有不少名作家宣称不幸的童年是成为作家的最好准备，但幸福童年尔后中断，所谓家道中落，也造就了不少名家。从曹雪芹到鲁迅，似乎都是这么一条路。

而童年的作家，则完全是另外一种概念，是指从成名的作家身上，看他（她）如何描述呈现自己的童年。看他们儿时的自己，是否已经有了后来发展的雏形，是否有过任何蛛丝马迹，能够与后来的命运有所联系。作家不一定都是名人，但名人或多或少都会自我交待一下自己的童年。所以推而广之，我们可以把这也看作是童年的名家，这么样一个概念。

山东画报出版社薛原编著的《童年》一书，刚好让我有机会探索一下这一概念。书才看了不到二分之一，便急忙起草这篇随笔，因为怕等到看完全书，我的随想就随便如何也想不起来了。还是随想随记比较靠谱。

书内共分四辑，第一辑里共八篇文章，分别出自胡适、沈从文、冰心、郁达夫、梁实秋、林语堂、丰子恺、杨绛之手。比对一下各人的童年经历和所记得的印象深刻之事，就非常有趣，甚至能让我们悟出后来人生发展的诸多不同。

胡适少年老成，体弱多病，家里不让跟野孩子们玩。故而他说，“无论在什么地方，我总是文绉绉地。所以家乡老辈都说我‘像个先生样子’，遂叫我做‘穈先生’”。“既有‘先生’之名，我不能不装出点‘先生’样子，更不能跟着顽童们‘野’了。有一天，我在我家八字门口和一班孩子‘掷铜钱’，一位老辈走过，见了我，笑道：‘糜先生’也掷铜钱吗？‘我听了羞愧得面红耳赤，觉得大失了‘先生’的身份！”今日想来，这样的胡适，肯定会和鲁迅不同，虽然都是杀向封建专制的排头兵，引领风骚的一代文人领袖，但胡适就既不可能呐喊，也不可能彷徨，而是一定会拿出一个做“先生”的样子来。

沈从文则自小就很野，善打架，他说：“感谢我那爸爸给了我一分勇气，人虽小，到什么地方去我总不害怕”。所以他是没有什么学历的，而敢于独自一人闯北京，做北漂，甚至从小就是一个逃学大王。他说：“现在说来，我在做孩子的时代，原来也不是个全不知自重的小孩子”，“但自从那表哥教会我逃学后，我便成为毫不自重的人了”。“我的长处到那时只是种种的说谎”。看到这里，我们是否能悟出一点他后来的人生道路？虚构小说自然是他的成就，而一旦条件不再允许，他也不怕的，自有勇气闯出另一番天地。

冰心说她感谢母亲在四五岁时就把文字这把钥匙勉强地塞在了她的手里，记得首先得到手的是《三国演义》和《聊斋志异》，而《聊斋志异》里的“每个‘人’都从字上站起来了！看得我有时欢笑，有时流泪，母亲说我看书看得疯了”。她还回忆起当年读林琴南翻译的英国作家狄更斯的《块肉余生述》，“当可怜的大卫，从虐待他的店主出走，去投奔他的姨婆，旅途中饥寒交迫的时候，我一边流泪，一边掰我手里母亲给我当点心吃的小面包，一块一块地往嘴里塞，以证明并体会我自己是幸福的！有时被母亲看见了，就说：‘你这孩子真奇怪，有书看，有东西吃，你还哭！’事情过去几十年了，这一段奇怪的心理，我从来没有对人说过！”当我看见冰心的这一段自白，立刻联想到她后来的写作与作品，仿佛一下子找到了解读的钥匙。有书看，有东西吃，还在哭！这就是冰心啊！

郁达夫在《儿时的回忆》中说：“儿时的回忆，谁也在说，是最完美的一章，但我的回忆，却尽是些空洞。第一，我所经验到的最初的感觉，便是饥饿；对于饥饿的恐怖，到现在还在紧逼着我”。这是我原本所不知道的。还有两条我原本不知道的信息，一是他小时候住在祖母家里，“静悄悄地在一张铺着被的藤榻上坐着，翻看几本刘永福镇台湾，日本蛮子桦山总督被擒的石印小画本”；二是“对于我印象最深的，是一位国文教员拿给我们看的报纸上的一张青年军官的半身肖像。他说，这一位革命义士，在哈尔滨被捕，在吉林被满清的大员及汉族的卖国奴等生生地杀掉了；我们要复仇，我们要努力用功”。当年郁达夫写下这样的儿时回忆，还不知道竟也会一语成谶呢。

梁实秋的文章起头说他“在六七岁的时候开始描红模子，念字号儿”，而文章结尾处，讲完曾经绘画得奖之后，却又来了这么一句自谦的话：“‘小时了了，大未必佳’，如今想想这话颇有道理”。我所留意到的文字中，印象最深的却是这么一小段话：“另一件使我困惑的事是大家之口出秽言的习惯。有些人各自秉承家教，不只是‘三字经’常挂在嘴边，高谈阔论起来其内容往往涉及‘素女经’，而且有几位特别胆大的还不惜把他在家中所见所闻的实例不厌其详地描写出来。讲的人眉飞色舞，听的人津津有味。学校好几百人共用一个厕所，其环境之脏可想而知，但是有些同学们入厕之后其嘴巴比那环境还脏。所以我视如厕为畏途”。不知道梁先生后来写作《雅舍小品》《雅舍谈吃》时，这些书名是否是由于下意识地受到这一段儿时记忆的暗中影响。

中国作家中最成功地向西方读者介绍中国人伦者，非林语堂莫属。在他的《少之时》里，我注意到这样一段文字：“一个小孩子需要家庭的爱情，而我有的是，很多很多。我本是一个很顽皮的童子：也许正因这缘故，我父母十分疼爱我。我深识父亲的爱、母亲的爱、兄弟的爱和姐妹的爱。生平有一小事，其印象常镂刻在我的记忆中者，就是我已故的次姐之出阁。她比我长五岁，故当我十三岁正在中学念书时，她年约十八岁，美艳如桃，快乐似雀”。“那时她快要嫁给一个乡绅，那是大违她的私愿的”，“我们是贫寒之家，到出嫁的那一天，二姐给我四毛钱，含泪而微笑对我说：‘我们很穷，姐姐不能多给你了。你去好好用功念书，因为你必得要成名。我是一个女儿，不能进大学去。你从学校回家时，来这里看我吧。’不幸她结婚后约十个月便去世了”。这段故事深深打动了我，也相信这在林语堂的人生中绝对不是一件小事。

而丰子恺的《学画回忆》中，也有一件事情肯定对他后来成为画家具有深远影响。说的是有一天在私塾中，老师翻开抽斗检查，没收了丰子恺的图画本。第二天老师指着画本中一副孔子像对他说，你能照这样子画一个大的么？“我没有防到先生也会要我画起画来，有些‘受宠若惊’的感觉，支吾地回答说‘能’。其实我向来只是‘印’，不能‘放大’。这个‘能’字是被先生的威严吓出来的”。后来还是回到家中，由大姐教他用打格子的方法，分别在原画和要作画的大纸上映出来加以“放大”。他说，“我现在回想大姐所教我的画法，其聪明实在值得佩服”。又是一位有重要意义的姐姐。回头我还要再说一段妹妹的故事。

接下来先看杨绛的这篇回忆《大王庙》，话说“五四运动”那年秋天，她随家从北京迁居无锡，在沙巷口的大王庙小学上学。按说无锡是鱼米之乡，也是文化之乡，不料我却读出这样一段故事。说的是当地小学的教员“孙光头”。“在大王庙读什么书，我全忘了，只记得国文教科书上有一课是：‘子曰，父母之年，不可不知也……’‘孙光头’把‘子曰’解作‘儿子说’”。天呐，那年头也有这样的笑话。所以我们不要动不动就笑话今日教育质量之差。作者经历过这样的“先生”，清高孤傲一世，也就完全可以理解。

《童年》一书内的第二辑名叫“青灯有味”，打头是一篇梁漱溟的文章，标题是“一个瘠弱而又呆笨的孩子”。才翻到第二页就让我笑出声来。文中写道：“小时候，我不但瘠弱，并且很呆笨的。约莫六岁了，自己还不会穿裤子。因裤上有带条，要从背后系引到前面来，打一结扣，而我不会。一次早起，母亲隔屋喊我，为何还不起床。我大声气愤地说：‘妹妹不给我穿裤子呀！’招引得家里人都笑了。原来天天要妹妹替我打着结扣才行”。看到这里，我真的是笑喷了，因为想起梁漱溟和毛泽东那次著名的历史对话。有胆量那样理直气壮地质问毛泽东，敢情儿底气是自小打从妹妹那里就得来的呀。

这就是童年对人一生的影响，不管他是作家还是其他什么名人。

2017 年 10 月 3 日

桨声灯影话自清

文章被选入教材，本是一件极高的荣誉。但由于我们语文教学里那一套划分段落大意、归纳中心思想的清规戒律，好文章也往往会被读出坏味道，如同嚼蜡。我已记不清当年在校时老师是如何为我们替朱自清先生的《桨声灯影里的秦淮河》划分段落大意、归纳中心思想，只是今日手里碰巧拿起一本朱自清先生的散文集，就又重温了一遍他的两个名篇，另一篇当然是《背影》。

还是先说秦淮河吧。一上来就让我很有些替语文老师和那些要统一规定段落大意者们犯难。除了第一个自然段落以外，每一个段落都极长，内容也太多，纷杂得很，真不容易总结段落大意呢。作为一个根生土长的南京人，我当然是很乐意看到文章的第二段是这样起头：“秦淮河的船，比北平万牲园、颐和园的船好，比西湖的船好，比扬州瘦西湖的船也好。这几处的船不是觉着笨，就是觉着简陋、局促，都不能引起乘客们的情韵，如秦淮河的船一样”。

作者把秦淮河里的船，约略分为大小两种，小的又叫做“七板子”，还说大的里面“陈设着字画和光洁的红木家具，桌上一律嵌着冰凉的大理石面”。我的个乖乖隆的冬，这该有多重啊，船身一定是不小。而小船上的舱前甲板上，也“通常放着两张藤的躺椅。躺下，可以谈天，可以望远，可以顾盼两岸的河房”。你还别说，这样子的描写还真是勾起我一些儿时朦胧的记忆，仿佛印象中那种大船、小船我也都还乘过。莫非直到上个世纪六十年代初期，南京竟也还有那样的船只？

像这样子洋洋洒洒地描述完秦淮河的船以后，作者笔锋一转，说："在这薄霭和微漪里，听着那悠然的间歇的桨声，谁能不被引入他的美梦去呢？只愁梦太多了，这些大小船儿如何载得起呀？"随后，就在这同一自然段落里，作者又接着发了一通思古之幽情，神往至明末的《桃花扇》、郑板桥。你说那又该当如何划分段落大意呀。通读过全篇文章以后，若是要归纳起中心思想，那可就更是难上加难了。当年我做学生的时代，估计课堂上一定是要把批判旧社会里有歌妓、娼妓作为中心思想的。那么现如今呢？

更有意思的是，今日我细看原文，发现故事的中心纠结，其实发生在歌妓船靠拢作者和俞平伯所乘坐的小船"七板子"。小船当然远不及大船来得富丽堂皇，游资昂贵。所以刚开始我还以为作者和俞平伯的窘迫，是来自于囊中羞涩。后来才慢慢看明白，说的是他们缘于身份与道德的自律，不肯雇佣歌妓。

接下来让我跌破眼镜的是，作者坦承自己愈发被歌声吸引，说来说去，竟有些责备自己的假正经。"我们拒绝了她们，无论理由如何充足，却使她们的希望受了伤；这总有几分不作美了。这是我觉得很怅怅的。至于我自己，更有一种不足之感。我这时被四面的歌声诱惑了、降伏了”。“我的思力能拆穿道德的西洋镜，而我的感情却终于被它压服着，我于是有所顾忌了，尤其是在众目昭彰的时候”。“歌舫去了，暂时宁静之后，我的思绪又如潮涌了。两个相反的意思在我心头往复：卖歌和卖淫不同，听歌和狎妓不同，又干道德甚事？——但是，但是，她们既被逼得以歌为业，她们的歌必无艺术味的；况她们的身世，我们竟该同情的。所以拒绝倒也是正办。但这些意思终于不曾撇开我的听歌的盼望”。说到底，写的竟还是歌声的诱惑。

而对同伴俞平伯当时的心理之推论，则是更加有些意思了，说他的理念是：“因为我的妻子，所以我爱一切的女人”，并就此“因为推及的同情”，“爱着那些歌妓，并尊重了她们。在这种情形下，他自然以为听歌是对于她们的一种侮辱。但他也是想听歌的，虽然不和我一样。所以在他的心中，当然也有一番小小的争斗：争斗的结果，是同情胜了。至于道德规律，在他是没有什么的；因为他很有蔑视一切的倾向，民众的力量在他是不大觉着的。这时他的心意的活动比较简单，又比较松弱，故事后还怡然自若；我却不能了。这里平伯又比我高了”。

我不知道今天的读者们是否还能够十分理解作者这里所表达出来的思维逻辑，今日的语文老师又该如何讲习这篇课文。或许早已被清除出语文教材了吧。文章写到这里，只剩下最后一个自然段落了。而在那一段落里，大致写的也都是些意犹未尽、还想听歌的感觉。末尾最后一句更加分明写道："我们心里充满了幻灭的情思"。

我不知道学生们会怎么想，老师们又会如何教。我作为一个读者，今日里却是十分好奇地想知道，当年秦淮歌妓究竟唱的都是些什么歌。这篇文章发表于 1924 年，当时还没有发明有声电影，不可能传唱电影插曲，例如后来周璇的歌。那么还有什么歌曲在秦淮河上流行？这篇文章的作者虽然写了诸多心里矛盾，内心独白，但山不转水转，归根到底还是渲染出了当日秦淮的脂粉繁华及歌声荡漾。文人虽有能力做文字上的功夫，中国历史上最为缺失的还是音乐本身的记录与流传。不要说从唐诗宋词起，我们就已失传了多少音乐，就连 1924 年的流行歌，我也不知道都是些什么调调……

手上这本名为《桨声灯影》的朱自清作品，是由台湾九仪出版社出版发行的。书中还有一篇散文引起了我的兴趣和注意，篇名是《女人》。一开篇就托称“白水是个老实人，又是个有趣的人。他能在谈天的时候，滔滔不绝地发出长篇大论”，于是“便用了第一人称，作为他自述的模样”。所以这篇文章里的“我”其实就是白水，而“白水”又是朱自清曾经用过的笔名，故而通篇也就都是作者的自白啦！

作者首先交待自己是一个喜欢女人的人。“为了一个虚构的或实际的女人，呆呆的想了一两个钟头，乃至想了一两个星期，真有不知肉味光景——这种事是屡屡有的。在路上走，远远的有女子来了，我的眼睛便像蜜蜂们嗅着花香一般，直扑过去。但是我很知足，普通的女人，大概看一两眼也就够了，至多再回头掉一次”。“我们地方有句土话说：‘乖子望一眼，呆子望到晚；’我大约总在‘乖子’一边了”。

接着作者又写道：“我所追寻的女人是什么呢？我所发现的女人是什么呢？那是艺术的女人”。作者说他还发现，“将女人作为艺术而鉴赏时，切不可让她知道；无论是生疏的，是较熟悉的。因为这要引起她性的自卫的羞耻心或他种嫌恶心，她的艺术味便要变稀薄了；而我们因她的羞耻或嫌恶而关心，也就不能静观自得了”。作者最后坦白：“我只见过不到半打的艺术的女人！而且其中只有一个西洋人，没有一个日本人！那西洋的处女是在Y城里一条僻巷的拐角上遇着的，惊鸿一瞥似地便过去了。其余有两个是在两次火车里遇着的，一个看了半天，一个看了两天；还有一个是在乡村里遇着的，足足看了三个月”。“是的，艺术的女人，那是一种奇迹”。

今天能够读到这样一种坦然的自白，更是奇迹。不光是坦诚令人钦佩，而且“主要看气质”。那种不去打扰对象方能达到目的之境界，今人恐怕是久违了。顺着这样的思路，我又重读了一遍《背影》。正如每一篇入选教材的文章，旷日持久，都有可能被读烂掉。关于孝道的所谓中心思想，也是极易被读成一种忒坏的口味的。但是当我跳出框子、保持距离、以不去打扰的全新角度，就忽然被《背影》中的这样一小段话深深吸引和打动：

“他嘱我路上小心，夜里要警醒些，不要受凉。又嘱托茶房好好照应我。我心里暗笑他的迂；他们只认得钱，托他们直是白托！而且我这样大年纪的！难道还不能料理自己吗？唉，我现在想想，那时真是太聪明了！”

是啊，人总是容易太过聪明！今天当我们回首往事，重读朱自清的这几篇散文时，如果能有足够的悟性来观照一番从那时起过往的历史，是不是也会要像他那样发出“我现在想想，那时真是太聪明了”的自责与感慨呢?

2017 年 7 月 23 日

失而复得福兮祸

塞翁失马是中国古代的故事，我今写下这个题目则是因为翻看一本叫做《失落的荆棘冠——俞平伯家族文化史》的闲书时读到一些关于俞平伯的旧闻，引发我的感慨。作为一代名流文人中的一员，俞平伯曾被指斥为资产阶级知识分子的代表遭到批判，那是一段如今已届退休年龄的人们或许都还记得的故事。年轻人怕是都不甚清楚，需要补补课。

事情的原委或起因似乎是，两个青年大学毕业生，写了一篇和俞平伯针锋相对的评论《红楼梦》的稿子，寄到北京《文艺报》以后被退稿，只好改投母校山东大学校刊《文史哲》，幸得发表。这件事，本来或许可以到此为止，可偏偏编辑给山东籍中央首长、要人，每人都寄去了一份，其中包括康生和江青，于是一场波澜由此而起。

据说是江青向毛泽东做了汇报，并去要求《人民日报》转载。不料却在《人民日报》碰了一个钉子，被拒的理由是：此系“小人物的文章”，“党报不是自由辩论的场所”。呵呵，这话即使今天听来不也是相当顺理成章、感觉十分正常么？所以江青也只好退而求其次，与实权人物达成妥协，改由《文艺报》转载了事。

不料树欲静而风不止，毛泽东不知为何忽然亲自发话了。他给政治局委员和其他有关领导写了一封信，说“这是三十多年以来向所谓红楼梦研究权威专家的错误观点的第一次认真的开火。作者是两个青年团员”。“事情是两个‘小人物’做起来的，而‘大人物’往往不注意，并往往加以阻拦，他们同资产阶级作家在唯心论方面讲统一战线，甘心做资产阶级的俘虏”，“出现了容忍俞平伯唯心论和阻拦‘小人物’的很有生气的批判文章的奇怪事情，这是值得我们注意的”。

这一注意不打紧，随之引发了一场对俞平伯的文化围剿，所有文化名人一律被迫披挂上阵，撰写批判文章，口诛笔伐，墨浪滔天。好在当年还只停留在动口不动手的君子时代，俞平伯还算没有遭受任何皮肉之苦。今日我手翻闲书之余，除了替俞平伯暗自庆幸，更诧异于此前所发生的一系列故事。

仅仅是在两年之前，俞平伯刚刚发表了他的《红楼梦研究》，而且据说颇得毛泽东本人的赏识，立即示意有关方面将俞平伯补选为全国人大代表。正如俞在书的序言中所说，“我底《红楼梦》研究还没起头呢”。随后他又陆续在大陆和香港发表过多篇研究《红楼梦》的文章，当时曾有香港记者在北京全聚德当场见证过俞平伯在席间高谈阔论《红楼梦》时的春风得意。

而这本《红楼梦研究》的出版，背后其实还有故事。据说是当年俞平伯因替父亲治丧，开销大，手头紧，遂接受了人民文学出版社编辑文怀沙的建议，把自已早年出版过的一部《红楼梦辨》找出来加以修改增删，补充了几万字的新内容，重新出版，命名为《红楼梦研究》。文怀沙还替他写了一篇跋，大加称颂。

说来也是合该有事，据说这位文怀沙后来又成了周汝昌的《红楼梦新证》一书的编辑，还作了序。再后来，两个“小人物”又恰恰是因为对照了序言中的观点，遂看出俞平伯的问题，来了精神，挥枪上阵，写出了批判文章。而等到毛泽东挥笔引发对俞平伯的批判，这个文怀沙自然也就不会有什么好果子吃。据说领袖大为光火，震怒道：文怀沙党性哪里去了？文怀沙有党性？什么党性？资产阶级党性！

上述历史故事究竟属实多少，我也不敢完全打包票，因为文怀沙就在2009年还被人打过假。从年龄，到身世，据说都有隐瞒窜改。但有一点肯定是真的，《红楼梦研究》的前身，的确是《红楼梦辨》，而且这部书稿还差一点遗失过。据说有一天俞平伯带着厚厚一摞《红楼梦辨》书稿坐人力车，下车时忘了拿，回到家中一脸沮丧。结果居然凑巧，偏偏朱自清（一说是顾颉刚）有一天在收旧货的箩筐里赫然看见，于是花了些小钱收购，寄赠俞平伯，完璧归赵。再后来，由俞平伯推荐，朱自清被胡适之聘往清华大学任教，也算是善有善报。多年后，俞平伯曾对人说：若此稿找不到，我是绝没有勇气重写的。

以上这些陈年旧事（详见李风宇著《失落的荆棘冠》），不管真真假假，如何添油加醋，至少让人兴叹世事无常，而且更是要使人感触命运。许多事，真的就是命运使然，说也说不清楚。成也萧何，败也萧何。尤其是当政治被不恰当地介入到所有领域、各行各业，其祸害真的可能不完全是始作俑者原意或刻意所为。任何看似合理的干预，也都极有可能随时就被各种命运左右，驶向无际深渊。

茶余饭后，说古道今，我不禁要去痴想一下，假如当年朱自清没有在旧货担子里发现俞平伯的书稿，历史会是怎样。不就是少了一位“红学”专家么？但也少掉了一场文化围剿哟。所有文人都不必跟着出丑，留下历史性的遗憾。而俞平伯本人作为一位文人，依然可以存留青史，就凭他的散文与白话诗，不也挺好。尤其是当我们回过头来再去看看他的这样一首短诗：

我在楼上写诗，
写完了，不是我底了；
读了一遍，三四遍后，
我也不见了。

这首小诗，虽然带有白话诗开启年代的稚嫩，难道不也是道尽了手写我心、文无定论，以及刚好反映出造化弄人、世事沧桑、变化无穷、命运多舛么？正所谓，文章千古事，得失寸心知。就是今日里读来，也绝不比当代诗歌里的任何朦胧诗“稍逊风骚”哟。

那么当年他那一部《红楼梦》研究书稿的失而复得，究竟是福还是祸呢？无论从个人或是社会群体层面来看，仿佛都有些得不偿失哦。天底下的事儿，还真的就是难以预料啊！

2016年6月5日

沙菲丁玲都是她

丁玲生于1904年，比我父亲还大10岁。我从小时候起，就听说这位著名的女作家。“文化大革命”初年，由于红卫兵革命造反行动，使得许多私人及公共图书馆里的书籍大量散落民间，成为青少年们私相授受的“毒草”，私下里热衷地传阅。不满10岁的我，曾经辗转从别人手中得到过一本繁体字好像还是竖排本的《太阳照在桑干河上》，厚厚的拿在手里，翻来翻去也找不到我想要读的内容。那是我初次触碰丁玲的文字。

“文化大革命”结束后，丁玲重返文坛，以正统左派人物的面目出现，与当时全国上下呼吁心灵解放、人性回归的老中青三代作家们言辞不合，顽固僵化，又臭又硬。例如她批评《班主任》是小学级的“反共”，《人到中年》是中学级，《干校六记》是大学级，以老年“革命愤青”面目出现，不免令人反感。

当年略微补读了一点历史的我，当然也风闻了她的传奇一生，从《沙菲女士的日记》，到《“三八节”有感》，都听说过。从她与胡也频、沈从文的八卦，到与冯达同蹲国民党的监牢，再到奔赴延安与毛泽东在窑洞里坐论江山美人，直到又被打成丁玲、陈企霞反党小集团而劳改下放，其一生的跌宕起伏，足以构成一部精彩小说中的故事人物。但慵懒学浅的我，竟从未认真去读一下当年让她崛起文坛的成名作：《沙菲女士的日记》。今日拿来摊开一看，令我大跌眼镜。

天哪，这是本什么书啊！说它是当今身体写作的“美女作家”们的文学祖母，不仅当之无愧，且让“孙女”们汗颜。虽然出于时代限制，书中没有任何露骨的裸体描述，但情色勾引之强烈，诲淫诲盗之手段，岂止让孙女辈的写手们望尘莫及，就连对青春少男的腐蚀毒害，怕也是为祸不浅。我这里绝不是危言耸听，以下有充分论据呈奉，且待我慢慢道来。

我自1987年来到美国以后，逐步开始深入了解西方文化的历史沿革。身临其境后，所感受到的变化之一，就是女权主义的社会思潮开始攻击现存的道德法律，大肆强调女人意愿的直观表达。在男女约会交往中，如果女人说不要，男人就必须停止一切性的企图和行为，否则将以强奸论罪。我当时就在寻思，那么当年又是谁说女人说不要其实是想要的呢？回首过往西方典籍，弗洛伊德学说，从心理学角度揭示了女性生理心理上的性压抑和性需求，可能会开启社会风气：有时女人说不要，其实并不是真的不要，而是希望男性有更进一步的性行为。但是我想来想去，还真找不出任何一位西方女作家，曾经以一部脍炙人口的小说，将此性行为概念广泛根植于大众文化。而在中国，正是一部丁玲的《沙菲女士的日记》，至少将大半个中国，凡是会读书认字的男性，全都启蒙教化了一遍。但凡发育正常的男性，读了此书都会忽然明白并深信不疑，女人的拒绝或半推半就、装聋作哑，心里很可能其实是很愿意的，因为沙菲女士明确告诉你，她内心此时正在等待着你做出性的行动。当然，她也会瞬息改变主意，不再接纳你，分秒之后就逐客，或是让你静静地呆在一边去。这样一部《沙菲女士的日记》，哪里是我们多年来宣传的所谓反映了当时知识少女的苦闷与追求的小说，分明是一部振聋发聩的情色作品，肯定令当年无数男人都想要跨过大半个中国去睡沙菲啊。

正是这位写出了《沙菲女士的日记》的丁玲女士，曾几何时，风尘仆仆地投入了革命的洪流，从思想到行动，从文字到为人，练就一副铁骨丹心，成为后来写出荣获斯大林文学奖的长篇小说《太阳照在桑干河上》这样革命作品的丁玲同志，而且至死不渝地坚持其人生信仰与文学理念，这是一副多么令人唏嘘惊讶的画面。而西方学者们往往把从沙菲女士到丁玲同志的一生，当作中国妇女革命的个体象征来研究。也就是说，沙菲和丁玲，同时都是代表女性革命的，是统一而非对立的。于是她们二人之间文字与思想的差异鸿沟，就这样被轻松地忽略和跨越了。

可是如果我们再把视角略微放宽加长一点，衔接上1986 年丁玲逝世以后的大洋彼岸，看看那里如火如荼的女权运动及对男权的挑战进攻，不许男人未经明确允许而触碰自己的身体、发动性的攻势，再来回眸一下当年沙菲女士带给中国男性的性幻想（其实就连现任美国总统也是这样幻想的哦，而且还在此次竞选中被人抓了小辫子，公布了录音，弄得狼狈不堪），今日西方的女权主义者们是否会恍然察觉到，让中国男人深信女人说不其实是很想要的，原来正是沙菲女士。始作俑者竟是丁玲啊。

抑或历史只是开了一个很大的玩笑，它先是让女人告诉男人，我说不要其实是很想要，我能这样公开我的内心秘密，正是我的解放。而这样说了大半个多世纪以后，又让女人对男人说，我说不要就是不要，你若胆敢不听，就让你去蹲班房，这才是我的真正解放。而男人么，好像总归是要输的，沙菲他们斗不过，丁玲也未必。

2017 年 4 月 2 日

改于 2017 年 12 月 23 日

百年过后看杨绛

年过百岁的老人杨绛去年逝世了。如今我手捧一本她的《杂忆与杂写》，读的不仅仅是文字，更是一位历史人物的身世地位、来龙去脉、过往喧嚣、杂陈往事、处世品味、人格深浅。想的是她百年来的文化贡献，以及从今往后她与尘世人间的亲疏远近。

她那蜚声中外的《干校六记》出版于1981年。那年她刚好七十岁，处于她长寿一生的三分之二节点。与许多人生不同的是，那刚巧也才是她的第二春。无论是从作家的写作生涯，还是世俗人生的荣耀辉煌来看，那都是她的第二次高潮。甚至从这个意义上可以讲，杨绛是一株晚开的蔷薇，尽管早就露出过蓓蕾。

说起来，出生于1911年的她，成名不算太晚。三十刚刚出头就已经崭露头角，因喜剧剧本《称心如意》《弄假成真》《游戏人间》等相继在上海公演，受到大众和专家们热捧。当年的夏衍，就曾为之赞不绝口："你们都捧钱锺书，我却要捧杨绛！"

可是说来也怪，1949年至1966年之间，这位才女虽然供职于北京的"翰林院"，却受到无形打压，活得并不春风得意。创作型写作都已基本停止，翻译也属于旁敲侧击式的打游击。抽空自学西班牙文以后，她翻译了《堂吉诃德》，可是尚未出版，便遭遇"文化大革命"风暴。译稿能够幸存，实属侥幸。

反倒是"文化大革命"结束以后的她，捷足先登，以迅雷不及掩耳之势率先占领了文坛的制高点。正当她那一辈的老知识分子们刚刚从九死一生中缓过劲儿来，脚跟尚未站稳，她的《堂吉诃德》就已破土而出，得以出版，倍受好评。若是“文化大革命”中遗失了译稿，一时半会儿也来不及重译；如果“文化大革命”前就已出版，这会儿怕是也抢不到风头。刚刚好，真是“无巧不成书”。这就是“命”与“运”。听说1978年邓小平出国访问时，还带去送给了西班牙国王。

随后，她又以一批新旧散文的陆续问世与重印获得了老中青三代读者们的欢迎，遂奠立了她作为文化人、翻译家、散文大家的基本形象。再后来，因丈夫女儿的相继生病逝世，她暂时放弃了写作。迈步21世纪跨入九十高龄后，她竟又以《我们仨》《走到人生边上》等散文著作，获得第三度辉煌，重新享誉文坛极盛。

作为散文家，她有一篇《读书苦乐》，将读书比作串门，深得吾心。我在一本《现代汉语散文精选100篇》里读到它，曾赞叹它是为数不多的好散文，“万绿丛中一点红”。今日里又从这本《杂忆与杂写》里，看见一篇写于二十世纪四十年代的《听话的艺术》，惊为当今泛滥网络成灾的心灵鸡汤的文学祖母，而且要深刻、细致好几个数量级。

口说无凭，就让我抄录几段她当年的文字吧：

“假如说话有艺术，听话当然也有艺术。说话是创造，听话是批评。说话的目的在表现，听话的目的在了解与欣赏。不会说话的人往往会听说话”，“听话不像阅读能自由选择。话不投机，不能把对方两片嘴唇当作书面一般拍的合上，把书推开了事”。“听话而要逞自己的脾气，又要不得罪人，需要很高的艺术。可是我们如要把自己磨揉得海绵一般，能尽量收受，就需要更高的修养”。

“责怪人家说话不真实，等于责怪一篇小说不是构自事实，一幅图画不如照相准确”。“假如一位女士叹恨着说，‘唉，我这一头头发真麻烦，恨不得天生是秃子。’谁信以为真呢！”，因为可以“推知她一定自知有一头好发”。“假如有人说：‘某人拉我帮他忙，某机关又不肯放，真叫人为难。’他大概正在向某人钻营，而某机关的位置在动摇，可能他的钻营尚未成功，认真在为难”。

“假如一个人过火地大吹大擂，他必定是对自己有所不足，很可能他把自己也哄骗在内，自己说过几遍的话，便信以为真”。“假如一个人背后太热心的称赞一个无足称赞的人，可能是最精巧的谄媚，准备拐几个弯再送达那位被赞的人，比面谀更入耳洽心”。

“听话而如此逐句细解，真要做到‘水至清则无鱼’了。我们很不必过分精明；虽然人人说话，能说话的人和其他艺术家一般罕有”。“我们钦佩羡慕巧妙的言辞，而言词笨拙的人，却获得我们的同情和喜爱”。

要知道，杨绛当年写出这么多人生妙语时，也还刚刚只是三十出头的年纪。她所处的社会究竟是比我们今日的社会更为复杂还是简单？她对人性的洞察，究竟比我们深刻几许，才能有着这样的成熟或早熟？难怪她能在70岁时写出那样透彻的人物写生，例如《老王》和《林奶奶》。她的这批小人物造型，很可以和汪曾祺笔下的民国人物比肩。所不同的是，她写的还都是真人真事，不是小说。她比汪要年长将近十岁，写的反倒是后来发生的历史故事。

说到底，正是因为她对那一段历史，特别是知识分子及社会小人物的冷静观察与描写，为她自己奠定了身后的地位。正如黄永玉点评《十日谈》，说它的作者也写过其他许多不错的作品，可是不错的作品在世界文学里漫山遍野。如果不是《十日谈》，他只能活在那漫山遍野里，而不能享受独特的地位。

而杨绛，则会由于《干校六记》等作品流芳，原因是她为后代人留下了信史，可信之史。当那一历史阶段的记录正在不断地被删除、遗忘、篡改、歪曲、伪造，以及不怀好意地利用，杨绛的笔，让这段历史幸存，可信地留存。

2017 年 1 月 22 日

他从历史中走来

很久未去波士顿公立图书馆，那天我旧地重游，顺手从中文书架上挑拣了几本书，没想到其中一本居然是部奇书，书名是《盛成回忆录》。作者是位世纪老人，风云人物，却被历史遗忘。等到他九十三岁高龄口述并由记者笔录写成这部回忆录时，已是 1993 年秋。这本书当年曾以《旧世新书：盛成回忆录》为书名，由北京语言学院出版社出版，却只印了 1500 册，未曾引起任何轰动。老人继续被历史遗忘，三年后默默谢世。时隔将近二十年后的 2012 年，该书又由山西人民出版社以

《盛成回忆录》为书名再度出版，惜依旧未能广泛流传，盛成仍是难以恢复盛名。

那么，近百年前，这个盛成到底享有多大盛名呢？说出来不怕吓死你，地地道道是墙外开花里外全都香。他曾以一部法语著作《我的母亲》享誉全球，由法国大诗人瓦乃理作万言长序，并从此成为纪德、萧伯纳、泰戈尔、海明威的好朋友，还多次与罗曼·罗兰通信，应邀参加过罗兰在日内瓦召集的世界大会。而在政治方面，他曾做过法国共产党的地方领袖，认识胡志明、周恩来、康生。因家族原因，他和辛亥革命也有关联，与蒋介石等国民党政要均有瓜葛，还一度在国民中央政府从政。多年后二度生活在法国时，他还与戴高乐总统有过频繁交往。而在与学界交流方面，他 1930 年归国时蔡元培牵头给他开欢迎会，抗战中又由老舍为他开欢迎会。他的祖上阮元还和孔老夫子的后代是姻亲。在法国，他学的是农业、蚕桑，回国后又去学习汉学国故。简直就是神人啊！

说实话，一路读下来，我一直都是将信将疑，不敢太当真，因为觉得实在是匪夷所思。但是哪怕就算他是信口胡诌，全部都是编出来的故事，其思想意义也十分深远，未可等闲视之。于是我又十分惊异，为何竟然至今仍无人来发掘这座金矿。现随手举个小例子吧，说着玩儿。他说他曾在叙利亚教育部长儿子的陪同下去过沙漠，当地酋长指着他说："你们怕阳光，怕空气，躲在大房子里头；你们不爱用最干净的清泉。阳光、空气、清泉都是上帝给我们的生命之源，你们为什么怕它们，为什么不要它们？这是我们游牧民族所不能理解的。世界上所有的东西不是上帝养的就是上帝种的。上帝没有手来收获，我们代替上帝来收获，你们为什么说我们是偷盗？"于是他在书中写道："他的感觉是：他们是人，而我们已经变态了，不是人了"。这是他在蔡元培为他开的欢迎会上讲的故事。在座的胡适当场走过来对他说："你今天讲的，见所未见，闻所未闻"。其实于今想来，哪怕这个故事里的蔡元培、胡适，全都是他自己杜撰，也照样是“见所未见，闻所未闻”，对于“我们”理解“他们”十分重要啊。

不光其海外见闻惊人，他对于国学的见解也挺超凡脱俗。例如他驳斥中学为体、西学为用的提法，认为中国的学问是和科学分不开的，中学本身就包含着科学。他认为，“中西学的分家，是后来的一些老学究们搞的”，“没有科学，中学是不可能成体系的”。他虽然师从欧阳竟无先生学习佛学，却又尖锐地指出这些学者都是靠翻译成汉字的佛经来研究，所以有误会和曲解，包括从“竟无”的名字上就可看出来，是误以为佛教只讲空与无，忽略了色与有，而印度哲学传入中国时其实是分别有“空宗”和“有宗”的。竟无先生虽然一开始让他读《大乘起信论》，但后来却认为这是部伪书。而陈寅恪却在印度找到了梵文原版，并对他指出欧阳竟无的武断。

这位世纪老人的头脑，竟也显得十分现代化。他到大庆油田参观时就问：“你们现在有没有驻外的特派员？”“每年各石油国开会你们参不参加？”答案是没有和不参加。于是他后来接受采访时就指出："关门搞石油是很危险的。如果世界上的油价突然跌下来，我们怎么办呢？"

更加不可思议的是，他说法国大诗人瓦乃理在为他的《我的母亲》一书作的序言中就曾经这样写道："传统和进步是人类的两大劲敌"。妈呀，这让今日生活在美国的我，不禁拍手叫绝。你上哪儿去找更加贴切与深刻的语言和思想来描绘当今美国的窘状。

而到德国参观时，老先生还曾专门跑到海德堡的州立图书馆去找莱布尼兹的书，因为听说他研究过《易经》。结果从书中发现作者写道："我以为我20年前发明了二进位，谁知中国的古圣人在2000年前早就发明了"。他说莱布尼兹定"坤卦"为000000，乾卦为000001。

如果你能相信盛老先生所说的亲身经历全部都是真的，那么拍案惊奇的事儿可真是多了去。例如说到他的法国友人曾经跑到北京来请梅兰芳去巴黎演出，结果被李石曾一帮人包围住，三日一小宴，五日一大宴，劝他改请程砚秋去巴黎，而不要请梅兰芳。盛老还说“九一八”这一天张学良正坐在他隔壁的包厢里看戏，不许人打扰。结果送电报的只好把前方告急电文送到他的包厢里来，散场后他才交给张学良。

最绝的是，书中还说：“在学校期间，我写了《德苏必战论》和《美日必战论》两篇文章。写第一篇文章时，德苏正签订《互不侵犯条约》，不久即爆发战争。第二篇文章发表不过一星期，日本偷袭了珍珠港。两篇文章引起了很大影响，大家把我当成了预言家”。不知此事是否有人认真做过考证。

书中倒的确是有一些硬伤，想必是口授笔录及编辑时全都疏漏了。例如说到他 1930 年回国时曾经去过河南开封，发现一个犹太教堂。他写道：“我说：‘我到过耶路撒冷，见到了很多老犹太教的人，也有新犹太教的人。他们在那儿建立了一个国家，叫以色列’。他们摇头表示不关心”。这里显然他是搞错了，把 1947 年的以色列复国与 1922 年国际联盟通过英国对巴勒斯坦的“委任统治训令”规定在巴勒斯坦建立“犹太民族之家”混为一谈了。

另有一些事，却是死无对证的孤证，也只能姑妄听之。例如他说曾经为了营救王若飞，去找过胡适求情，胡当场就给傅作义写了信，好像长达六七页纸。他还说自己曾替徐悲鸿牵线结识了法国大诗人瓦乃理，使得他在巴黎卖画顺利。不过哪怕就算这些全都是作者吹牛皮，我也还是从书中得到了另外一些有趣的信息。例如书中提及1930年回国后他到北大任教，说当时北平是最好的居家之地，饭馆很多，一切都比南京方便。这看得我这个南京人简直目瞪口呆，因为我一向以为，直到上世纪80年代我自己出国以前，分明都是南京生活远远比北京方便啊。

说到南京，不妨说一下我从书中读到某处似与家父略有相关，私下也曾因此怀有小小窃喜。作者1947年就到台湾大学任教，后来辗转欧洲、美国三十一年后终于回到中国大陆定居，那是1978年的国庆。我忽然看见书中写到，他的侄子盛华当时在南京工学院当院长，于是想起了一段往事。1977 年，原江苏省委常务书记陈光在“文化大革命”后复出时，先是被安排在南京工学院短期担任了核心小组组长、院革委会主任。陈光曾积极推荐我父亲去接替他的这个位子，后来不知怎么就变成了由浙江省调来一位名叫盛华的人去接任，而我父亲则被分配去了南京航空学院。当时我们全都纳闷，不知这位盛华是何许人物，有啥背景，今日终于碰巧有了答案。

盛成去看盛华时，我父亲还在南航。书中有许多不经意的笔墨，今天读起来倒也十分有趣。例如写到盛华在“四人帮”时期被整得很苦，所以他就奉劝盛成，还是回美国生活为好。而盛成在北京逗留期间，胡愈之曾经热情地请他吃过一顿饭，于是席间就有好心人向他建议，今后“你一切不要离开胡愈之”，可见劫后余生，人们都还怀有深深的恐惧，心有余悸，生怕“文化大革命”灾难重演。

当时盛成执意要留在大陆定居的理由，却又是相当的有趣。他说：“我是一个共产党员，过去没有在共产党的政治下生活过，现在是一个机会，我想实践一下”。好嘛，这可真是应了一句老话，叫做“来得早，不如来得巧”，偏偏是他赶巧过上了好日子。到了1985年，法国政府决定要授予他“法国荣誉军团骑士勋章”，中国政府也欣然同意。这可是继巴金以后，难得第二次有中国人获此殊荣。

眼见得他仿佛是从历史故纸堆中复活过来，马上就又要重新名满天下。可是不知因何缘故，竟然一直也没能真正再度扬名立万，基本上也就是在北京语言学院默默无闻教书的主儿。1993年学院给他出版了这本口述回忆录，亦未引起任何轰动，到了1996年他便悄然逝世。

也许刚好那时中国经济大潮腾飞，文化潮水溃退。“盛世”即将来临，盛成再难盛名。总算2012年由山西人民出版社再版此书，终于引起《人民日报》等媒体的一点儿关注，好歹也像是他又从历史中走来。

2017年8月27日

尘埃落定看梅郎

看闲书的好处之一，就是历史碎片会不经意地猛然跳入眼帘，给你意外的惊喜。跳跃汇拢而来的碎片尘埃，可以五花八门、五颜六色，甚至东一榔头西一棒，敲得你五迷三道，又豁然开朗。手上刚巧拿起的这本唐德刚教授的《五十年代的尘埃》，于我来说正好就是这样的一本书。

首先在作者自序中，让我得知那年头美国国务卿艾奇逊的一句曾经满世界皆知的话："等到尘埃落定再说！"这就埋下了一个哑谜。何时才算尘埃落定呢？未等尘埃落定就已经说出口去的话，还能作数吗？到底说得算是准也不准，确也不确？

唐德刚教授的大名早已如雷贯耳，可是作为著名历史教授的他，曾经还在上世纪五十年代用化名在报刊上发表过如许之多的“杂文”，倒是一件“新鲜”事儿。据告，作者本人写作时既没出过大力，事后也未加留意保存，文章就一直在尘埃中沉睡了多年，直到1979年才又在刘绍棠的督促建议下开机重印，得见天光。

作者当年行文落笔的才华，在一班笔枯语干的历史教授堆中，可谓独树一帜，鹤立鸡群。书中一篇《我的女上司》，算是把人物给写活了。其描写人物之鲜活生动，绝不亚于沈从文的那一篇《一个带獭皮帽子的朋友》或是吴鲁芹的那一篇《小襟人物》，虽然说的是美国人，而且还是一个女人。更加出乎我意料之外的是，作者当年还写过一篇脍炙人口的《梅兰芳传稿》，今日读来，大得意趣。

文中说起梅兰芳1917年东渡日本，“在日本几个月的勾留，六千万的日本人为他疯狂起来”。“男子们不必提了。日本少女们则尤为之颠倒”。“有的干脆痛快淋漓地写起情书来。那些芳子、惠子们把兰芳哥哥叫得甜甜蜜蜜。梅郎返沪后，她们好多都丧魂失魄，整日价愁思睡昏昏”。敢情儿就是今日《琅琊榜》里那位梅郎也都望尘莫及呢。

文章更是用了大量的篇幅来渲染记叙1930年梅郎赴美国纽约演出的盛景。不仅在百老汇第49街大剧院演出时需要谢幕达十五次之多，而且“在纽约的五个礼拜之后，兰芳在美的声名大奠。以后所到之处，无不万人空巷，没有警车前导就不能举步。他由纽约而华府，而芝加哥，而旧金山，而好莱坞，而洛杉矶，沿途所受欢迎盛况空前”。

尤为有趣的是，文中还提到了梅郎1935年和胡蝶的访苏之行，是由于“苏联禁不起日寇的压力，把中东路卖给了伪满，引起了我国全国上下的愤慨”，“斯大林为了冲淡中国人民的反苏情绪，特地电邀”所致。

居然还有斯大林需要照顾中国人民情绪这么一出历史故事，老早消失在历史的尘埃。今天的我们是何等的无知。而梅郎在“苏联的演出，又获得另一佐证，那就是一个真女人——胡蝶，在一个假女人面前甘拜下风了”。真个儿是红遍东西，男女通吃耶。

当然，文中少不了也要介绍在抗日战争中“梅郎蓄须”、不肯为日本侵略者及汪伪政权登台演出的动人故事，以及抗战胜利后，国府还都，梅郎又剃去了胡子，在上海天蟾舞台再度登台。而最最让我个人感兴趣的，却是在于作者又该如何叙述接下来所要发生的一切。

众所周知，短短三四年光景，蒋介石的国府就被撵去了台湾，而梅郎并没有上岛，自愿留在了“沦陷”的大陆。作者身居海外，又该当如何描述这一段历史呢?只见文中写道：“谁知好景不长，熊熊的赤焰，很快地就烧到江南。共党席卷大陆之后，兰芳又随着一批难民逃回香港”。“孰料在‘人民政治协商会议’准备开幕的时候，兰芳在各方怂恿之下，终于接受了新朝的请柬”，“贵为‘人民政府’的‘要员’了”。

有趣的是，当海外人士普遍叫嚷着说梅郎向共党“靠拢”的时候，唐德刚教授却是这样来替梅郎辩护的：“不过读历史的人则喜欢翻旧账。试一翻梅氏个人的历史，他自十二岁为人侑酒起，他看过多少权贵的兴亡，五十年来北京王的此起彼伏，正和兰芳舞台上的变化初无二致”。“试问梅郎向谁‘靠’过‘拢’？他又拒绝向谁‘靠拢’过？”是啊，除去不肯为日本侵略者登台，梅郎又何曾不肯为谁演过戏。作者还进而言道：“‘北京’是他根生土长的地方，别人有什么理由要他也逃出祖国呢？”

试看，这样的立论，发自“尘埃未定”的五十年代初，倒是反而能够在“尘埃落定”的今日里站得住脚，难道不是吗？作者不愧是历史教授，经得住历史的考验。更为有趣的是，他当年还进一步深挖了一下梅郎入都以后的“待遇”问题，颇有些替之“鸣不平”。作者写道：“他现在是被列为‘首长’了，但是你看那批作家们对刘少奇、郭沫若诸‘首长’是如何地恭顺，而对这位梅‘首长’是如何地轻蔑嘲笑，你就会怒发冲冠的”。

总之，在海外一片不能谅解梅郎留京的声浪中，作者给予了无尽的体谅与同情。在“尘埃”尚未落定的五十年代初，写下这足以让后人回味、深思、遐想并击掌的文字。其实，当年又何止梅郎一人留京。国府虽能席卷北京故宫的古玩珍宝去台，绝大多数艺人却都自愿留在了大陆，这也是蒋氏父子的一块心病。究竟该如何解释这一现象呢？唐德刚教授的文章似乎给出了某种合理的答案。这也大概正是这篇《梅兰芳传稿》当年之所以能够脍炙人口的原因之一。

现如今，又是六十多年过去，就连梅郎那宝贝儿子都业已作古。他可曾是年轻时一度醉心于摆弄相机、汽车等时髦玩意儿，不肯全身心投入学戏、唱戏，让老爷子生过气。所幸后来还是接了班，成为梅派的嫡亲传人，功莫大焉。

眼下，趁那尘埃落定之时，我们当可回眸，重看梅郎。虽几多风霜隔世，恰仍鲜活生动，光环依旧。

2016 年 8 月 12 日

即兴判断，木也有心

木心走了。自从陈丹青竭力举荐他的这位在海外偶然得遇并聆听教诲长达五年之久的仙师以来，我一直也没敢去读木心的作品，因为怕失望。一是怕对木心失望，这年头好货难寻，能有一块艺术瑰宝搁在那里，时时作为诱饵，日子方才过得有趣；二是怕对自己失望，万一不小心搬回一座偶像，把自己给禁锢了，岂不更糟。

不久前再次邂逅木心作品《即兴判断》和《素履之往》，终于忍不住，还是打开看了。既然看了，当然就要说几句废话或曰闲话，讲一讲自己的即兴判断。首先我发现，《素履之往》的大部分内容也都是即兴判断，亦可以顶得起这样一部书名。推想起来，木心的许多文字，大约也都属于这一类。这让我对他的文体算是有了一个初次的、肤浅的印象。

记得过去曾经听一位网友说，木心的作品好坏参半，好的非常好，坏的比较烂。这次初读木心给我的感觉是，好的非常好，看不懂的有一大半。于是让我想起鲁迅的《野草》，也是只能看得懂一小部分，好是真好，只嫌太少。

与看鲁迅所不同的是，读鲁迅得到的是大快人心，抚掌称心的大快；读木心收获的是小快淋漓，会心莞尔的小快。这一点与读张爱玲相似。还有与读张爱玲相似的地方，就是你不能一目十行，必须一个字一个字的念，才能咂摸出一点橄榄的味道来。

由于陈丹青的努力，广西师范大学出版社 2006 年就开始推出木心的作品。而《即兴判断》和《素履之往》都是2009年才初版的，刚巧也是初版我的《闲书闲话》的同一年。现在想来，同一家出版社当年既有木心的书稿待印，还愿意接纳我的中文处女作，对于我来说又是何等荣幸，不胜感激。

随着越来越多的木心作品问世，以及陈丹青不竭余力地高调赞美，也开始出现另一种声音，认为木心作品的价值被高估了。本来能有多种声音自由争论是一件大好事，但不幸的是，反方意见的着眼点和落脚点似乎全都放在了所谓高估与低估上，这就全然走了味儿，也是文艺批评之大忌。

无论是对作品还是作家本人，文艺批评的功效只在于揭示各种好处及不足，甚至可以说只是在表达交流各自的看法与感受，或许也还可以顺便帮助其他读者看得出其中味儿而已。一涉足所谓高估低估，俨然就沾上了铜臭，仿佛艺术是可以称斤论两、作价评估的，也无意中把自己放到了评委裁判的位置，而这个位子天然是不存在的。文学排座次的想法，上帝和人类都会发笑。当年沈从文就已经笑过一回，他就绝对不认同谁是第一、谁是第二。

对于陈丹青的高调赞美，我当然也有我自己的反思与反动。例如他说木心不和时代玩，我就愈加去注意木心文本中那些留下时间痕迹的句子。例如木心曾写过，“愚民政策，造成移民对策，苦于被愚，纷纷移了算了”；木心还说，“美国老太太，吹着口哨散步，我遇见过不止一次。转念中国，几千年也不会有此等事，种族的差异，可惊叹的宿命”。木心甚至还写道：“中国人喜欢听琅琅上口的话，喜欢说琅琅上口的话，聪明的皇帝就不断想出些琅琅来让百姓上口，某时期琅琅的东西不多，无疑是某些皇帝不太聪明，百姓也不大开心，接着有人把不太聪明的皇帝挤掉，自己做皇帝，当然是比较聪明的，琅琅的东西又多起来，于是就这样琅琅地糊涂下去，琅琅地没落下去”。这样的句子，还能说是不和时代玩吗？玩得也太接近！太时髦！太超前了！好不好！？

诚然，能像这样如鲁迅一般犀利、让我得抚掌称心之大快的句子，毕竟很少。归根到底，木心的“不和时代玩”是出于他内心里的根本原因。他说：“人家总在乎谁在台上演，演得如何。我却注意台下是些什么人，为这些人，值不值得演——因此我始终难成为演员”。如今，他被徒弟架上舞台，身不由己，不得不演，那我们就都还是静静地坐观其演出吧。

2016 年 7 月 10 日

一盘“散”沙

编书做选本不易，编选给孩子们看的选本就更加不易。手上这本《给孩子的散文》，据说是因为北岛选编的《给孩子的诗》受到读者的热烈呼应，出版社于是趁热打铁，要继续推出一个“给孩子一部好作品”系列，由此应运而生的。北岛那本《给孩子的诗》我没读过，这本《给孩子的散文》我倒是认真读了，随手记下几点感受。

编者在前言里交待，这本书的内容不是古代散文，而是现代散文，也就是用现代汉语写作的散文；还说：

“可以说没有现代汉语，就没有现代中国”。这个说法听上去倒是有点儿振聋发聩。尽管先有鸡还是先有蛋这件事扯也扯不清，但文言被白话所替代则是一场不容后悔与躲闪的革命，满满的“正”能量，谁也别想开历史的倒车。

当年的中国据说是一盘散沙，但同文同字的同胞们还是在运用白话文的共同基础上，开创出现代白话散文，使它成为中国文学的一个重要组成部分。这应是无可抵赖的事实。如今有人要选出其中有代表性的文章给孩子们看，当然是一件好事，应该算功德无量。选本的体例是按照作者的生辰年月先后排序，这也是一个很好的办法，让读者一眼就能知道作者的出生先后。

选本中的第一位作者就是鲁迅，这也刚好印证了鲁迅的地位。他不仅是质量第一，顺序上也是第一，是开山之人，而不是小小年纪跨入成人世界里捞取桂冠的神童。可惜选本中编入的是他的《好的故事》和《雪》，不能完全够代表鲁迅的文风与思想深度。如果我是孩子，一定会问：干嘛要把这位老爷爷放在这里，放在首位？其实，从《野草》中随便挑出几个短篇，甚至简单几行易懂的句子，就能即刻打动孩子们的心。我当年就是因为看到那样几句话，一生都做了他的铁杆粉丝。

选本中倒是选了夏丏尊的《白马湖之冬》和叶圣陶的《没有秋虫的地方》这样两篇名篇，以及《傅雷家书》中的一页。其他文章，光从篇名看，一时半会儿也还真想不起来都是谁的代表作。兴许是我孤陋寡闻，不过没准儿也真是从一个侧面说明了中国现代散文里的名篇的确不是很多。再或者，难不成多数中国现代散文都不适合于给孩子们看？唉，做中国的孩子，也真是多么不容易。

手上这个选本里最为精妙也极能代表作者思想风格的，是丰子恺的《野外理发处》。文章不仅透露出画家观人察世的深刻老到，更是展露了其独特画风的秘籍所在。作者说他“平日看到剃头，总以为被剃者为主人，剃者为附从”，而当他从小船的窗这一有限的视角内看到岸边剃头的景色，才恍然大悟：“被剃的人暂时变成了一件东西”，“无声无息，呆若木鸡；全身用白布包裹，只留出毛毛草草的一个头，而这头又被操纵在剃头司务之手，全无自主之权”。作者因而感悟到，“人在被剃头的时候，暂时失却了人生的自由，而做了被人玩弄的傀儡”。多么精妙的观察与结论。这样的认知境界，才是丰子恺画作的艺术灵魂之所在。

丰子恺那篇文章里当然还有更加丰富精彩的内容，我这里就不再一一赘述或者说是剧透。选本里颇能代表原作者风格特色的文章，还有老舍描绘几位同辈文人、充满了幽默调侃的素描，孙犁的《报纸的故事》，以及新凤霞的《左撇子》。不知为何缘故，杨绛的散文没有被选入。新人作品里面，让我读来印象深刻、过目难忘的，则有莫言的《卖白菜》和毛尖的《表弟》。

真正让我长了知识的是一篇《羊吃草》，作者西西，我以前从未曾听说过。作者说：“在吐鲁番，我看见羊吃草”。文章里面描述到，羊吃的草和其它动物如马、牛之类吃的很不一样，羊吃的不是柔软的嫩草，而是带有芒刺的蒺藜，是像玫瑰花茎那般多刺的植物。“它们有一张怎么样的嘴，是钢铁的唇舌、上下颚和口腔？为什么可以吞啮针似的草茎而不受伤？”可见，被我们一般通常视作柔弱代表的羊，也有它独特、厉害的地方。这你又何尝能够想到？

以上是我这个早已不是孩子的读者读了《给孩子的散文》以后的几点感想，像不像是一盘散沙啊？

2017 年 3 月 4 日

儒学分朝野，辅周有成无

尽管周辅成这个名字耳熟能详，如雷贯耳，其实我并不了解这位大儒，直到最近看了一本赵越胜写的《燃灯者——忆周辅成》，才从书里读出了活人。事后打电话问我现居北京的姐姐朱小蔓，得悉上世纪 80 年代末，周先生去南京时还曾专程来我家探望过我父亲。那大约是 1988 年，而我 87 年就去了美国，所以不知道还有这一桩往事。

我从书里得知，赵越胜既是周先生的学生，又不是周先生的科班弟子，这一点很有些类似于我与杨苡老师的关系。而杨苡老师的哥哥杨宪益和周先生在上世纪80年代末又都曾经有过相类似的经历，于是让我倍感亲切。所不同的是，当时的党和国家领导人最终全都出席了杨宪益的追悼会，而在书的代序里周国平则说周辅成的“追悼会无一北大官员肯到场，先生真是寂寞极了”。究竟是北大跟不上中央的步调，还是中央终于走到了北大的前面。总之，留下的无疑是北大的尽失颜面。周国平还进而写道：“可是，在这样一个只爱金钱和权力的时代，爱智慧和正义如先生，寂寞就是必然的了，这正是先生的光荣”。

我在读这本书时还注意到，该书是由湖南文艺出版社2011年出版的。由湖南而不是任何其他省份来出这本书，应该说还是颇令人欣慰的，因为书里说周先生的普通话里带的可是川音哦。我之所以从图书馆的书架上拿起这本书外借，是因为摊开书本刚好翻到126页，上面讲述了1962年毛泽东看到周辅成发表于《文汇报》的《希腊伦理思想的来源与发展线索》一文，立刻批语让刘少奇去读。这桩轶事特别有意思的地方是，尽管作者是给文章“戴了阶级斗争的大帽子”，文章的初衷则是要“谈梭伦的调和妥协精神”。可是毛的批语却是在讲伦理学是阶级斗争的一种工具，显然并不完全符合作者的本意。周辅成先生本人事后竟因其人格的善良，对此做出了与历史事实相差甚远的判断。2005年，他对赵越胜是这样解读的：“一九六二年初，中共开了七千人大会，毛刘在政治上有冲突，毛想向刘发出调和的信号，大家不要再争斗了，同心协力挽回局面吧。或许毛看到我的文章讲中庸、调和，就让刘也读一下，不要再揪大跃进饿死人的事了，讲点中庸和谐吧”。呵呵，真是一介书生啊！

作为学者，周辅成先生确然是学贯中西的，他是介绍康德美学传入中国的开山之人。而对于中国传统思想他又是相信“儒分朝野”的。不过他也同时指出，“儒家并不生来就是帝王或首领的同伙”“但历代在朝多数人士，喜用儒家之理，大挥忠孝大棒，大兴文字狱，以权谋私，以权杀士为得意，这的确是令人厌恶的”。他还说：“历代统治者，利用，曲解儒学以治国，大施淫威，欺压人民，这不是人民之福，实是人民之祸。讲中国的儒家道统传统，不分清这点，必定会分不清真儒家或假儒家。以此论儒，无不入歧途”。这是何等的洞见！

在展望中国伦理学建设的前景时，他还语重心长地指出：“我以为二十一世纪的新伦理学，首先不是把仁或爱（或利他、自我牺牲等）讲清楚，而是要先把公正或义（或正义、公道等）讲清楚”。“爱而不公正比没有爱更可怕、可恨”。这真是语中的，振聋发聩，三言两语就把如今满大街的心灵鸡汤化解于无形，让那些满口儒学的精神骗子们丢盔弃甲，一地鸡毛。

论及文化，辅成先生八十年前的话今日里读来依旧令人感到醍醐灌顶。他在抗战时期就说：“所以我们今天该提起精神来，清楚地认识文化，并不只是指几箱古物，几本破书，几个团团圆圆的所谓学者之流，文化该是这一民族所有为其理想而努力之活动力”。

经历“文化大革命”之后，老先生把对未来的希望寄托在年轻人身上。所以他对赵越胜说：“他们那一代思想保守，经过太多运动，都成惊弓之鸟了。中年一代是搞运动出身，读书时间不多。倒是你们这些‘文革’中长起来的年轻人可能会做点事情，思想上没框框，敢想敢说”。

可是说来惭愧，后来的历史证明，姜还是老的辣。例如书中说：“在先生看来，‘文革’不仅破坏了国家的经济建设，同时也败坏了社会道德生活，而这动摇了立国之本。先生长期致力于道德哲学，对此乱象有较他人更刻骨的体认。先生以为拨乱反正主旨在于收拾人心，而我却以为要在制度上脱胎换骨”。历史走到今天，愈发显现后生晚辈的浅薄。

不过后来赵越胜终于认识到，先生那一辈读书人“浸淫于中国古典，又漫游于西方精义，从来就抱着打通两造、消泯畛域的雄心，也就是以求无分东西的普世价值为最高理想。在先生看来，是人则要用自由意志、自由选择来实现自己的理想。而凡有理想高悬则必会在自由与必然、道心和人心上有冲突。不过，这种冲突的解决，恰恰要在求自由、求理想中实现。这是个神圣的任务”。

正是这种精神，使得辅成先生在周恩来逝世后连连叹气。“那天和先生吃饭，气氛沉重。先生不似往日谈笑风生，显得心事重重。我少见先生如此，问他，他叹息道，国家如此下去怕有大乱啊”。作者接着写道，“我当时年轻，并无先生那么深刻的危机感。其实，政党权争本与百姓无关，林冲手刃王伦，关大宋百姓何事？伯尔上校与汉密尔顿决斗亦不干美国公民的生活”。看书至此，我倒是与辅成先生感同身受，既惊讶于作者当年的麻木冷漠，也不欣赏作者当下那种犬儒主义的聪明。

好在书中又说：“先生何不想实现此一理想？然一代淳儒，命运多舛，夙愿不遂，人皆凋零”。行文至此，想必作者也是一腔的无奈。我除了抄书，竟也说不出多余的话来。辅周有成无，姑且不论，或者说是早有定论。但儒学分朝野，的确需要认真铭记于心才好。

2017年12月7日

四口忆旧，燕园乐汤

自从多年前阅读《往事并不如烟》之后，已经很久没有能够这样静静地阅读欣赏一部钩沉往事的回忆追述了。与章诒和那本书有着很大不同的是，作者的写作风格迥异。如果说那里存有李白式的浪漫，这里则具备杜甫式的写实。那里有钱钟书般的淋漓，这里就有杨绛般的含蓄。总之，一部由汤一介、乐黛云、汤丹、汤双一家四口写成的《燕南园往事》，让我沉静在异国他乡，愉悦地消磨了几个夜晚，抚摸着历史的烟云，痛心回望祖国的苦难，庆幸今朝来之不易，欣慰于华夏的复兴。

四口人笔下的交响乐章谱写出许多传神人物，从爷爷汤用彤到保姆杨大大，哪怕笔墨不多，亦给我留下深刻印象。且不说燕南园里有那么多的一流学者，光是一个保姆杨大大，其朴实的情感与形象，及其在“文革”中的命运，就已十足令人难以忘怀。她对孩童汤丹的那份呵护，是汤丹自己多年以后才有所察觉和醒悟的。也许正是这份不知晓，才让作为读者的我更加留意与珍视。我在内心里曾有过无声指责，她不该多年来不去打探杨大大的下落，直到把高考上学、出国深造、结婚生子等大事全都忙完了才想起来，而杨大大却早已不在人世。其实，这份责备已经在无形当中验证，作者的确是把笔下人物给彻底写活了。

一家四口的不同记叙，文风虽然迥异，却常常都能够把那荒诞岁月里的人生百态，形形色色，定格于字里行间的寥寥数语。例如，我们轻松地看见这样诙谐的一幕：幼稚的乐黛云曾在简单的婚礼上毫无“新娘的羞怯”，发表一通演说，表示很“愿意进入这个和谐的家庭”，但还是“要注意划清同资产阶级的界限”，因为这毕竟“不是一个无产阶级的家庭”。两位好心的老人，闻听后丝毫不动声色，还“高高兴兴地鼓掌”。而前来闹新房的汤一介的好友、闻一多的大儿子闻立鹤，却一个劲儿地劝告汤一介，晚上要好好学习毛主席的战略思想，“敌进我退”，“敌退我攻”。其调侃之意，不言自明，遂让新娘子火冒三丈，一场婚礼就这样不欢而散。

就是这样一个幼稚地要求进步的青年女性，在 1958 年被打成“极右分子”，开除公职、开除党籍、撵出北京。当时她的儿子汤双才刚刚满月，汤老先生只好去向北大副校长江隆基求情，获准让她留在家里哺乳八个月，期满立即下乡。汤一介因在另一处农村劳动，晚赶回来一天，与她失之交臂。

书的后面自然还要说到“文化大革命”，我在这里就不再赘述。后因汤老先生 1964 年“五一”劳动节那天突然撒手人寰，才躲过了一劫。比较有趣的是，书中真实再现了两个年仅十来岁，甚至还不到十岁的孩子，在“文化大革命”中全身心投入运动的少年心态。既有为了“革命”、坚持“真理”、舍命奋战的亢奋，也有不用上课、逃离课堂、自由自在的“阳光灿烂的日子”，还包括有师从科学家研习物理数学、捣鼓化学实验的经历，较为立体、透视地再现了那段蹉跎岁月。

更为有趣的是，粉碎“四人帮”以后，高校重新恢复招生考试，而乐黛云的两个孩子则因政审不能通过。书中虽然没有直说，但明眼人一看即知，那是因为汤一介在“文化大革命”中曾被“四人帮”利用，到这时反而给孩子们带来了政治包袱。作为母亲，乐黛云四处求人，毫无结果。她在文中写道，“我后来想如果当时有个魔鬼要我出卖灵魂来换取对两个孩子的公平待遇，我可能也会同意”。如果我们都还记得她在婚礼上的那份幼稚纯真，此时当能深刻认知人世悲凉、江湖险恶。

我静静读完这些不露声色的纪实，斑斑血泪掩映其间的追忆，目光洒落在后记的结束语中最后一个自然段落。此时，我的心儿融化了，下沉了，却又升华了。这对夫妻写道："未名湖畔的两只小鸟，是普普通通、飞不高也飞不远的一对。他们喜欢自由，却常常身陷牢笼；他们向往逍遥，却总有俗事缠身！现在，小鸟已变成老鸟，但他们依旧在绕湖同行。他们不过是两只小鸟，始终同行在未名湖畔。"

2016 年 9 月 12 日

上海的王安忆

几年前读完王安忆的《长恨歌》，写过一篇《长恨当歌，旧时安忆》的书话，收录于我的第二本书话随笔集《地老天荒读书闲》，颇受好评。之后，就再也没有触碰过王安忆的作品。一是生怕再也读不到《长恨歌》里那样好的故事与文字，败坏了心目中的极佳印象；二是害怕自己再写不出那样精彩的书话，难免自觉廉颇老矣，宝刀生锈。前两天，实在是因为闹书荒，找不到可读之书，乃从美国双溪小镇的公立图书馆里取回这本王安忆的《寻找上海》。

即使拿回家中，这本台湾出版的竖排繁体字版本拿在手中也不是那么受用。三心二意地打开来，竟然毫无耐心去逐页细看，索性像读横排本那样，从后往前翻。不料一下子被末尾的三篇写张爱玲、苏青的对比评论所吸引，由衷地佩服起作者的眼光，分析的老道，用词的精准，以及描绘的生动。我一支秃笔，根本无法转述，大家还是各自去看原文吧。

看完三篇文论，我不禁在想，作者王安忆不是同样以描绘上海驰名吗，若是放在一起，和以上二位比较起来，又会看出有哪些区别、差异，以及鲜明的个性呢？可惜的是，我不是王安忆，肯定不能像她做得那般好。不要说是去做类似的比较，就连在总体上把握，都一时无法定位。你说，除了时间上的不同，王安忆的上海，究竟和张爱玲、苏青的上海有什么不同？时代当然是不一样了嘛。但仅仅是时代的不同吗？作为客体的上海，随着时代变化，诚然是会有别。作为主体的作者，难道就没有根本性的不同吗？

我这样自己给自己将了一军以后，默默地陷入了沉思。同时我也在随手继续往前翻看着《寻找上海》里面的其他篇章。看着看着，我忽然明白了，当我陶醉于王安忆的文字时，阅读的快感其实来自于熟悉，也就是每每看到一些自己曾经经历过、耳闻目睹过的上海生活片段与场景时，就会感到特别亲切。是那种熟之于胸，却又从未留意、潜移默化的东西，也就是所谓“人人心中有，个个笔下无”的烂熟，与她那艺术表达的独一份。

这样一想，王安忆和张爱玲、苏青的区别就显而易见了。我们读张爱玲、苏青的文字，并不是因为发现了我们自己有所了解的上海，而是随着她们的文字而逐步了解到那个旧时的上海，那个我们还没有出生以前的上海。其实，那是在帮助我们了解一个我们原本不知的旧上海，也就是一个对我们来说“全新”的上海。

我们喜欢王安忆的上海，则是因为我们看到了我们自己有过一点印象，却又完全说不清、道不明的上海。这样的上海，我们喜欢，是因为我们去过、见过、闻听过；她这样写上海，我们喜欢，是因为我们能够感知与共鸣，唤起心中的各种回忆、认知、感悟。

那么，问题就来了。如果王安忆的上海之所以精彩，仅仅是因为我们自己原本有过那么一丝的熟悉，那假如我们原本就完全陌生呢？假如是下一代尚未出生的读者呢？他们还会被王安忆的上海所吸引吗？作为一个作家，她的作品还能传世吗？

刚巧，《寻找上海》里就有一处地方正好讲到这个问题。王安忆说她有个病友“老李”，一开始读了王安忆出于可读性强而推荐给她的《米尼》和《我爱比尔》，随后则大惑不解，不得要领，尽管故事全都发生在上海，还要再三地追问：“难道真有这样可怕的人和事情？”王安忆说：“后来，我的声誉是在《小鲍庄》那里得到挽回了”，尽管它“远离老李的生活范围”。

这个例子，刚好可以从反面来为我自己以上的独到见解立下一个佐证。当王安忆笔下的上海不能以其熟悉而打动读者，反而会失去读者的青睐。王安忆无疑是位有才华的作家，笔下的故事亦能够打动当世的万千读者，相信也能感动一批未来下一代新生读者群。但王安忆的上海，目前最能打动的，还是我们这些和上海略略有过一面之缘的同时代人，因为她写出了我们“人人心中有，个个笔下无”的、那样一个既熟悉却又陌生的上海。正因为如此，才女王安忆，终于算是可以和张爱玲、苏青比肩。百年之后，当又是另一番“命”与“运”也。

2016 年 12 月 17 日

陈丹燕的上海

前不久写过一篇《上海的王安忆》，今日就顺手写一下"陈丹燕的上海"，刚好手头有一部她的《上海色拉》。以往读书我都喜欢先翻看一下前言后记，这次疏忽了，没有先读书末的跋，不知道这是三本反映作者阅历的散文集子中的第二本，而且这批散文又分别写于过去的二十五年当中，都是"点点滴滴写下的生活记录"。由于编辑不按时序，所以读起来就有点儿怪怪的，一会儿感觉作者阅历丰富，一会儿又觉察她涉世未深，弄得我如坠云里雾里。这种腾云驾雾的感觉，忽然让我明白了一个道理，亦即散文与小说的区别。

王安忆与陈丹燕都以描写上海著名。但假如我们设问一下，王安忆的上海与陈丹燕的上海有哪些不同，在什么地方不一样，你会很快发现，主要区别正是在于文体。作为读者，我们对小说和散文的期待其实是完全不同的。读小说就是为了读进去，期望作者能够把我们暂时拉进那个虚构的世界里，去体验一下那里的生活。无论那是一个读者已经熟悉的还是完全陌生的环境，读者都希望能够进入那个世界，暂时逃离或躲避一下身边的现实与苟且。读散文，则是想要把作者拉出来，期望能见到一个活生生的作者，亲口讲述其故事，而且还常常希望自己能喜欢这个人。一旦感到不喜欢这个人，往往连书也都读不下去。而即使原本认为作者是个坏蛋，读着读着，也许就不那么恨了，或者说是开始比较了解这个人，多了一份理解，甚或同情。若是纪实传记一类的散文作品，当然也就希望传主能够栩栩如生，近在眼前，仿佛能与自己对话。

我和陈丹燕其实是同龄人，以前以为她略大我一二岁，其实比我还要小半年，只是出道成名比较早，大学刚毕业，就出版了儿童文学作品，而且相继写了好些年头。后来有了上海三部曲，《上海的风花雪月》《上海的金枝玉叶》《上海的红颜遗事》，算是真正奠定了文坛地位。有趣的是，这次从书里读出一点同龄人的共性，恰是我以往不曾注意到的，只因自己很可能是一个极少数的例外。

陈丹燕说到她当年如饥似渴地读书，却很快发现一个问题，好像“更能接受西方的作品，更愿意读翻译作品”，而读中国古典作品，哪怕读懂了，考试完成了学业，可是在内心对它们没有感动，“即使是对唐诗宋词和《红楼梦》也没有感动”。她还说，“其实，我们接触中国传统文化的机会还是比当时接触西方文化的机会多，但是，因为传统文化常常是被当时政治斗争的需要所利用，使它们的形象十分可疑，而被我们全盘地放弃”。她的这几段文字，让我茅塞顿开，不仅回忆起当年的客观现实，也想起近年来外国汉学家们对中国当代文坛的点评，他们指出包括莫言在内的当代中国作家，接受影响最深的其实是翻译成中文的西方文学，包括拉美文学。好像连莫言本人也承认，不知到底是受拉美作家还是中国翻译家的文字影响更大。

而鲁迅开启的中国现代文学那几茬作家，往往都有很好的外文基础，甚至翻译过外国作品。我辈中人不是没有外语人才，但像哈金、裘小龙都已成为只用英语写作的作家。后者写过的一本英文小说，与陈丹燕的《上海的红颜遗事》讲的其实原本就是同一个故事。而我自己在用英文完成了纪实作品《红屋三十年》和小说《新狄公案》以后，竟然鬼使神差地又转回来用中文写作，写出了《闲书闲话》等“闲读”系列，很有可能与我小时候在家里胡乱翻看《鲁迅全集》有关。虽然看懂的部分极为有限，但我是真的被感染、打动，并且受影响了。这大概在我同辈人当中算得上是一个例外，让我差点儿忘记了陈丹燕所说的，我们这一代人与外国文学亲近贴心，而与中国传统文学疏远阻隔的实际状况。

有趣的是，西方文学评论家里偶尔也还有懂中文的，其目光锐利深广，甚至有些匪夷所思。例如，《柯克斯评论》（Kirkus Reviews）的一位常年撰稿人 Steve Donoghue，居然撰文举例说，全世界大名鼎鼎的企鹅丛书至今有二十五部应当出版而尚未收录的著作，其中包括有华盛顿·欧文的《华盛顿传》《莎士比亚全集》《魔戒》，还有中国唐代女诗人薛涛诗集的英译本，以及区区在下的《闲书闲话》。这可真的是有点儿把我惊到了。近年来虽说有不少中国和海外华裔作家们不断地获取一年一度的各种国际文学图书大奖，但作品能被与经典著作相提并论的，我还未曾听说过。

一个作家的作品是否会受到大众或者行家们注意，还真是一个说不清、道不明的事儿，作品与作品内人物的关系也是十分的微妙。有时候，凡人因作品而不朽，或者刚好倒过来，人物使得作品永恒。当年陈丹燕写上海永安商场老板的女儿郭婉莹，我就觉得她不仅把笔下人物写活了，甚至还会因为写过这位郭四小姐，哪怕日后再也不写别的，也会因此而在历史上被人们记住。

这次阅读《上海色拉》让我记住的一个人物是陈丹燕的父亲。原来，和王安忆一样，陈丹燕也不是根生土长的上海人。1964年她才随父母一家从北京搬到上海，全家带了整整七只大箱子，里面装了不少西装与旗袍。因为外事工作的需要，她父母经常穿戴西服和旗袍，去出席参加各种光鲜亮丽的社交政治活动，可是却在家里让孩子们从小懂得了夹着尾巴做人的道理。虽然有过与众不同的、在当年说来算得上是豪华奢侈的物质生活，但是陈丹燕说，她父亲“从来没有表现出对它们的留恋，到晚年，他更多说起的是年轻时那些危险而艰苦的岁月，在延安，在东北，留恋那时革命者的队伍中一心为了理想，全然不计其他的单纯和决然”。

有一次，她的父亲因为血糖高而被收留医院病房观察。星期天的下午，陈丹燕去医院看爸爸，只听医生说，你爸爸突然就睡着了，叫也叫不醒。接着来了很多医生，全都无计可施。陈丹燕陪同父亲在病房里整整呆了一个长夜。第二天一早，母亲和许多医生又来到病房，父亲还是不醒。忽然一位最年轻的医生建议，应该再验一次血糖。果然很低，就是因为突然的低血糖而昏迷。护士一针葡萄糖打下去，他就醒了过来，还笑眯眯地问："你们怎么都来了？"医生嘱咐陈丹燕下楼去为父亲买一块巧克力。作者写道："爸爸最喜欢巧克力，是因为糖尿病才忌口的。我飞快地跑出去。在电梯间等电梯的时候，才发现自己泪流满面。一个护士走过来看见，以为爸爸出了大事，我说不是，是醒过来了。她说，那你应该高兴才是，不要哭啊。可是怎么能不哭呢。"这就是陈丹燕的文字，它怎么能叫你不哭呢？

当然，每个作家都有自己的长项与短板。在一篇题目为《虹桥的万国公墓》的散文里，作者开篇就是满满一页纸的描述与感慨，让我不禁想起余秋雨的散文。可是，你只要稍微注意一下选词造句，就会发现作者无疑缺乏后者的国学修养。所以哪怕是有真情实感，也写不出煽情动人的华丽辞章，刚好印证了作者自我交代过的我们这一代人和祖国文学传统的距离与疏远。

毕竟，陈丹燕还是成功地写出了上海。她从挖掘旧上海的历史着手，写出了上海人的特色。例如在与书名《上海色拉》同题的散文中，她从上海色拉的历史入手：“1930 年，上海红房子西菜馆开张时，菜谱上就有这样做法的色拉供应，作为开胃的头盆。在七八十年代物质匮乏、精神封闭的时候，上海市民的家宴上也常常有这道菜，让大家感觉很洋气”。她接着说，但是这一道菜，却不是从美国、德国、法国、俄国进口的，“红房子的大菜师傅说，这样的色拉是一味上海‘番菜’，那是百年以前，上海人对‘改良西餐’的叫法。实在的，我们应该说它是一道地道的上海菜”，“色拉代表着上海人的生活基本方式：亦中亦西，但把它们融化成属于自己的，带着自己这个城市的痕迹”。

于是她进而写道：“上海这个城市，充满了非常尖锐的对立，无法统一的格调”，任何“想要简约地表达和概括上海面貌的人都会败下阵去”，同样一种概括，“甚至不能让住在淮海中路上的上海人和住在淮海东路上的上海人认同”。她也知道，“上海是个招人骂的地方，可是从来没有少过带着梦想来到上海闯世界的人”。她尤其清楚明白的是，“但在上海，连一盘色拉都已按照自己的方法改良过了”。

这，就是八岁时方才从北京跟随父母迁居来到上海的陈丹燕，对于长于此却并未生于此的上海，用自己手中的一支淡淡的浅笔，做出的深情总结。读了她这样的散文，笔下这座城市，这个作者，你会喜欢吗？ 她从书中向你走来没有？

2017 年 4 月 6 日

错过了与三毛活在同一时空

台湾作家三毛风靡大陆时，我刚好来到美国留学，暂时潜水在英语世界，完全错过了阅读三毛。若干年后首次听说三毛这个名字，我还纳闷，因为记得儿时曾醉心于张乐平的《三毛流浪记》，心想这都是哪儿跟哪儿啊，怎么钻出一个女人名字也叫三毛，难道她不知道有个男孩叫三毛吗？后来在网上一查，看见三毛拜见张乐平的新闻报导，才知道正是因为爱画画，爱三毛，她才给自己取了这么一个笔名。

一直想找机会补看三毛，今日恰巧在图书馆的书架上邂逅一本《思念的长河》，就拿回家来。翻开序言，真的是巧了，原来《三毛全集》出版以后又陆续发现了一批三毛作品没有被收录，于是便有了这本书，增补了二十几篇三毛的文章。补看增补发行的三毛著作，至少给我提供一次机会，不去谈人们早已滚瓜烂熟的三毛作品，可以新鲜解读一下文本，抒发十足的一己之见。

这里只谈两篇文章，说说我是怎样被打动，如何臣服她的写作。第一篇，也是书中的开篇，题目叫作《夜深花睡》，看着有些别出心裁，虽然一时半会儿也还看不出个名堂。作者说她爱花，尤其是爱白色的花，特别是百合花。许多年前在太平洋的小岛上过日子，陪着丈夫一起失业，虽然“过得没有悲伤，可是一切维持生命之外的物质享受，已不敢奢求。那是一种恐惧，眼看存款一日一日减少，心里怕得失去了安全感。这种情况只有经历过失业的人才能明白”。

那一日，邮箱里又接到一封求职被拒的回信。两人默默去到菜市场买菜，不知怎么丈夫不见了，她站在大街上心事重重。“一会儿，丈夫回来了，手里捧着一小把百合花，兴冲冲地递给我，说：‘百合上市了。’那一刹间，我突然失了控制，向丈夫大叫起来：‘什么时间了？什么经济能力？你有没有分寸，还去买花？！说着我把那束花‘啪’一下丢到地上去，转身就跑。在举步的那一刹间，其实已经后悔了。我回头，看见丈夫呆了一两秒钟，然后弯下身，把那给撒在地上的花，慢慢拾了起来。我往他奔回去，喊着：‘荷西，对不起。’我扑上去抱他，他用手围着我的背，紧了一紧，我们对视，发觉丈夫的眼眶红了”。

“我好像看见了丈夫的苦心。他何尝不想买上一大缸百合，而口袋里的钱不敢挥霍。毕竟，就算是一小束吧，也是他的爱情。那一次，是我的浅浮和急躁，伤害了他。以后我们没有再提这件事”。四年以后，她去给丈夫上坟，临行去花店买花，将满满五桶花全部带去丈夫的坟前。坐在那里，“眼睛干干的”。“以后，凡是百合花上市的季节，我总是站在花摊前发呆”。

文章写到最后说，丈夫去世七年以后，“又是百合的季节了，看见它们，立即看见当年丈夫弯腰去地上拾花的景象。没有泪，而我的胃，开始抽痛起来“。看到这里，我刚才饥肠辘辘的胃，顿时开始抽痛，而眼中，不知从哪里跑出来许多的泪。我想，难怪有那么多的读者喜欢三毛。可惜当年我没有能和他们一起，与三毛共享同一时空。

说起来，我与三毛真正错过的时空，是在抗战胜利后的南京。那时还没有我，只有我姐跟我父母住在南京。三毛进的鼓楼幼儿园，是我父亲的老友陈鹤琴先生办的。青春期的我，倒是每天上学放学的路上，都要经过那所幼儿园。此时的她，才刚刚开始在台湾发表作品。我们生活在大陆，自然也并不知道。

上面这篇文章，可圈可点之处固然很多，但如果你从未经受过失业的焦虑，也许正如三毛所说，还不能真切体会她的情绪失控与爆发。我自己若是上世纪 90 年代初刚从 MIT 毕业时，没有经历过求职半年未果的辛酸，怕也未必会读出个胃痛的下场来。下面介绍另一篇文章，任何人当可看出三毛文章的精妙。

这篇文章本身就是一篇介绍性文字，说的是三毛的一位好友，画画的，名叫林复南，标题却是《一个无名的耕耘者》。如何把一位无名画家写活，那才真就是体现出三毛的文字功夫。三毛先从如何认识这位来自台南的画家入手，继而写道：“没过了多久，林复南跑到台北来闯天下。照理说，一个初出道的画家，来了台北，人生地不熟，一定饿得头昏眼花，三餐不继。我看见林复南跑来了，很为他担心，常常会问他：‘你有钱没有？有饭吃没有？’”

“这个林先生，钱是没有，画倒是一大堆，看了令人心惊肉跳。卖是卖不出去，再看他那副样子，好似也不在乎。卖不卖画，饭吃得饱了，就去买材料，不厌的画着他的画”。“为了不饿死，林复南用了他部分的才华，去做了美术设计的工作，几年下来，他的生活较以前安稳多了，固定的收入，也可以被我们这些朋友敲敲小竹杠，吃吃‘石头火锅’。也许是‘石头火锅’吃多了一点，林复南的脑筋变得越来越顽固，我以为，他袋里有了钱，可以出去交交女朋友，做一个风流画家，但是十年下来，他在交友方面一无成就”。

“我想，这人不是天才就是白痴。我再细看他，两者都不像，林复南对艺术的热爱，是冷静的，持续的，有条理的，日复一日的”。“有时候，我看不过去，也会骂他——‘你这种傻瓜，画到死，也没有人知道你。他总是淡淡的一笑，也不分辨，对着这么一个淡泊得如同白开水的人，我心里也不由得叹服起来。这就是我的朋友林复南，他在广告设计上，也许小有名气，但在画展这种事情上，他就不怎么热心积极”。

三毛和他有很多年没有通信，终于有一天，接到来信说他要出国到各地美术馆参观学习。离开台湾前，要将他的画做第一次个人的展出，还要到纽约去办另一个画展。三毛说，“往后的日子，是好，是歹，在他都不重要，最重要的是，他有信仰，他知道这个世界上除了金钱之外，还有其他有价值的东西，值得如飞蛾扑火似的将自己毫无畏惧的投进去”。“愿这一个无名的画家，继续为他一己的理想，发出人性灿烂的光辉来”。

读到这里，不知道你有没有发现，三毛已经透过她的文字阐发了金钱以外的人类价值，诗意地发出人性灿烂的光辉来。无论林复南今后的发展道路如何，运气是好是坏，他的画是否能被世人承认为艺术珍品，能在这个世界，能在同一时空，有三毛这样一个朋友，也就够了。常言道，人生得一知己足矣。令我无限羡慕的，无非就是能够与她活在同一时空，做她的朋友。

2017 年 1 月 16 日

终于有了碰上的缘分

记得自己以往曾在书里写过，作家其实分为两种，一种主要靠作品传世，另一种则因为与其他作家的交往而流芳。前者的生涯往往并不幸运，而后者的生活却时常令人羡慕。我还写到，“我自小知道自己没有前者的才华，却常常幻想能够有后者的幸运，可惜今生至此无缘”。

不过，近来好像有些“时来运转”，让我无法再继续“抱怨”命运的不公。不久前出差去纽约，当地的资深作家王渝大姐竟然做东，召集群贤为我接风，席中也包括早已在网上有过联系的大名鼎鼎的王鼎钧先生。隔日，王老先生还又单独设宴款待了我。今日里，又收到王渝大姐寄来她的新书《碰上的缘分》。打开一看，除了王鼎钧先生，还见到了当年在世时曾对我有过提携之恩的董鼎山先生的大名及其音容笑貌，于是让我恍然意识到，自己已经十分有幸而有缘地进入了一个文学的小圈子，不再是单枪匹马行走在崎岖山路的羊肠小道。

翻开《碰上的缘分》，扑面而来的还有另一批我曾经在书中写到过的人物及作家同行，不仅有沈从文、木心、夏志清，还有刘心武、痖弦、刘大任，更是油然而起另一份亲切。细读下来，发现在王渝大姐笔下，这些人物又都给了我新的感受。比如沈从文，这次读书我才知道，他喜欢用墨汁写字，不肯磨墨，太太抱怨他也没用，他就是不听话，任性。这才是性情中人，可爱。

写到木心时，王渝引用了他的一段话，他说："我读《金瓶梅》比《红楼梦》仔细，《红》书明朗，《金》书幽暗，要放大瞳孔看……我的感慨是：《红楼梦》惜未由曹氏完成,《金瓶梅》作者没有艺术家的自觉”。这就摆正了两本书的关系，不像有些人那样，故意把《金瓶梅》吹捧到了不恰当的地步，用语不惊人死不休的方式来引人注目。

更有意思的是王渝写到夏志清，说有一次聚会，夏夸口道：“我捧谁谁就红”。散文家琦君女士听了，拉长了脸说：“我从没红过，也没黑过，没人捧我，我也不靠人家捧”。王渝写道：一座默然。事隔不久,《大英百科全书》向夏志清请教，“他毫不迟疑地建议：‘你写潘琦君好了。’”王渝这篇文章的标题是，“性情中人夏志清”。其实，和沈从文相比，这才不叫性情中人。后来我还从网上发现，夏志清此后居然把琦君捧到了据说是成就和境界都超越李后主、李清照的地步，这就只能说明他有多么的不靠谱。

除去这些书中的人物,《碰上的缘分》里面最有趣的人物其实正是作者自己。王渝经常幽默地拿自己打趣，简直可以说是到了无以复加的地步。例如她这样写道："有一次在家开派对，最后一个客人离去时，我赶紧叫住他，并且抓起沙发上那件风衣递过去。他说不是他的。我颇具推理地说：'当然是你的，别人都走了。不是你的，是谁的呢？'背后一个声音说：'那是我的。'说话的是我老公，瞪着诧异的眼睛"。哈哈哈，简直绝了。

看到这样幽默的地方，我自然不禁要喷饭。同时也深深意识到，其实生活中真正幸运的事，并不是结识了多少名家，或是挤进了哪些作家的小圈子，而是要能够交结上几位像王渝大姐这样爽朗风趣的朋友。这才是值得令人羡慕的、难得碰上的缘分。幸运的我，如今终于有了碰上的缘分。

2017 年 4 月 24 日

情人眼里出情人

手头有一本北京三联书店2016年出版的王鼎钧散文集《情人眼》，以为是老先生的新作，问了作者才知道，原来是写于20世纪60年代后期、1970年就已经在台湾出版过的旧作。掐指算来，作者当年也才四十来岁，更加感慨于作者的成熟与老道。虽然标榜是散文作品，我感觉大部分篇幅读来都更像是小说，而且是非常优秀的小说，标新立异的小说。既浪漫，又现代。其中一篇甚至已经有了阿城《树王》的影子，不知道阿城写作之前有没有看到过这篇作品。

其实小说与非小说的界定是很不确定的，尤其是现代，很多著名小说家起步时都是忽然有感于原来小说竟然还可以这样写，于是才开窍，生发了创作冲动与灵感。我不是小说家，虽然也写过英文小说出版，但作为读者，我知道如何确认我自己读的到底是小说还是散文。分水岭就是，小说让我读进去，散文让我读出来。作者把我召唤进入到所描绘的情景中去，能够身临其境，身同感受，那就该算是小说了。越能投入，越能体悟，则越好。相反，散文让我能够把作者读出来，感觉他或者她就在我身边，可以与之对话，不管亲切与否，好恶如何。当然，好的散文总是会让你喜欢上作者，否则不叫好散文。若是日后发现作者令人生厌，也就不大会再去喜欢那篇文章。

小说创作需要虚构，要求想象力丰富。《情人眼》里就有许多充分显示作者想象力的地方。比如，“我书桌上的闹钟忽然发生一种奇怪的毛病，它倒着走，在急促细碎的嘀嗒声中，分针由 9 移向 8，由 8 再向 7。这种现象，本使我十分惊讶，可是，我不久就深深地爱上它，珍惜这种难得的反常。从此，我有了最好的安慰"，"于是，我还是我，我们还是我们。那是何等的美妙啊！望着闹钟，我常常不知道一天已过去，不知道一天已开始"。读到这里，你是否读出一丝卡夫卡的味道？

类似的地方还有，作者想象出这样一个情节，忽然有一天，自己洁白的双手，有一只完全变黑了，怎么也洗不干净。看了无数的医生，都无法医治。最后一位医术最高明的医生也无能为力。然而燃动了恻隐之心的他，留下这样一句安慰的话："像这种我们不能了解的病症，也常常在我们不了解之中自然痊愈"。作者说，"这已经是对我最大的恩惠了"。

作者还曾这样展示过自己的想象力：坐在理发店里，他看见了无数的自己。他问理发小姐，这些鬼鬼祟祟的头颅是谁？"怎么，先生，这是你自己呀。你的背后有镜子，背后镜子里有你的后脑，而你面前的镜子里又有你背后的镜子"。于是，"每一个几何图形中有一个我，可厌的我。”“每周一次，我来看这么多的我。自己的眼可以看见自己的后脑，聪明人想出来的笨主意。”“我为这么多的我悲哀，一个已足，一个已够累赘”。

而《我要疯》这个短篇，竟是如此这般地开头：

> “一个快要发疯的人能不能预知他将疯？
>
> 如果一个人说：‘我要疯了。’他究竟已疯，还是健康？
>
> 今夜，我又觉得我要疯。”

看到这里，你会不会感觉仿佛下面呼之即出的就该是类似这样的句子：“赵家的狗又叫起来了。”呵呵。不过，作者写的却是完全不同的主题。接下来的一句话其实是“这夜，我拼命想你”，但这相思是无果的。于是，“我是该疯的，我终于要疯。我所希望的事总是不会发生，我不希望的事总是会不断发生”。而结尾则是这样一个句子：“我一点也不想做疯子，正因为如此，我知道我会”。

书中有两篇写得最像传统意义上的小说，分别是《最美和最丑》与《胜利的代价》。前一篇写的是最后一位娘娘与太监，后一篇故事较为复杂，我就不在这里剧透了。总之，读完这批小故事，我感觉它们可以与汪曾祺的那批民国人物肖像媲美。所不同的是，汪是写实的，现实主义的；王是现代的，浪漫主义的，且又有几分沈从文的韵味。

当然，要说书里还是有散文，那也绝对没错儿。《图书馆》就是一篇，依然透着无边的想象力，但却更加深沉，直白，警醒，老辣。“每一本书是一闪微光，每一个书架是一个灿烂的烛台。一座图书馆是一片星海，智慧凝成珊瑚，热情动成波浪，还有一代一代甘愿投入溺死的灵魂。这么多的书。书的集中营。知识的保险柜。天才的公墓。我的八阵图。这么多的书，我心里沉重恐惧，倘若没有安徒生，我何以度童年；倘若没有尼采，我何以度壮年；倘若没有老庄释迦，我何以度晚年。但是，书这么多，这么多，我何以了今生。”“我们越狱了，带着一颗逃犯的心。”“外面，还有那么多的人在写书！天才舍生忘死，争图书管理员的匆匆一顾”。读到这里，我的心，碎了一地。我虽然不是天才，可我的的确确是在写书啊！然而我的心又迅速恢复了跳动，因为它有一颗甘愿投入溺死的灵魂作伴。

虽然我问过作者，他说此书成书于20世纪60年代，可我仍然怀疑此次北京三联书店于2016年再版的版本里可能还是添入了新的内容。例如有一篇里曾经这样写道：“老妻插花，常常半夜静坐，对花凝望。”“这时，人是花的知己，花是人的知己。这一盆花实在是她和大自然共同经营”。当年刚刚四十出头的他，大概还不至于要称妻子为老妻吧。

总之，这一本王鼎钧作品，无论新旧，总算是佳品。虽然不是尽善尽美，堪比西施，但在我眼里总还是那个喜爱的对象，应当可以说是情人眼里出情人吧。

2017年12月2日

闲读拾梦

那天翻书时看到王鼎钧在《情人眼》一书的序言里起首写道："二十多岁的人，认为自己什么大事都做得成，若要写几本后世欣赏感激的大著，料也不难"。我不禁嫣然一笑，因为他接下来形容的是，有这么一帮文学小青年，天天怀着如此这般的鸿鹄大志，折腾到中年再聚首时才发现，各自并没有写出什么了不起的大作。最好的作品莫过于膝下的儿女们而已。

这当然是作者的幽默与自嘲。但回想起来，扪心自问，我年轻时倒还真是从未有过如此远大的理想，牛哄哄的抱负，更是从来不敢乱想能有什么作品传世。倒是如今老了老了，眼看过了年就要奔六了，才忽然发现手中的作品开始积攒沉淀起来，居然有了可以痴想傻盼的些许条件或曰根据。尤其是在翻看一本叫做《晴耕雨读》的闲书时，偶然看到了以下几则轶闻，于是更加增添了几分豹子虎胆。

其一是说，费孝通老人曾经在与人聊天谈到文章写作时说过，“要用旁白把正文里没有讲出来的东西烘托出来，提高一步。旁白比正文好。正文的写作常受拘束。光有正文，传达不出旁白的东西”，“要会旁白才好”。我看得心中窃喜，因为我的文字恰恰刚好怀有一丝这样的秉性，甚至有人在书评里还说，“作者的行文含蓄内敛，写着写着戛然而止，却是意思恰好，再回去读读，竟是语在字里，意在言外了”。

其二是说，大学者本雅明发现，身处文明碎片的时代，“一个对文化传承有极高使命感的文人能做什么？他知道自己没有能力把碎片恢复为整体，只能‘在过去的废墟里收集碎片残屑’。‘他只需像以前那样弯下腰从废墟里挑选他珍贵的碎片就行了’”。我又何尝不是像他那样在捡拾碎片呢？这些年来我所写下的随笔，收录在五本“闲”字品牌的书话集里，不正是围绕一些碎片在做文章吗？

书里还说本雅明觉得自己和卡夫卡心有灵犀，卡夫卡的一段文字震撼了他的心：“任何在活着的时候不能应付生活的人，都需要用一只手挡住笼罩他命运的绝望……但他可以用另一只手草草记下在废墟上看到的一切，因为他与别人看到的不同，而且更多。总之，虽然他在有生之年就已死去，但却是真正的获救者”。哇，这不也刚好印证了中国的一句古话吗？“文章憎命达”！

其三是说，戴高乐晚年拼命赶写回忆录，在他眼里，自己的回忆录意义非凡，这是他为后代服务的特殊方式。他曾表示：“我的同代人的意见已经不再使我很感兴趣。对我来说，重要的是历史的意见。对我来说，重要的是两代人以后人们的想法”。原来，他已根本不再计较世人的评说，或者说是当代人的看法。目标早已锁定在了未来。明天如何走入历史才是他认为极有意义的事情。

这几则故事从不同方向鼓舞了我，让我知道不必妄自菲薄，更不要抱怨命运。这也同时让我想起汪国真的一首诗，《倘若才华得不到承认》，或许特别是其中最后的六行吧：

倘若才华得不到承认
与其诅咒　不如坚忍
在坚忍中积蓄力量
默默耕耘
诅咒　无济于事
只能让原来的光芒黯淡
在变得黯淡的光芒中
沦丧的更有　大树的精神
飘来的是云

飘去的也是云

既然今天

没人识得星星一颗

那么明日

何妨做　皓月一轮

是啊，飘来飘去的云，何足挂齿。莫如做一颗大树，顶天立地，坚韧不拔。没人懂你，继续默默耕耘。听不见掌声，持续孜孜前行。既然志在淘宝，哪怕把废墟全都翻遍。碎片的珍贵，就全在于你手起臂落的瞬间。看似无谓的文字，竟可能复活于被发掘重组后的新窝。飞来飞去的思绪，送给偶然一瞥的读者。匆匆捡起来随手翻看的来者，莫非早已是两代光阴以后的过客。

2017 年 12 月 19 日

闲读闲记

重读余秋雨，再觅旧中华

有些人，真的是要感谢父母，给自己取了个好名字。当然也有人是靠后天，自己给自己改了一个好名字。我没有做过考证，但必须得要承认，余秋雨真是一个好名字，完美写出狂飙过后秋雨。一次浪漫的写实，立此存照，泼墨写意，定格于历史的门廊。

二十多年前，余秋雨的文字曾经掀起过全球华文世界里的狂飙，被誉为所谓“余体”。后来发生的事情，不值得我在这里追述，就一笔跳过去吧，总之是作者的某些行为表态让人普遍作呕罢了。但是文字的真正魅力还在于能够一看再看，永不厌烦，至少是在适当的心境和偶然的随机状态下。无事闲读的我，那天偶然借回一本余秋雨的《寻觅中华》，是文化苦旅全书里的第一部。总序里的几句话立马引起我极大的兴趣，因为作者说他对以前的文章进行了大幅度的改写，他的全部文化散文著作，从此均以这套书的文字和标题为准。于是我便进入了认真重读的状态。

既然经过大幅度改写，我就没法判断原先的文字是否耐读，是否经得起历史的考验，而只能说说它现在的面孔是否讨人喜爱。应该说，余体的墨香还在，韵味犹存，至少不会像董桥的文字，曾经被人轻薄为“不外是青楼上的姑娘，亲热一下也就完了，明天再看就不是那么回事了”。更为重要的是，在我这次的阅读经历中，我感到作者和作为读者的我都同时更加重视所表达的内容，而非如何表达。也就是说，我们都更加着重于所谓“文以载道”了。

就我个人的阅读经验而言，初读余秋雨确有来自文体的冲击，是艺术形式带来的享受。内容当然也很重要。用白先勇的话说，就是触碰到了中华文化的基因；用某位“用身体写作”的美女作家的话来形容，那就是让人一夜之间补上了中华文明史的十年课程。可是后来再读余秋雨的作品，往往感觉他只是善用华丽的文辞，继续表达一些干枯的理念，因此这一次我就是要看一看他究竟还有没有新鲜的思想。

结果是令人愉悦的。首先还是应该承认作者文字的厚重，或者说是内容的凝练。也就是说，书的容量很大，不像今天许多粗制滥造的图书，可以随手翻阅、快速读完。几十分钟，甚至几分钟，就可以将它们一目了然，一览无余。那些皆属于文化快餐，或曰白开水；其次我想要说明，作者在梳理了中国文化的基因以后，所给出的基本结论有许多中肯而我原先却又一向没有注意到的地方。

举例来说，关于中华文化基因的传承，作者说他早就发现，现代中国人对古代文化的继承主要集中在明、清两代。虽然“老子、孔子总会背几句，《史记》《汉书》总会说一说，唐诗宋词总会读下去”，但是，“这一切由于年代太久，都已变成了天边的霞色，远山的巍峨”“而明、清两代的文化，则实实在在地渗透于社会规范、思维方式、审美态度的各个方面”，可是“中华文化的格局和气度，到了明、清两代，已经弱了，小了，散了，低了，难以收拾了”。

基于这样的认识，作者认为五四时期要“打倒孔家店”的“吃人礼教”，其实是改革家们“出于对明、清时期极权主义的愤怒，很自然地迁怒于儒学，甚至迁怒于孔子本人”。他同时又认为今天不断掀起的“国学热”，强迫青少年背诵等，不过是“营造出一种悖世的伪古典梦境”。而对于中国近代以来在文化上最值得肯定的，他认为只有两件事，一是破读了甲骨文，二是推广了白话文。

作者的上述分析和立场，都是我非常乐于见到并完全认同的。更让我高兴的是，作者把明、清两代中国文化的问题，归根于“朱元璋开始实施的文化专制主义”，而又把今日的症结，描绘成“民粹主义大揭发、大批判”，说它是“中国文化在现代遇到的一个大陷阱”，文化在社会转型中“越来越滞后，越来越迷乱，越来越失去公信力”。

非常有意思的是，作者对中华文明基因的这一番梳理，让我看清了中国文化的实际现状到底是一种什么样的生态，它与几百年、几千年以前的中华文化又是一种什么样的关系。只要简单地数一数作者对中国历代文化的描述在书中各占了多少篇幅，你就即刻会发现，在这本共计316页的书中，说到上述颇有问题的明、清两代的时候，已经是第284页才开始的了。甚至一直要到第266页，才刚刚把宋代的故事讲完。也就是说，作者用了百分之九十的篇幅追寻早期中华文明宝贵的、健康的基因，而最后的百分之十的篇幅则是用来抒发己见，表达对这些好的基因逐步缺失在明、清两代的不满，以及对这一时期生发的坏基因的痛心批判。

如果我没有错误理解作者的意思，这就等于是在说，今日的所谓中国文化，究竟是一副何等面目，有何基本内涵呢？它曾经有过的良好健康基因，即使没有丧失已尽，至少在那些热衷于传承的今人手上并未得到应有的继承。他们所竭力维护的，恰恰很可能只是一些垃圾，或者都是些皮毛表象。

这样看来，刚好印证了我在自己的前一本书里写过的一句话。当论及柏杨先生对中国文化的态度时，我曾经写道："说到底，我和柏杨先生害的是同一个病，骨子里其实都特别热爱咱中国文化，就是到了嘴上或是动手提起笔来，总也不大讲得出它的好来"。那正是因为，我们都还在深度缅怀着那些曾经有过的美好健康基因，而又在现实社会中难以寻觅到它的客观存在。甚至对于那些口头上信誓旦旦要维护中国文化的人们所倡议要坚守的内容，我们基本上不能够认同，因为它们只是明、清两代存留下来的一些坏基因，其实很多都是"五四"新文化运动和白话文畅行以来所摒弃的残渣余孽，可直到现在还时时刻刻想要借尸还魂。

悲哉，壮哉，美哉，那些痛失的古代中华文明的健美基因！痛哉，劣哉，秽哉，挥之不去的诸多明、清文化恶瘤！在我看来，作者在认真梳理过中国文化的历史基因之后，重新修订出来的中华文明综述，虽然没有像当初那样引发狂飙一轮，倒是反而余下绵绵秋雨，淅淅沥沥。所掀起的凉意，还真的是有些个浸入骨髓呐。

2016年12月11日

时势比人强，时势催人老

手上一本中央编译出版社 2015 年 3 月出版的《大变局——对话中国热点问题》，引起了我的兴趣。内容是《新京报》编辑部在 2014 年派出记者与五十余位“活得开敞、真实、努力的朋友们一起围坐”，采访对话以后编成的一本访谈录。能够在美国小镇的公立图书馆书架上，看到这样应景时髦的书籍，真让人感到一种世界真小和与时俱进的兴奋。

全书把当时中国的热点问题，一一归纳在改革、反腐、司法、行政、地域、文化、经济、生活、未来这样几个标题框架下。匆匆一瞥，俨然已经让我隐隐感觉到岁月飞奔，时不我待。时势比人强，时势催人老，社会热点也都在火速变化之中。2014~2015 年间的热门话题和人们憧憬的变化，与我们今天站在 2016~2017 年关交替的当口所感受到的火辣热爆现实，已经拉开了完全意想不到的距离。

首先脱节的是，随着中国经济的持续发展，社会热点显然已不甘寂寞于国内问题。沸沸民意，早已追踪国际变局，拉开了龙腾虎跃争上游、不获全胜不收兵的架势。同时，夹杂在这股昂扬气势中，更有一股暗流涌动，蠢蠢欲发，令人不安。因而当我打开书来，看到开篇第一章文字，由胡耀邦的长子胡德平谈论贪腐高官与党是对抗性矛盾时，惊诧于他的第一段话，甚至是第一句话。

胡德平当时是这样开篇的："今天我国不管是肯定、拥护改革事业的人，还是否定、反对改革的人，都会对 1978 年改革的源头、改革初期取得的成就，达成相当程度的共识"。而回顾 2016 年，恰恰正是在这一点上，发生了极大的变异。直到5月17日凌晨《人民日报》发表社论前夕，某些社交网站和自媒体上还在广泛流传这样的言论，要求推翻党的十一届三中全会精神，以及后来在六中全会上通过的《关于建国以来党的若干历史问题的决议》。也就是说，有些人企图把人们对今日现状的一切不满，统统引向对改革开放源头的彻底否定，还竟然颇得一些舆论市场。幸有顶层领导，放下定海神针，暂时顶住惊涛骇浪，让中国这只巨型航母继续远洋。

回头再来说说看书中的经济对话，显然都还在拘泥于探讨GDP增长下滑，跌到7.5甚至6.5以后怎么办，以及所谓的“新常态”。然而此后的一年多里，中国经济已然驶过了那个港湾，大家热门讨论的话题，也已转变为更具有“正能量”的“供给侧改革”和“一带一路”。尤其是当年书中根本无法预测到众多重大的国际风云变幻，从南海风波到英国脱欧，再到美国特朗普上台。这一系列的国际变化，势必将把中国经济拖入更加变幻莫测的境地。也大概正是由于这个原因，某读书公号的跨年节目能够成为新年到来以前的一个小时里全国收视率最高的电视节目。

当然，也还有那些看起来不变，或是得到继续深化的主题。书中的“生活”篇章就以“大雾霾与小小康”为题。今日里雾霾已成了醒目大标题，小康则早已让人难以继续介意关注。书里还有褚时健的一篇《我一辈子都要干事情》，标题还算贴近本意。而曹德旺的一篇《别叫我首善》，已经完全不是他上今日头条的原因。书中关于司法、行政、反腐的对话，当然今天还会要继续。而远比书中讨论更为精彩的，却是聂树斌案和雷洋案的戏剧性进展及斑斑现实。再看下一章的标题，竟然叫《未来：面对面看不见你》。顿时让我莞尔于雾霾的现状，以及某网络大 V 跨年演讲的大部分内容。

当然，我所最为关心的还是教育与文化问题。可惜书中连教育的边都没有沾，而“文化”这一章的标题，竟然是《真文化与假文化》，头一眼就没让我看明白。后来才知道，说的是文化产业化以后所带来的质量与真假问题，以及儒学在2014年的“复兴”。请来进行对话的包括冯骥才、麦加、钱理群、杜维明等人。恕我直言，虽然他们都是我羡慕、佩服和敬重的文人学者，我却更加欣然于接受这样的事实：几部我所喜爱的电视连续剧，都同时成为了过去一年多时间里市场上最为叫座的片子，比如《伪装者》《琅琊榜》《欢乐颂》。

这些片子能够拥有如此多的观众，这一事实本身就让我感觉到，既不用面对文化产业化以后的泥沙浊水而杞人忧天，更不屑于去管顾那儒学到底是否还能复兴。只要社会能够持有《欢乐颂》里的人性，我已心满意足。何况还有熟人向我指出，其实我父亲生前不仅仅是过去的《渡江侦察记》、也是现在《伪装者》里的真实生活原型之一，这让我再次为他感到骄傲。只要我们大家都还对《琅琊榜》里的丑陋人性随时保持着应有的警惕，我们的社会就不会差到哪里去。

2017年1月5日

启蒙尚未成功，改革仍需努力

最近闲翻了一下资中筠先生的作品《老生常谈》，全书三百多页。我大致翻看了一百来页，就感觉差不多可以歇手。余下基本重复，或曰“老生常谈”了。但这绝不减少我对作者的敬意。本来嘛，很多书都是不必仔细认真看完的。只要有所收获，就应十分感谢作者。我当感谢作者的收获，大致有三。

一是了解到作者的人生经历，感佩其觉悟与勇气；二是认同其诸多观点，赞赏她对启蒙和改革的态度；三是发现她对于写作的态度也与我基本吻合，私下里很想认作知己，可惜无缘相会。然而读书就是一种相会。古人有访客却不敲门而入，即刻尽兴而归的佳话。我今效之，到了门上，不用敲门，退步归身，又有何妨。诚然，古代那位是熟客，我是生人，就权当是我东施效颦罢了。

先来说一下作者的私人经历。她 1947 年从天津耀华中学毕业，考清华未被录取，遂进了第二志愿的燕京。当时她还特别喜欢数学，入学六周以后方才发现自己不具备数学天分，于是转入外文系念书。第二年继续申请清华，被录取转入西方语言文学系读二年级，有幸聆听冯友兰、潘光旦、雷海宗、钱锺书、杨绛的课程。钱锺书还是她毕业论文的导师，题目也是由他建议的，定为《从西方文学批评角度看中国小说》。这个题目还真够大的，可见当年学术殿堂刚刚装修，正是创立新门户的大好时机。

回首往事，作者说她只记得“当时从来没有从教授那里感到任何压力，而只有从他们的讲课中获得极大的愉悦和享受”。是否有压力姑且不论，因为我们并不知道究竟是因为她天资太高，还是教授们真的不给压力，但“愉悦和享受”却是任何真正好的教育的真谛之所在。无论压力再大，也要有学习的快感。感觉不到学习的快乐，学了也是白学，无非是摧残人性，虐杀英才而已。

毕业后，因为国家当时外语人才短缺，作者有机会进入外交部门工作，还被派往维也纳工作了三年。总之，这十来年中，她有幸“常听周总理交代政策，分析国际形势”。据说，这段工作实践对她后来的研究很有帮助，因为“有没有这个实践经验，我觉得判断力很不一样”。“文革”中她被下放到“五七干校”，1971年基辛格秘密访华后就被召回北京。可是很快她就对这份工作腻味了，因为“在内心开始对毛的绝对正确性产生了怀疑”，同时也对外事接待中不得不重复那些令之痛恨的“陈词滥调”感到十分苦恼，于是就以健康为理由（刚动过一个手术），向王炳南会长请调，转而进入国际问题研究所做研究，开始写出几篇领域开拓型的学术论文，奠定了学者身份。于今事后在我看来，这恐怕与她当初跟着钱钟书写过那样大题目的毕业论文，还真有一点瓜葛，冥冥中好像注定是要写开山之作似的。

与命运有关的再一次偶然，是她 1985 年被时任美国研究所所长李慎之看中，挖去做了副所长，而被相中的原因竟然是因为她中文底子好，而他对当时学术文章的普遍中文水平很不满意。一个曾经幻想学数学、又改学了外文的人，最后却因为中文水平高，被伯乐相中，这就是命。

最后值得一提的是，李慎之这位领导因为“思想开放讲话坦率”，给作者留下深刻印象，所以一说即合，她马上就申请调动。由于跟了这样一位领导，作者后来的人生道路、知识境界、使命意识，也就全都顺理成章、自然如此啦。呐喊“启蒙”的队伍中，从此便添了一员女将、虎将。

说到我认同作者的观点，那就太多了，无法一一列举，只能就启蒙、改革、中美关系三个方面略微举例。首先，她说启蒙并非是我比你高明，要来启蒙你，而是说“原来没懂的道理，忽然一下豁然开朗，懂了”，“这就是启蒙”。“我们是处于愚民教育时间比较长的一个民族，所以启蒙的任务对每一个人来说都还是很重要”。“应该说从改革开放以来，上世纪70年代末开始，我忽然觉得自己有所悟，对一些问题明白起来，意识到自己原来非常迷信，非常愚昧”，“这就叫做启蒙”。

她还写到，长期在某一制度下就会形成一种思维方式和文化，而这种文化再反过来又维护这个制度。“所以中国人的不幸就在于长期在这种制度和文化之中的恶性循环里头，造成退化”。“要是你意识到这一点”，“你就会用你自己微薄的力量去抗争。每一个人的力量是微薄的，但是很多人的力量加起来就不微薄了，你就可以冲破一点点”。

她还说到所谓“国情论”：“还有一个国情论是说我们的老百姓不适合实行民主，不应该有自由，素质太低"，"这完全是对中国人的一种侮辱。它的意思就是说，中国的老百姓根本不配享有别国人民享有的基本权利，变成这样的一种国情了"，她还说这个问题其实梁启超在一百年前早就说清楚了，可惜我们至今仍未启蒙。所以嘛，改革是必须的，而且要以老百姓的权益提升为目标。

关于中美关系，她说"我对双方领导人的理性思考还是有信心的。但现在来看，有一些新的发展使我产生新的忧虑"。"中美之间的问题埋藏在它们各自不同的发展进程中，双方因为缺乏互信而被想象出来的并非真实的利益冲突所误导的危险是存在的"。"到目前为止，中国政府对美国的政策是谨慎的和有节制的，是基于对形势和双方利益的客观评估之上而做出的。但随着互联网和视频的发展，非理性的极端民族主义者的观点可能会更加容易地得以传播，并对政策制定施加某种影响"。这些都是一位长者、智者的肺腑之言，我们究竟能够听得进去多少？

作者的“老生常谈”，恰恰说明了“启蒙尚未成功，改革仍需努力”。这才是基本现状，尤其需要中青年一代继续加油，而不是改弦更张，调转航向，闭关锁国。希望他们能够认真聆听习主席最近在G20峰会上说过的话：“中国改革的方向已经明确，不会动摇”。

最后再来讲一下作者的写作观。她说：“我不是快手，一篇文章要改好几遍。不过，字斟句酌主要是求准确地表达，或者删去冗词，而不是为修饰词藻”。“也许我在某些方面感觉比较敏锐，别人视而不见或认为平淡无奇的，我却有所打动，或者从中看到某些更深的意义。另外我觉得自己有些幽默感，常会看到事物的微妙的讽刺性”。这些肯定全都不是“老生常谈”。我恰恰欣慰地发现，原来在写作上，我竟与她有着如此诸多“心有灵犀一点通”的地方，全然无需“启蒙”与“改革”。

2016年9月8日

温故何必要知新

读罢张冠生的《晴耕雨读》，已经写成一篇书话，可是书中未经运用的许多边角材料足足够写另一篇文章，所以还是接着写吧。先来看看这样一个光鲜有趣的画面：书里写到潘光旦，说他介绍德国学者的《古希腊之性生活》一书时，将kallipygos一词译作“佳丽屁股”，因为kalli，美也，pygos，臀也。想不到臀的发音竟然也是“屁股”。潘还说，“音义均合，可云奇巧。世有以中西文字音义相似为东西文化同源之铁证者，见此必爱不忍释曰：沟通之道在是矣！”又该有学者可以拿屁股做文章啦，真妙。

我从书中还读到，说有中国学者洪业，早年为了报考学校到图书馆用功，无奈当时馆内不准抄写，于是洪业带午饭到图书馆泡了一整天，把《吕氏春秋》全书背了下来。看到这里我正要拍案惊奇，准备发挥而写成文字，渲染一下中国特强大脑，不料紧接着又看见书里说，当年西南联大外语系英籍教授燕卜荪讲莎士比亚课，因找不到原文剧本，这位老外硬是凭记忆用自己的打字机打出原文剧本，发到学生手上。有趣的是，后来人写文章回忆这段故事，不同人说出的却是不同的剧名。周定一说是《奥赛罗》，赵毅衡说是《麦克白》，巫宁坤说是《哈姆雷特》。

书中也有差评当年大儒的文字，例如提到宋云彬的《北京日记》，其中对同期人物直言臧否。我以前看书时看到过，不过没有这一次那么集中。书中说到全国政协第一次全体大会上各位大儒的发言："黄炎培的发言，既不庄严，又不生动，令人生厌。程潜之讲词文句不通，意思也平常，应考末一名矣”。还提到后来的几次大会，说：“梅兰芳善唱戏，但上台读演讲词可不成，……许德珩之发言稿文字不通，念出来当然也不通，俨然以学者身份登台发言，殊令人齿冷也”。书中还说到，开幕那天“讲演词以宋庆龄的最为生辣，毫无八股气，可惜她不会说国语，用一口道地上海话念出来，就没有劲了”。这个宋云彬曾与周恩来在黄浦军校政治部共事，与夏衍等合编《野草》杂志，与叶圣陶同奉开明书店，校订《辞通》，为商务印书馆选注《资治通鉴》，自然擅长评点，日记中下笔全不必忌讳，毫不留情。

张冠生在书里有一篇文章的篇名是《温故可知新，也可只为温故》，他的观点我亦非常认同，只是如果由我命名，我会说《温故何必要知新》。另有一篇《虽然晚了些，还是知道了》，说到与毛泽东在湖南省第一师范同窗的白瑜，感叹大陆十几亿人无人不知毛泽东，而同他一起探索救国之道的白瑜却几无人知晓，故而用此标题。而我感叹的则是《白瑜先生访问记录》中闻所未闻的史料。例如，“某次，斯大林在红场阅兵，突然有一排中国学生手执红布摇喊：‘打倒斯大林’、‘拥护托洛斯基’等口号。当时斯大林甚为难堪”。不知下文如何，也不知这帮学生是何下场，但是我却在暗想，世人只晓得斯大林独裁，可是后世那些未有他那般独裁专制的统治者们治下，也没听说过有谁敢在阅兵时打出这样的标语口号啊。究竟谁更为独裁呢？

书中还说到毛泽东的国文程度很好，每次会考都得第一。后来杨昌济帮他进入北大图书馆，要他考北大，却因其它科目不行，只能在图书馆自修。白瑜还回忆说，当年大家聚在一起谈理想，有人说要从政入阁，毛冷笑说此路不通！共和是假的！有人说要留学，回来做教授，以学术救国。毛批判是“庸才”。又有人说，我们是师范生，应该致力于国民教育以救中国。毛不答。别人问他，那你将来准备做什么？他说，革命！大家问他，无械无粮，如何革命？他说：梁山泊英雄好汉，自有办法。这样的史料与爆料，才当得起《虽然晚了些，还是知道了》的篇名。书中还曾提到，左舜生在回忆中说，他当年同傅斯年、黄炎培、章伯钧等国民参政员同道访问延安时曾经问过毛泽东：如果蒋介石邀请你去重庆谈谈，你去不去？毛泽东爽快地反问："为什么不去？"这可是历史的先声啊！多么珍贵的史料。

毛泽东的革命后来无疑是胜利了，可是接下来的这一则小故事，却又有点儿煞风景。写潘光旦的文章中还提到，说他过去曾经回信婉言拒绝过安徽军阀刘镇华要求把儿子收录到清华做旁听生，信里说："承刘主席看得起，但清华之被人瞧得上眼，全是因为它按规章制度办事，如果这点给破了，清华不是也不值钱了吗？"想不到后来沈钧儒做了最高法院院长以后居然也要求让孙子去清华旁听，曾被潘光旦二度拒绝，据理力争，写信曰："衡老为法界前辈，向以法治领导群伦，今又膺最高人民法院之重寄，今乃视一校之章则与优良习惯为无足轻重，必招物议，不利三也”，随后一一列举了三大理由。事情的结局是，据《沈钧儒家书》239 页记载，“康康已无法去清华，定在北大旁听”。

再后来，历史车轮滚到“文化大革命”阶段，书中亦有精彩故事。一是说叶君健因为受命翻译毛泽东诗词而得以在家中保存外文图书与字典。而他为了背单词，竟将外文版《毛主席语录》的封套取下来套在单词本外面，蒙混过关，督查人员还以为他天天在背毛主席语录。另有一位瞿同祖，是和费孝通同窗的社会学家，1955 年还在哈佛大学费正清中心做研究工作，但因觉得“一个中国人不应该毕其一生都在国外工作”，遂从 1962 年起转道加拿大，终于在 1965 年回到北京。正赶上“文化大革命”即将爆发，接待他的华侨事务委员会一直无法给他安排工作，拖到 1971 年才让他到湖南文史馆报到，1978 年才回到北京中国社会科学院任职，可惜那时已经风烛残年，再也写不出他想要写的书。

书里还有一段旧闻，话说当年高尔基主办《新生活报》，真话说得太多，遭到《真理报》批判，称“高尔基在用工人阶级敌人的语言讲话”，说他“如此匆忙地离开真正的革命民主队伍”。高尔基于是立刻给列宁写信质问：“请回答，尽可能地快些，您让不让办报？”处理此事的工作人员事后回忆说，他们找到列宁，“他没有丝毫犹豫，抛弃了一切个人的同情和好感”，回答是，“‘当然，应当关掉《新生活报》’”。

书里还提到《爱这个世界：阿伦特传》这本书。该书里说阿伦特看出“极权主义意识形态的目标不是改变外部世界，或者社会的革命性演变，而是改变人性”，“在极权主义政权垮台之后，极权主义的方案仍可能存在，它以一种具有强烈诱惑力的形式，将会在可能的时候，以对人有利，并且能够解除政治的、经济的、社会的悲苦的姿态出现”。张冠生于是接着写道：“阅读至此，阿伦特更切近了。这位 1975 年去世的思想家似乎就在身边说话，像个先知，透出温暖明亮的光华”。

以上拉杂写来，或曰抄来，无非是想要证明，温故何必要知新。温故就蛮好，已经很有味道了。

2017 年 12 月 17 日

不省心的老炮儿

我不是追星族，未到三十岁就铁了心不做任何人的粉丝。电影也早已不大看，冥冥中受了三十多年前和一位老者对话的影响，他曾为上世纪三十年代蓝苹（即江青）主演的电影做过布景设计。他说那全都是假的，你还真信啊。以至于后来无论何人导演的电影，像什么《色·戒》《老炮儿》当红造极、万人空巷时，我都装聋作哑，推做不知，闻而不问。可是昨日在美国一小镇图书馆里邂逅冯小刚的随笔集《不省心》，我又依然情不自禁地下架、装包，终于给借了出来。看来也还是不省心。

闹了半天，真正打动我的，不是什么高尚无比的这艺术、那艺术，而是艺术家本人的内心世界与良知。《不省心》的封面上朴素地印着四行小字：“我这么让人不省心一主儿，也能全须全尾，平平安安活到现在，老天爷真是厚道了。”不知为何，这短短的几行字，突然在我眼前一亮，仿佛心有灵犀一点通，让我急急忙忙想要打开书页，看看我猜得到底对不对。

果不其然，书中第69页白纸黑字分明写着，“我曾经说了两句实话，代价很大。先是媳妇不让睡觉，苦口婆心央求：看在我和孩子的份上少说两句实话行吗？”又提到好友陈道明曾声色俱厉地质问他：“你不说实话能死吗？”他还说：“你得多大的好跟我没关系，你倒多大的霉跟我有关系！”冯小刚于是写道：说两句真话竟让家人朋友如此不安。我认栽。收声。往后我要嘴里没实话，大家包容。

可是读到书的205页，我又赫然看见有这么一段话，不能不继续抄在这里。“昨晚看了人艺的话剧《喜剧的忧伤》，说的是抗战时期国民党的文化审查官如何以各种匪夷所思的理由折磨一位喜剧编导。全场观众爆笑不止，笑声多次淹没台词。坐在台下，我的内心翻江倒海五味杂陈。散了场约朋友聊戏，情绪失控，手起杯落玻璃台面应声砸了个粉碎，妻子动容掩面而泣，夫妻俩扫了一桌人的兴。喜剧变悲剧。”

当然，这也还只是冯小刚为人处世的一个方面，生活中自然还会有另外的一面。早在书的第 18 页上，他就有过老老实实的自我交代：“面临危机，我的第一反应就是，留得青山在不怕没柴烧。有人说这种品质干不成大事，我不同意。邓小平大人要不是能忍一时之辱，又怎么会等来‘春天的故事’。”你若是彻底明白了冯小刚这样的两面性，当你读到他下面的这样一段文字时，焉能够不会心爽朗地一笑。

他说：“心好和心态好是两回事。心好的人不一定心态也好，心态好的人也未必心就好。心好的人不一定心理素质好，心理素质好的人，说实话坏人居多。我的心理素质很不好，喜怒全挂在脸上，就算我是坏人也很不称职，不能胜任阴险的工作。”

抄书至此，我自己也不禁哑然失笑。想想和那些疯狂追星、整天恨不得能够有机会去和冯小刚合影玩自拍的粉丝们相比，到底是谁这么不省心？竟然如此这般地自作多情，硬是要和那著名导演套近乎、认知己，还不见不散地在这里等着他。可是这回我真没猜错吧？不省心的老炮儿。

2016 年 4 月 24 日

电影与文学的距离

看完一部《温故一九四二》，我终于算是彻底明白了电影与文学的差异和距离。书里有冯小刚的序言、刘震云的小说原著，以及后来改编而成的电影剧本。为了证实我现在才明白的道理，我又观看了一遍电影。凡是根据小说改编的电影，很多人都是看完电影之后才看小说，也有倒过来的，结果无非是要么对电影不满，要么小说看不下去。鲜有对后看者赞誉极高的，因为看第二遍总不如第一遍来得新鲜。但我所感受到的差异与此无关，而是涉及到多年前沈从文先生写过的一段文学评论。

1935 年，沈从文先生在一篇短短二千来字评价穆时英小说的评论中，曾经写道："照这样下去，作者的将来发展，宜于善用所长，从事电影工作，若机缘不坏，可希望成一极有成就的导演。至于文学方面，若文学永远同电影相差一间，作者即或再努力下去，也似乎不会产生何种惊人好成绩了"。当时读到这段文字的我并未深刻认识到所谓"文学永远同电影相差一间"是个啥意思，甚至有些茫然困惑，不知道沈从文先生究竟是认为文学（即小说）高于电影还是电影高于小说。

这次在阅读冯小刚的序言中看到："我们在北影的一间小平房里开了论证会。与会者一致认为它是部好小说，同时也一致认为它不适合改编电影。因为没有故事，没有人物，没有情节"，这才让我恍然大悟。原来小说不需要依赖这三项东西也能存活，可以另有高招，譬如说思想。而思想这玩意儿，却恰恰有可能在电影中表达不出来。

后来根据小说改编的电影《一九四二》虽然不错，有了较好的故事、人物、情节，作为电影可以感人，也可以有一定的票房，还可以获奖什么的，但却无论如何也没法充分表达出小说原作中的重要思想。我们甚至可以说，电影和小说所表达的完全是两种不同的思想，或者说电影只是再现了历史，而小说才展现了对历史的反思。

其实，小说中所要表现的思想，仅仅在前五页纸里的几段话中就已经发挥得淋漓尽致，后面百分之九十以上篇幅的内容，不过是要让你接受这一思想，即对历史的反思。刘震云写道："当时中国的国内形势，国民党、共产党、日军、美国人、英国人、东南亚战场、国内正面战场、陕甘宁边区，政治环境错综复杂，如一盆杂拌粥相互搅和，摆在国家最高元首蒋介石委员长的桌前。别说是委员长，换任何一个人，处在那样的位置，三百万人肯定不是他首先考虑的问题。三百万是三百万人自己的事"。"当时世界最重要的部分是白宫、唐宁街十号、克里姆林宫、希特勒的地下掩体指挥部、日本东京，中国最重要的部分是重庆黄山官邸。这些富丽堂皇地方中的衣着干净、可以喝咖啡洗热水澡的少数人，将注定要决定世界上大多数人的命运”。

刘震云的文字里常常语含幽默，仿佛是让你觉得他在插科打诨，不必当真，而其实却是要你当真，不要把他的话当儿戏。所谓假戏真做是也。所以当他编造出一个九十二岁的姥娘时，所发的议论都是要你当真听进去的，不可以左耳进、右耳出。他说：“指责九十二年许许多多的执政者毫无用处，但在哪位先生的执政下他的黎民百姓经常、到处被活活饿死，这位先生确应比我姥娘更感到惭愧”。他还说：“（姥娘）老人家性情温和，虽不识字，却深明大义。我总觉得中国所以能发展到今天，仍给人以信心，是因为有这些性情温和、深明大义的人的存在，而不是那些心怀叵测、并不善良的人的生存”。

这些话说完了，思想也就表达完了，后面的故事不过是个托儿罢了。可是我们通过看电影，还能够感受到和理解到这样深层的意思和思想吗？恐怕非常难，甚至南辕北辙。既无法与委员长换位思考，充分体谅和理解他的难处，也无法激发对任何执政者道义上的鞭笞，更体会不出中国黎民百姓那份善良、深明大义的重要作用，以及相对应的那些心怀叵测、并不善良的人究竟是谁。说到底，文学的价值是电影无法取代和复制的。电影么，毕竟还是属于大众娱乐行业。

甚至连文学的价值，也不仅仅由小说来承担。文字的价值一经落笔已然永存，小说故事不过是虚晃一枪而已。古人说，得鱼忘筌，又何必一定要有小说才能表达思想呢？当然，借助于小说，甚至电影，先来个普及，吸引观众和读者的普遍注意，未尝不是一种立言和传播思想的极佳方法。

若是模仿一下当年沈从文先生的语气，我们似乎应该鼓励刘震云继续去写他的深含思想的小说。至于电影么，也可以套用沈先生曾经在 1935 年就针对穆时英小说讲过的话，只需要调换成针对刘震云的电影即可："作者即或再努力下去，也似乎不会产生何种惊人好成绩了"。

说到底，还是沈从文先生分析解剖的鞭辟入里："文学永远同电影相差一间"。可惜今日，刺激感官的电影作品甚嚣尘上，触及灵魂的文学读物少之又少，几近绝迹，这才是当代生活的真实写照。沈先生知道么？

2016年7月17日

晓来看松几多高

高晓松闯入我的生活是在整整两年前的一个星期六。那天我从美国小镇的图书馆里借回一本《晓说》，才知道这位印象中的流行歌曲作者已经成了电视红人，有了自己的特别栏目。俨然一觉醒来，发现一颗松树高高地立在那里，于是便有了本文的奇葩篇名。

自从在荧光屏上结识了这张连他本人都极度不满、时常自贬的大脸之后，一路以来居然成了他的忠实观众。只要时间允许，每周都会去相上一面。出于一名观众的好奇心，前天我又从图书馆里抱回他的这本

《与青春私奔》，无非是想要看清楚一点这张大脸背后的真人。

1988年毕业于名校北京四中之后的晓松，一路走来顺利大发，早早成名得利。他年奔四十后蓦然回首，在书中写道：“曾经有人问我，我这辈子最宝贵的财富是什么？我不假思索地回答是基因。”这是因为他相信，一个人连他的成功都是由基因决定了相当大的一部分。如果不去片面地理解成那种“龙生龙、凤生凤”的无耻血统论，这话也许不无道理，因为他接下来写道：失败都是可以总结的，但是所有成功都没法总结。一个人永远不能总结出这人为什么成功了。所以只能说是命或者说是基因，“凡是说这成功能复制的都是骗子”。

看书至此，我自己心里其实不禁在想，何止个人的成功不能复制，就是一个国家、民族的成功，又何尝不是如此？教训可以总结，成功自有天命。可千万别自命不凡，满世界到处去宣传鼓吹自己成功的这模式和那模式。

说到基因与才华，晓松倒也颇有自知之明。你瞧他说：“人家贝多芬都耳朵聋了还写出那么美丽的东西，所以我知道我的‘天花板’就在那儿，我每一项才华都有‘天花板’。所以我就发展自己的综合能力，我横着发展就能让我的路宽点儿呗”。这倒是看得很开，就像他对待自己的大脸一样，而且仿佛还找着了相应配合的方略。

至于写作嘛，他也能够充分意识到：“我的文字再有意思，我都仅仅是个技术型的人，我的技术确实不错，但是我最大的弱点就是我心灵的浅薄，我看不穿人。因为我生活的圈子特别窄，我没有见过更多层次的人，更多那一面空气里的人，或者角落那一面的人，我见得很少。”是啊，生活富裕并不是产生伟大文字的温床。

晓得自己固然好，但他对大师的确认和定义，以及产生大师的时代亦有过一些不太靠谱的说法。例如说起

20世纪80年代，晓松居然说："80年代从文化上讲叫最后一个大师年代"，然后把崔健、张艺谋、王朔、余华、苏童、莫言统统称之为大师。他还说："那时候王朔每出一本书，简直就是洛阳纸贵，大家都排着队买。如今谁都不知道上哪儿去找大师"。其实连他自己也十分清楚，当时的那样一种文化现象，不过是"因为'文化大革命'，所以80年代一开放就灿烂辉煌，如沐浴春风一般"，并非真是出了多少大师。

接下来他又写道："通常在大规模的革命之后，或者大规模的战争之后，都会诞生一批大师"。这句话倒是颇有一点儿道理，可是却又不免要让人进一步多想：那为什么我们没有出现真正的大师，或者说为什么很快又却步不前、戛然而止了呢？这才是这部原本并无多少价值的小书，诱发我作出的一点沉默思考。

最后还想申明一点，本人绝无要向任何读者推荐阅读此书的意思。有空还是看看他的电视栏目，比较轻松有趣，长见识，增知识。我本人也会继续做他的忠实观众，一直地看下去，除非哪天他又会像前不久开讲张学良那样，讲着讲着就跑了调。

2016 年 5 月 7 日

白说也要说《白说》

不知是否受到高晓松《晓说》的启发或影响，白岩松居然把自己新近出版的一本书叫做《白说》。而且在序言中，他还坚持认为，不管自己姓什么，这本书都应该叫《白说》，因为“说了也白说，但不说，白不说”。连他这号名人尚且如此说，我就只好愈加如法炮制，白说也要来说一说《白说》啦。

应该说，在我从电视上看到高晓松以前的一二十年里，白岩松的节目一直是难得让我感觉值得一看的节目之一。他是一颗星。不曾想到，如今他也业已步入中年，虽然比我还要小整整十岁。真是光阴似箭，岁月不饶人呐。带着一腔怀旧之情，我迅速地翻开《白说》，不料一上来竟有些不适应，一直翻过去一百一十五页纸，才终于找见那个自己曾经熟悉的面孔与腔调，因为一直要等到那里才刚好出现《沟通》这一分辑的内容，也就是作为媒体人的作者开始谈他自己专业以内的拿手好戏：新闻与媒体。可能是我不够与时俱进，身在海外，对他后来的发展及行业地位都不是太清楚，所以当我看见书内第一分辑《岁月》是从谈幸福入手，而第二分辑《价值》又以谈老子《道德经》结束，感觉说话的人好像是周国平、于丹一类的作者，而不是我所熟悉的那位白岩松。

不过你可别说，作者讲《道德经》，还真有一处闪现了出格的新意，居然把"道可道，非常道"重新破解或曰"歪解"成为："道可，道非，常道"。用他自己的话来说就是"对于同一件事，有人说对（道可），有人说不对（道非），这是常理（常道）"。这可真是新鲜，大概真实反映了作者的切肤之痛。如今无论你说什么，总是有人说是，有人说非。如果你是一个名人，那就不仅会有一大批人说是，更有一大批人说非。想要白说，都没那么容易！

除去一篇序言，书里还有一篇后记。作者在后记中首先否认这是一本演讲集，虽然收录的明明都是一篇篇课堂上的讲话，但是他觉得自己当时只是在和听众说话或者聊天，不算演讲。接下来他还说，这本书好像是一本自传，因为一路和人聊天当中，其实是比“履历表更真实地记录了自己在内心里走过的路程”。这一点，我倒是确有感受，算是看明白了，亦可称为知音。作者没有白说。

作为一个靠嘴巴吃饭的人，这么多年来能够一直坚守住理性的立场，认认真真地“做人”，清清白白地“演戏”，的确相当不容易。正如他在后记中说到“自由”：“这是一个总与我的职业连在一起的词语。如果说新闻的绝对自由，我没有；但人格与心灵上的自由，我有。自由，不该只是字面上的，更重要的是心灵深处。没有内心真正的自由，就不会有独立而大写的中国人。因此，自由，并不仅仅是个被‘政治化’的词汇，还该有它更可爱的面目”。

应该说，多年来作者已经在新闻媒体中把这种并非绝对的自由运用到了极致。稍有良知和头脑的人，都会为此对作者持有一定程度的，并且是应有的敬意。至少对于来自上面的压力，算是全都被他技巧性地顶住了。多年来积累的经验，已经使他在这方面胸有成竹，游刃有余，兵来将挡，水来土掩。

现在我所担心的恰恰是问题的另一面。正如许多当代作家们尽管成功地抵御了来自上头的压力、却没能顶住来自市场的压力一样，白岩松目前最有可能被摧毁的压力很可能来自民间，能否顶得住民粹主义或极端民族主义的压力才是未来对他的最大考验。作为媒体精英，他会比政治领袖更难应付这种压力，除非政治领袖已然决定在关键时刻挺身而出、率先发话、独挽狂澜，拨开迷雾，解脱群氓于无聊、无奈和无赖之中。现在白岩松所经常面临的，是来自民间的、被有些唯恐天下不乱的别有用心者们所熟练操纵与挑拨的仇外情绪与好战心理。这团熊熊烈火，对于来自内蒙古大草原、海拉尔的他，才是最大的挑战与克星。稍有不慎，随波逐流，万劫不覆。

其实，白岩松自己在书的序言里早已写得明明白白："非理性是当下中国的现状，不是谁振臂一呼就可以一夜改变。可总要有人率先理性，我认为三部分人必须带头，那就是政府、媒体与知识分子"。说实话，对于后者，我还真没有多少信心，况且那些没有占据政府、媒体要害部门的人，话语权和影响力也都还不够。那么对于媒体而言，又能够把希望摆放在谁的身上呢？但愿老白（其实我应该说小白）还可以算一个。

2016 年 8 月 20 日

石康的经验

石康的《那些不值钱的经验》是一部奇异的书，奇在它的思维和思考无论从形式到内容，都不处于同一层面和高度，或者说是深度吧。这大概就是所谓转型时期的作品，作者从一个自我过度到了另一个自我，尽管这种过度不一定完全是时间轴上的，也许在同一个时间点上他就已经是两个不同的人。

他与老狼和高晓松是同一辈甚至是同一伙的。我对这个年龄层的人极为陌生，因为他们当红走入公共视野的时候，我刚巧去了美国，暂时脱离了对国内文化圈的关注，更因为他们比我小十岁左右，心理上老把他们看成是毛孩子，所以猛然一瞥他们的文化学养就会让人有些惊诧。其实，他们比我浪费掉更多的青春岁月，区别只在于他们几个是自由自在、自觉自愿地耗费青春，而我们那一代人却是整体被生活中的政治所绑架。

幸而他们赶上了一个自由开放的好时代，只要自己愿意，很可能就读到了许多有趣可读之书。说起来，他们并不是乖乖读书的好孩子，可是青春期的过剩精力最终还是把他们引上了读书之路。例如石康在书中交代，为了逃避考试，他谈恋爱，由于失恋的痛苦，玩上了游戏机，为了摆脱上瘾，迷恋上了阅读。由于“恋爱、游戏、阅读，每一件事入手都太容易了，所以就会更快地投入，接下来是上瘾”。最后，为了克服上瘾，玩起了剧烈的体育运动，因为体能的上限，终于扯断了上瘾的链条。

说起来，也是由于天资太高，而且世俗的成功来得太早，一下子写出几部小说，就成了当红影视作品的作者。这和陈忠实、阎连科等人拼了命地努力想把自己打造成为一个作家，简直不可同日而语。根据石康的经验，他做任何一件事，开始是一分辛劳一分收获，进展到一半，就变成十分辛劳一分收获了，再往后，简直就是百分辛劳一分收获，而且还得凭一点运气。于是他决定把每件事进展到五成就行了。用他自己的话说："谁让我的生命是有限的？好钢要使在刀刃上啊"。

由于得到成功太早、太容易，他说："我感到自己的人生阴暗而无意义，生活的中心就是写几页破剧本挣点钱，然后花到姑娘身上去，以便得到片刻的所谓温暖与安慰，使生活得到继续。不，这不是我想要的！但我想要什么呢？"他却并不清楚知道。基于这种认知，他甚至写道："动人的故事全是性的故事。""观众喜欢性神话"，"这是观看者的悲剧，他们永远只能是色情狂。他们只喜欢性，他们为性而感动"。"从事娱乐业，多半就是从事诱惑业，但更多人同意诱惑业，认为这比色情更健康，我也只好跟着一起同意。我的保留意见是，那不是更健康，而是更花哨，更扭曲，依我的性格，我宁可逛妓院，也不去看胡编的故事片”。这听上去是不是挺颓废、挺糜烂？

可是就在同一本书里，他又能写得出这样的句子：“世界各地的浪漫者用的腔调很不一样：法国味儿面，俄国味儿野，北欧人诡异，南欧人情浓，到了美国呢，就变了海明威与菲茨杰拉德，两个内心那么软的人却在巴黎比拳击，他们真是不得不去做硬汉，但还是逃不过博尔赫斯的眼睛，这位老人曾在随笔中笑他们说大话，尽管，他们是在用自己的生命说大话。其实我最爱听英国腔：真诚、刻薄、好笑、深沉，关键是漂亮，我说的漂亮是指智力上的机敏，那一点点华丽的尾巴张爱玲其实并没有真学到，这一点不细读是读不出来的；钱钟书嘛，嗯，不太确定，可能有一点皮毛吧，等我回去重读一遍《围城》再说”。

他能够像这样侃侃而谈，是不是让你有点小吃惊？当你理解了他的这份学养，再来看看他在十年前是如何思考欧洲大战的，恐怕就会要更欣赏他的先知先觉了。他写到战前欧洲的景象，是这样描绘的：“但那种国泰民安的生活还是被战争毁灭了，而且是被无数人亲手毁灭的，我想很多人就像我这样，日复一日地过着一种很好的生活，但当他们听到还有另一种生活，另一种充满冒险与刺激的生活，战争的生活，他们就马上投身进去，至于这战争是为正义，还是为理想，为国家，根本不重要。人们可能就是想换换口味，哪怕换来的是要坏一千倍的生活”。“在我看来，人们心中都有一些盲目的激情，他们渴望一种激越，一种立即迅速的反应，或是改变，生命有时会莫名其妙地为此而狂热。特别是在男人身上，这种情况尤为明显，那些看起来不显眼的很普通的男人，在战场上很可能就是那个向你开火的男人，而当这样的男人聚在一起，就很可能爆发出一种无法无天的、叫人害怕的力量。生命或是慢慢地燃尽，或是短暂的爆炸，全都无所谓，只是生命中的能量必须释放出去”。

当然，我们也千万不要把他想象的太高深伟大了，其实像这样的哲学思辨早已曾经在莎士比亚的剧本中出现过。而石康只不过是歪打正着，全都是由于充满才情与活力甚至是青春骚动的他（当年还不到四十岁），在精力旺盛之余“胡思乱想”出来的。身体内的过剩能量，不仅一度让他钻研过世界性的顶级数学难题，也让他去企图穷究浩瀚的佛教典籍。而坚定的怀疑主义，最终导致他写出了充斥该书最后三十页里面、如此尽情嘲弄佛学的大段调侃。

就让我再来抄一次书吧。他说，即使说到刮风下雨，佛法也会这么谈，“明天与今天是相续相依的，明天的天气有很重要的一部分取决于今天的天气，世界万物都是有因果的，要坚信因果，今天没有雨，导致明天可能下雨，但也可能不，不过你们要知道，无论是风是雨，都是没有本质的，我们的圣人具有六通，已经完全知道了明天的天气，但是，这只是雕虫小技，与解脱无关，若是公布了，还会妨碍诸位解脱，但你要相信我们圣人是知道的，情况就是如此，一切都清清楚楚，总之，该刮风刮风，该下雨下雨，希望各位善待自己，如实地看待明天的天气”。你说说看，如果不是大肚能容，佛是不是也会要被他给气死噎死啊？

呵呵，那可都是石康这小子的经验，管它值不值钱呢。

2017 年 1 月 15 日

闲读拾穗

有时读书颇有感悟，却因为零星琐碎而不能编织成文。例如那天翻看《燃灯者》一书，书中介绍周辅成先生，一路看下来，有不少随时被引出的记忆感受和思想火花，却没能写入我的读后感。今日热锅炒冷饭，再把一地的麦穗捡起来加工，看看还能不能炒出一点儿香味来。

《燃灯者》的作者结识周辅成先生于“文化大革命”年代，书中提及当时的新华书店里陈列图书的内容及摆设，勾起了我的少年记忆。他说：“陈列社会科学书籍的架子上就那么几大色块：深蓝——马恩全集；鲜红——毛泽东选集；深棕——列宁全集；土黄——斯大林全集；暗红——马恩选集”。这也正是我自己家里父亲书橱里的陈设，从上至下排得整整齐齐。而我醉心的却是紧跟其次的《鲁迅全集》。它让我打开了眼界，心灵的航船从此驶向了远方。

我虽然喜欢看书，但却不是读书的料，大部头学术著作基本看不下去，更不像我姐姐朱小蔓那样能啃读哲学伦理。所以她日后能与周辅成先生结成忘年交，还曾请到他去我家里见过我父亲，两位老人“彻日长谈”，也不知都说了些啥。

但是从这部书中我却能够完全看懂周辅成先生的见解，其中有许多我可以接受认同并欣赏的地方。例如他说：“读哲学第一步就是读懂苏格拉底，他是哲学家们的哲学家，这一点你要用心记住”。“苏格拉底所使用的方法是所谓‘精神接生术’，就是要人不是先思考哲学，而是先哲学地思考。前者是以哲学为对象，后者是以哲学为生活。以哲学为生活就要对社会中的问题取一种哲学的态度。这种态度就是知道自己是无知的。苏格拉底最宝贵的知识是‘知己无知’，自己的各类定见都可能是错误的。若有人告你有一种放之四海而皆准的真理，那你先要怀疑这宣扬者的道德，因为他在说着一些他并未深思过的东西”。讲得真妙！不去辩论是否可以放之四海，而是直戳道德良心。

先生又说：“人的精神生活要以寻求‘善的知识’为目的。同样，教育的目的也在于使青年人学会探求善的方法”。他还说：“苏格拉底要做普通人的朋友，而不做权势者的辩士”。他“佩服亚里士多德而喜爱柏拉图。亚里士多德教诲了亚历山大大帝，真做了帝王师。柏拉图推崇‘哲人王’，这点苏格拉底知道了会不高兴。因为他是信奉平等对话的人，而不要称王，哲人王就不会对话了”。

尤为让我拍手称快的是，周辅成先生说莎士比亚的戏全谈人生哲学，比哲学家高明得多。他说：“一等的天才搞文学，把哲学也讲透了，像莎士比亚、歌德、席勒。二等的天才直接搞哲学，像康德、黑格尔，年轻时也作诗，做不成只得回到概念里。三等的天才只写小说了，像福楼拜”。他说罢大笑，又补充道：“我这是谈天才。而我们这些读书人至多是人才而已。若不用功，就是蠢材”。我连读书人也不是，所以连蠢材都不是。

书中另有一段故事引发我的思考。先生提到白璧德的新人文主义，说他不记得白璧德曾谈起过弗洛伊德，虽然他们差不多是同时代人。白璧德在中国影响很大，吴宓先生和《学衡》同仁都是对白顶礼膜拜的，故而辅成先生说，要了解中国二十世纪前半段的社会文化思想，白璧德值得一读。如今让我反思玩味的是，为何后来弗洛伊德风靡全球，而白璧德却险遭历史遗忘。更有意思的是，为什么反而是在中国，有人替他续上香火。

白氏对大学教育的看法是，反对教育有“进步”一说，认为教育就是要“保守古典”，大学教育必须是人文的，连科学训练也不能脱离人文观照。辅成先生说这不奇怪，“自希腊以来的思想传统大抵不脱窠臼，后来的科学至上主义是走偏了。对现代文明的反省总还是要回到古典中去找资源”。这也正是二十一世纪大学教育所面临的问题与争论之一，我在哈佛大学工作期间就曾亲身经历过。

最让我诧异的是，“文化大革命”时期因为宣传毛泽东的《实践论》而要求学习恩格斯的《反杜林论》和列宁的《唯物主义与经验批判主义》。当时还在中学念书的我，拿起《反杜林论》看了半天也不知所云。而今《燃灯者》的作者赵越胜却砰然指出，“当年在辨证唯物论的真理论中，实践标准是至高无上的。而列宁在《唯批》中却认为实践标准并不是绝对的，它永远不能达成对真理的完全证实。康德的《纯粹理性批判》中也有类似的表述”。

于是我忽然意识到，“文化大革命”后拨乱反正时的关于“实践是检验真理唯一标准”的大讨论，虽然在冲破思想禁锢方面功劳很大，对后来中国的开放发展起到了关键性的作用，但在哲理上却并非无懈可击。这样的实践检验法，甚至连列宁也不以为然，更不要说康德了。

而突破“六亿神州尽舜尧”思想禁锢的精神火种，其实原本就悄然蕴藏在毛泽东本人的《实践论》里，并且是曾经被奉为神圣经典的著作。

历史也实在是太会开玩笑了吧。

2017 年 12 月 10 日

世上最遥远的距离

最近忽有青春时的好友自故乡南京发来一连串从鸡鸣寺山顶豁蒙楼拍摄到的照片，勾起我的童年往事、青春记忆。“文化大革命”前一年刚入小学的我，朦胧中还记得有过早年登上鸡鸣寺的旧印象。“文化大革命”后，随着七七级首届考入大学，时常去南京大学赵瑞蕻教授及杨苡老师家中闲聊，私下里从恩师夫妇口中多次听到过他们追述在豁蒙楼喝茶读书时的良辰美景。读书与饮食的完美结合此后一直成为我生活中追求享受的目标。如今坐在美国小镇的自助中餐厅里，我也会拿起闲书，边看边吃，吃一会儿再接着看，还原一下故乡生活的原态，或者说是放大一下对于未来的憧憬，自有一番亲切与亲近的情趣。故乡虽远，但仿佛早已不再有遥远的距离。

昨日边吃边看时，手里的闲书刚好是从隔壁图书馆里借出来的米兰·昆德拉的小说《无谓的盛宴》，连书名都很符合我当下的意境，倍感亲切与亲近。我知道该书并非米兰·昆德拉的成名作、代表作，也不是文学史上什么里程碑作品，所以我看得也很轻松，丝毫没有要焚香盥手、顶礼膜拜的诚惶诚恐。不料几页纸翻下来，让我肃然起敬，不光沉迷于大师的写作技巧，更是有触及灵魂所产生的电闪雷鸣。

先说技巧，作者能够娴熟地把几个普通人的无谓的生活场景片段，与斯大林、赫鲁晓夫等一班政要的故事有机结合到天衣无缝的境地，开拓出如此纵深的历史视野，同时又洞察把玩基本人性，诙谐淋漓，睿智丛生。人物链的安排，既处处巧合，又合情合理，极为妥帖自然。

再说书中对人性的解剖，更是处处鞭辟入里。就连普通的社交聚会，他也能从中捕捉到所谓“渺小无谓”的价值和“光芒耀眼之无用”。这一点给了我莫大的启发。反观官场、职场的竞争，到处斗智斗勇，波澜壮阔。可是最后胜出的，往往不是那些曾经十分耀眼的。真是“光芒耀眼之无用”。当我们回首往事，就会随处可见这样奇妙的结局。呵呵，谁说不是呢。你懂得。

米兰·昆德拉还能通过书中人物之口，说出这样深邃的观察。说起另一个人物在社交场合的表现，某人说，“不过他的话不会引起任何注意”。听者于是笑了。“你别笑，说话却不引起注意，这并不容易！要一直在人前讲话，又要从头到尾不被听见，这需要精湛的技艺！”听者纳闷：“我不懂这需要什么精湛的技艺”。答曰：“安静会引起注意，安静也可能让人印象深刻，让你变得像一团迷，或是可疑”。哇塞，我想凡是曾经在独裁统治与秘密警察遍地的社会里生活过的人，看到这里恐怕都会不寒而栗。

除去把当下的生活再次与斯大林时代巧妙地编织在一起，作者还能无中生有地抽象剥离出一个极其可怕的情节，而这样深刻的情节在书中竟然是以一个小小插曲的身份，不显山不显水地摆放在读者的面前。一个跳水自杀的女人，在水中为了自杀成功，临时把好心前来救助的陌生男人，压在水里杀害了。作者用超级冷静的笔触，完美展示了这一极端非理性事件的理性逻辑。此间挖掘出的灰暗人性，会让所有人心惊胆颤。

我自己也曾用英文写过小说，还被翻译成法语和中文在巴黎和北京出版过。当时只是有一种创作冲动，想要再现一下狄仁杰的形象与他所代表的文化内涵。虽有小试牛刀的勇气，但一经完成以后便发觉，自己其实并不具备创作小说的才华天分及语言技巧。随之搁笔，不再做小说家的美梦。唯一值得欣慰的是，小说的法文译本问世后，法国国家电台的评论说，作者善于营造氛围，可见只是具备了某一单项文学才能。可是看完这本

《无谓的盛宴》之后，更加体悟到我所欠缺的还不只是技巧与天分，而是分明在于思想能力与精神高度。

想及此，不仅要为自己汗颜，甚至还要替当今我的同胞中仍以小说创作为生者脸红。无论他们或是她们现如今怎样多产，著作等身，也无论获取过多少各类荣誉奖项，哪怕是顶级的国际大奖，还是与米兰·昆德拉这样的大师存在着无法逾越的距离。看似咫尺，恰又是世上最遥远的距离。

2016 年 7 月 31 日

书“杂碎”

小时候吃过一种菜，名叫“杂碎”，诸如“鸡杂碎”“羊杂碎”。

“鸡杂碎”又名“鸡杂”，小时候我吃这菜时就总在琢磨，鸡肉、鸡骨头哪去了，怎么会有这么多鸡心、鸡肝这些玩意儿。而且老觉得特奢侈，把肉和骨头都弃之不用，该有多么浪费啊。我就总也想不明白，那是人家吃剩下的“鸡杂”。

如今读书，时而见到各类选本，往往会莫名其妙地联想起“鸡杂”“羊杂”，也就知道里面肯定没有肉、没有骨头，都是些“心”“肝”宝贝。大致应该是小巧玲珑，各具代表性。但也说不准，遇上像我这么一个看书爱挑骨头、喜欢往边边角角里头去淘宝的主儿，挖出来的还不定是些啥玩意儿。

手上一本《文化名家怀旧录》，是京华出版社2005年出版的旧书。书中收录了众多名家的作品，从胡适、叶圣陶、朱自清，到老舍、巴金、田汉，再到汪曾祺、陈忠实、肖复兴，包罗万象，老中青俱全。但最为打动我的，却是两篇小人物的文字。一篇《祭幺婶文》，作者周同宾，怀念的对象是一个普通农家女子，卖给地主大少爷做“填房”，于是新中国成立以后，男人就被枪毙，丢下二儿一女，自卖自身，嫁给了一个商人。谁知五年后，那人竟又自尽身亡，我估计怕也是和什么政治运动有关。再后来，就嫁给了作者的幺叔。刚过上几天好日子，生了两个儿子，却又飞来横祸。有人通过调查，知道了她的身世，把一顶“地主婆”的帽子扣在了她的头上。她遂被到处游街、批斗，从此被人戳脊梁，儿媳从没叫过“娘”，孙子从没喊过“奶奶”。她六十一岁离开人世，无人送葬、无人戴孝，草草埋了，“三月清明，坟前没有纸钱”。尔后，乡下幺叔凡有不幸，还在念叨是她作祟。这样的故事，若是拍成电影，怕是赶得上《祥林嫂》与《芙蓉镇》。

第二篇故事有点喜剧性，苏叶在《能不忆江南——常熟印象》中写到自己去兴福禅寺，看见众多游客纳头拜观音，于是怀着戏虐的心情说：“怎么不点香啊？这样求是没用的”。众人听说后，全都傻了眼。“真的？”“真的，哪个骗你？”大伙儿于是手忙脚乱地点上香，重新磕头。调皮的作者“眼泪忽然地聚到眶里来。人们啊，你们有什么疾苦？有什么出不得口的心愿？你们就这样自欺而又浑然不觉么？”正当作者后悔不该恶作剧时，一个原本在门外晃悠的黑衣黑裤的老婆子，突然冲进来，以最麻利的动作，吹熄了所有香烛，装入自己的布袋。“大约稍事修整，一会儿就要到寺门前去卖了。连自欺的香火也并没让菩萨吃进去”。作者那个恼恨，与看穿一切、愧对众人的心境，以及那份恨其不争，全都跃然纸上。

说到名家怀旧，倒是有几篇文字里提到一个“悔”字，让人读来唏嘘。生于极贫乡村的季羡林写道：“我这永久的悔就是：不该离开故乡，离开母亲”。“我在她身边只呆到六岁，以后两次奔丧回家，呆的时间也很短”。“我无论如何也回忆不起母亲的笑容来，她好像是一辈子都没有笑过。家境贫困，儿子远离，她受尽了苦难，笑容从何而来呢？”“母亲不知有多少日日夜夜，眼望远方，盼望自己儿子回来啊！然而这个儿子却始终没有归去，一直到母亲离开这个世界”。这样的故事，其实有着相当的普遍性，就连在美国，我也听过不少美国人对我讲起远离家乡接受高等教育而于不知不觉中从此踏上不归之路的感叹。就连我自己，当年离开中国赴美留学时，又何曾想到过今生会再也见不着我的父亲和外婆。

书中另外有两篇涉及“悔”字的故事，分别出自柳鸣九和陈白尘，也是颇具人类共同心理。柳鸣九怀念的是他的老师、老领导，冯至。令人唏嘘的是，这位当年被鲁迅誉为“中国最杰出的抒情诗人”的德国文学专家，后来在晚辈眼里只是成了一个“严于律己、德高望重、严肃方正的殿堂人物”。作者因为“眼见一个诗人在泯没，一个学者在浪费，而暗暗为冯至先生感到惋惜”。作者个人的“悔”则在于多次给他这位敬重的领导，增添不少政治上的麻烦，以至于后来听说冯至对人打趣说：只要柳鸣九一说话，我就胆战心惊，捏一把汗。这个故事可算是不动声色地道出了那个荒诞年代的心理恐怖。

而陈白尘的“悔”，却是在缅怀一位曾经在“五七”干校一起劳动、同甘共苦的难友侯金镜。作者原本被分配在菜田里干活，后来被调去和侯金镜一起放鸭，还以为是被“提拔”“照顾”。跟着侯金镜学会放鸭以后，发现“炎夏来到向阳湖，室内气温高达四十度以上。牧鸭都在旷野里，这个宝贝湖里连一棵可以遮荫的树也没有”。更苦的是，菜地做大田可以有三小时的午休，放鸭子只能二人分班轮休，少了一半时间。于是作者便向领导建议，把侯金镜调去种菜，领导居然同意了。不料后来发生的事是，菜班的领导为了追求成绩，每每加班加点，让侯金镜不断地挑水、挑粪，最后是月下挑水十担，回到宿舍就心脏病发作身亡了。陈白尘从此躲着不敢见侯金镜的夫人，心想都是自己造的孽，悔恨当初不该建议让他去菜班。

我知道作者曾经写过一本和杨绛的《干校六记》齐名畅销的《云梦断忆》，估计这一篇文章也是选自那里。大块的肉与骨头，还需要到那本书里才可以读的到。我这里看见的不过是“杂碎”里的“心”“肝”。

说起“心”“肝”，我最后还要提到章含之的一篇奇文《祭徐迟》。说“奇文”，是因为我忽然在文中看到了意想不到的八卦故事，无论其真假虚实，都会令人长吁短叹。文章侧重点其实说的是乔冠华夫妇因后期追随“四人帮”而在“四人帮”垮台后受到组织上的政治审查。徐迟作为解放前和乔冠华在香港时的旧友，此时不避嫌疑，特来府上看望，对酒当歌，慨然忆旧，后来还一再鼓励作者写出乔冠华的往事生平。

可是就在故事快要结束的时候，字里行间忽然烘托出一个“悔”字，让所有关注八卦的吃瓜群众眼球一亮。说的是1990年，徐迟夫人已去世，徐迟单身一人进京，给章打电话。章邀请徐迟一起去王府饭店罗马餐厅吃饭。文中写道：“那天晚上，我和徐迟都喝了很多酒，所以话特别多，谈得格外地热闹，其间，徐迟说他在武汉的房子还宽敞，只是冬天太冷，没有暖气。我说那就到北京来过冬”，“我给你腾出东房，你可以安静写东西”。“徐迟问我可当真，我说当然。后来，天渐冷，徐迟来信问我许的诺言是否还有效。可这时，罗马餐厅的葡萄酒的作用已经消退了，我对当时的邀请也犹豫不决起来。我自成年之后，大半生都不得不面对流言蜚语的骚扰。徐迟那时已是孤身一人，要在我的院子里住上一个冬天，说不定又会传出什么离奇的故事。人言可畏啊！”“于是，我退却了”。

看书至此，我不禁拍案而起。如果作者当年能够不退却，接纳了徐迟，该有多好！至少会让得到些许人间温暖的徐迟，也许能够继续走完他的人生之路，“而不至于那样急匆匆地飞向火星”。其实，所谓人言可畏，也是真真假假，假作真来真亦假，无为有处有还无。以章氏之为人，此前种种，未必都能因徐迟一事完全洗白。而徐迟一节，则相信会有不少人，倒是会和我一样，宁愿见她不退却，“东房”“西厢”，圆上一对千古风流佳话。

2017 年 3 月 19 日

熟悉的陌生

2017年5月22日，作为海外嘉宾参加完刚刚结束的江苏发展大会的我，一早就去探望恩师杨苡。她在南京大学校舍区的寓所我曾是那样的熟悉。当年在南京师范大学就读时，我曾隔三差五到她家，闲聊并受教于她的客厅。多年未变的书橱里至今仍然矗立着一排白色封皮的图书，那都是我当年从她那里借阅的原版英文书，归还时我全一一用挂历纸做成一个套子罩在书外，用以保护图书。那天虽有朋友开车把我一直送到鼓楼二条巷，下车后我竟然还是绕了好几个弯子，跑了不少冤枉路才摸到她府上的大门。

杨先生从头天起就开始盼望我的到访了，上次见面还是 2015 年的秋季。和上回一样，一见面她就拿出新著要送给我。我也急忙拿出自己的新著《域外闲读》送给她。杨先生还替她小女儿赵蘅送我一本赵蘅的新著《四弦琴》。谈话临近尾声时她的大女儿赵苡刚好进门，于是我们又接着聊开了。原来头一天晚上我们俩都在南京市文化中心观看天津京剧院演出的《狄青》，虽然彼此在现场素不相知，但也都曾使劲为精彩的表演拍红了手掌。当我们激动地讲述演出的精彩时，杨先生脸上也泛起了红光，眼中流露出对生长在天津的青春记忆和美好眷念。

离开杨家后我迫不及待地打开了赵蘅的散文集。兴味盎然的阅读中，不仅再次看到杨老师和她已故先生赵瑞蕻教授那般熟悉的音容笑貌，还领略了许许多多我此前一无所知的陌生故事，有些细节让我无法不动容。例如赵蘅说到她妈妈 2000 年 7 月 15 日零点到来之前被送去医院抢救，8月2日赵蘅才从北京来到南京的医院病房里探望，“她大叫，我上前，她几乎扑过来把我抱住，把头整个埋在我怀里大哭起来，她是这样柔软而弱小，我心酸极了，轻轻唤道：‘妈妈我想你，惦记你！’顿时也淌下泪来。这是我长大成人第一次和妈妈这样见面。第一次在医院，第一次当众纵情淋漓”。

人生有许多第一次，我也是第一次知道杨老师流泪。坚强的她，即使是那次当我在赵教授逝世后第一次回国探望她、谈及她先生的猝离人世，她也没有掉过一滴眼泪。在书中我还读到了许许多多我此前闻所未闻的杨老师的生平片段、峥嵘岁月，其中特别有趣的是抄录了一份杨老师当年的同班同学吴景荣先生用英文写给她的一封信，赵瑞蕻教授晚年亲自将它译成中文。其中是这样提到赵先生的：“阿虹在这里很有名气。他的天赋和勤奋已使他自己成了个出色的人物，这么说吧，在学生小子眼中，他是个英雄了。同他散步，我真高兴得无以言说。他总是扯他天真的故事，而我则开他几个不伤大雅的玩笑。我的学生已正式邀请阿虹用英文作一次学术演讲，他也郑重地接受了这一邀请。他将在雷鸣般的掌声中登上讲台，言语流畅，现出令人激动的神情，然后他在听众一阵热烈的欢呼声中走下台来……”嗨，依我以往对赵先生的熟悉，此刻特别能体会到吴景荣先生的这段描绘是多么的传神，真的是活灵活现。

书中还记载了作者70岁时重回四川探访当年的出生地。随着一个个熟悉的四川地名，北碚、沙坪坝、磁器口，终于写到了朝天门码头，那个“江姐和蒲志高接头的地方”。我所不知道的是，杨老师的母亲，20世纪40年代，为了支持所信任的年轻人为国家做大事，曾经毅然捐出四万银元，交给了大女婿所代表的重庆地下党，尽管她不太清楚他们究竟要做什么。

就是从这个杨家大门里，走出了我国最著名的翻译家杨宪益。十七岁的他就曾写下这样豪迈的诗句：“又若士先觉，为众作先驱。”“愿得身化雪，为世掩阴霾。”1934年，未满二十岁的他只身去英国留学，二十五岁携英国太太戴乃迭回国，也是为了报效危亡中的祖国。而小妹杨苡则在一二·九运动的洗礼中，由于不满家庭鸟笼式的管束，写信给巴金寻求精神力量并得到了回信，两人从此开启了彼此一生的友谊交往。收到巴金第一封信后，她写出了作文《新的我》，开头三句话是：“我觉悟了！我到如今才觉悟！但是，我并不以为晚！”

然而历史的发展不是一往直前的。大家为之奋斗的祖国后来又走过多少弯路、历经多少风雨。每个人也都从中得到历练，展现出各自的人性。书里写到：“舅舅‘文革’里的牢狱之灾。作为一个翻译过《离骚》《资治通鉴》的大翻译家，在一间牢房关了二三十人的牢房里，四年来除了《毛泽东选集》，绝无任何文字经典可读。可他一点也不沮丧不气馁，还给同屋的犯人背诵白居易的《长恨歌》来打发时间”。

而从上世纪80年代起就开始发表儿童文学作品的

赵蘅，后来在观看电影《黄金时代》之后则写下了这样的感悟：“我不如萧红。在我年少时，我只懂得服从，党和国家的利益高于一切，可谓一颗红心两种准备，这两种准备都不属于我自己。所以我晚熟得厉害，老大不小了，还很幼稚写些蓝天白云小鸟歌唱红领巾飘扬”。

总之，一部《四弦琴》让我听到了各种复调与和声，重温各种熟悉，了然以往的陌生，感佩赵、杨两家的爱国情怀，也走近一个原本尚属于陌生的作者。想不到她一方面因收入停滞增长、不能满足保姆加薪要求而失去多年雇佣的家政帮手，一方面还又曾坚持到底，多年来资助过一位经济困难的陌生女孩完成了学业。

最后想要说的是，我留意到书中还有这样两句话：“人生的命运固然不可预测，随遇而安，活出精彩，决定权还在自己的手中！”“一个人的生命说她小就小，说她大就大，这完全在于自己怎样看待生命，怎样感恩赐予自己生命的一切”。延伸来说，也就是感恩帮助过自己的一切。

当然，书中引用萧红的一句话，写得就更为精彩：“我不能选择怎么生怎么死，但我能选择怎么爱怎么活，这就是我的黄金时代”。

2017年6月11日

语中画　域外音

说一个人不按常理出牌，其实常常暗含褒义。如今我说我自己不按常理读书，当然也是明显地带有几分自夸。我读书向来喜欢关注的都是那些边边角角的细节花絮，从不肯轻易就范于书的主题旨意。瞧，可不是嘛，一本陈丹青的《外国音乐在外国》，基本上没让我读出任何外国音乐。

首先充斥眼帘的是图片，一本 357 页的书，黑白彩色照片占据了 110 多页纸面，虽然有一少部分只是覆盖了半页纸。争奇斗艳的画面充斥或镶嵌在文字里，大约是想用这种手法，帮助从字里行间挤出美妙的梵音吧。可惜我既不懂音乐，更不懂绘画，目光所及，最先打消我睡意的，竟然是一批有关作者身世的八卦。

作者写道：“我的父亲，陈兆炽，是第一位引导我热爱文学，热爱艺术，教我文艺理论，最初给予我文艺立场的老师。原上海第六十一中学退休美术老师章明炎，是他在‘文革’初年亲手教我画油画，亲口告诉我世界上伟大艺术家的名字，他是我在绘画上的启蒙恩师”。从这里，我算是找着了作者的艺术之根，创作之泉。

接下来，还有更大的惊奇。只见页面上忽然写到：“我的妻子黄素宁，同我患难与共二十多年，就是她当年扯我去到西藏画画的”。天呐，这才让我从尘封的记忆里，寻回了上世纪八十年代里的短暂一幕。当年我三天两头往恩师杨苡、赵瑞蕻夫妇（妇、夫）家里跑。有一日，他们热情地介绍我与他们府上的另一位年轻人相识，好让我们彼此交流办理出国留学的经验，因为我们各自都遇到了种种阻力。这位女青年就是黄素宁。后来究竟是谁率先成功办理了出国，我如今早已记不大清楚。只记得她曾是南京艺术学院的学生。看来是一位才女，不光对作者影响巨大，而且还颇为知人善“认”。作者说，“当年，鲁迅先生笑说上海滩的文艺青年，说是当不成作家就去当画家，当不成画家呢，就放大领节、留长头发了事。有一天我把这话说给老婆听，她就说：你是画不好就写文章，写不好文章就穿唐装、留和尚头了事。我以为她说得很中肯”。哈哈，这到底算不算是知夫莫如其妇呢？

作者还说自己当年“死心眼崇拜北方的厚重，描绘西藏的粗旷，嫌上海的一切琐碎渺小”，自己看轻自己在上海的那段成长经历。人到中年以后，方才明白上海的珍贵。他说，“前年我重游苏州，多么成熟的庭院文化，真是独步世界，可我少年时哪里看得懂庭院呢？真是个畜生！”也是直到后来他方才悟出，《西藏组画》

能够与当时其他人的作品不一样，正是因为作者自己少年时期就有那么一点点受欧洲绘画的影响，而这所谓的“欧洲”，其实是旧上海。当然，还不是解放前的那个旧上海，而“只是解放后，直到一九九二年左右拆旧建新之前的‘旧上海’”。

只有了解到作者的这些个人背景，或许才能真正理解，我下面想要从书中挑拣出来讲一讲的故事，因为它们可能与今日里人们所熟悉的那个被划为“公知”的作者形象不是那么吻合。也许只有这样，才能够看得清楚作者的真实面目，以及全面立场。首先，作者闯荡纽约的那些年里，有一天，纽约电台里传出邓丽君的《甜蜜蜜》。作者于是这样写道：“小邓，我要听的”“但我随即就想到王昆、郭兰英，她们在哪里？”你瞧，作者的祖国情怀、大陆情结，岂非即刻跃然纸上？

接下来，作者又对比了一下苏俄艺术在西方所受到的待遇，说几十年来一直比中国的要好。还说欧美只崇拜汉唐明清，凡一九四九年以后的东西，一概看作宣传，不想知道。并且说西方“至今偏取政治异议一路文艺，或所谓‘现代主义’的效颦者，这才肯瞥一眼，听一声。怪谁呢，不是我们自己，如今也把十分之九的‘革命’文艺作品，巴不得忘得干干净净？”看到这里，你会不会觉得他好左、好革命、好民粹、好“爱国”？他还说，自己小时候哪里要听二胡，可是当从纽约的音乐频道里听见《紫竹调》时，亲切莫名，声声入耳。由此可见，人在外邦，才觉月是故乡圆。

当然，了解到作者的来路经历以后，我也会对他的艺术见解、评价，刮目相看，认真予与重视。例如他说过的这样一些只言片语，很可能既可以看作是他的偏见或一家之言，也能算是击穿了某些世俗偏见的神话。“今天看吴琼花们的造型，前卫性感得很呐”，“帕尔曼的琴艺，多少流于卖弄”“明星如马友友，近来我不那么喜欢了。他是‘教养’上的而不是‘本质’上的‘西方人’”。

终于说到音乐了，而且是西方音乐，在西方演奏的音乐，也就是所谓外国音乐在外国了。可是书中特别让我起共鸣且过目不忘的，却又还是下面这样一段话："才情功力，有时不及真挚要紧""贝多芬'第九'我还偏爱一件早已被遗忘的老版本：严良堃同志一九五九年国庆十周年录音。它比西方许多'贝九'版本，比小泽征尔一九八一年来京指挥中央乐团的'贝九'，都要好得多。为什么？因那时我们的大神话还在，我们不知道自己多么真挚"。

这顿时让我想起了自己在"文化大革命"后期，也就是七十年代初期，偷偷聆听严良堃一九五九年版"贝九"时的激动心情。当年是从一位朋友那里偶然借得密纹唱片，躲在家里把门窗关闭严实之后，方敢播放。当演奏者的真挚融化到听者的真挚里去，所迸发出来的能量真的是巨大无比。如今在下我一只秃笔也无法形容，只能说那是一种刻骨铭心的兴奋与美好。说着说着，又绕回来了，竟然还是外国音乐在中国。跑题了，嗨！

还是接着说外国音乐在外国吧，不过这可是我自己的亲身经历，不是从书里看来的。一九九八年九月二十七日，星期天，下午我率全家四口照例在波士顿市中心的公园里散步，正赶上波士顿交响乐团在公园中央免费演出贝多芬第九交响乐。人头攒动的草坪上，围聚了据说有十万名听众。来来往往的人流中，有的驻足，有的逗留片刻又继续赶路。一幅巨大的电影荧幕，悬挂在公园中央，直播现场的演奏。小泽征尔那天抱病赶来，仅仅指挥了第三、第四乐章。现场之宏大，的确是震撼人心，但在我自己当时的耳畔，暗自回荡起的竟然还是严良堃指挥中央乐团演奏的一九五九年版本。

所不同的是音乐带来的向往与象征。上世纪七十年代初，我在家中偷听贝多芬第九，缅怀的是失去的自由。上世纪九十年代末，我在波士顿广场聆听“贝九”，见证的是不同肤色的人群，聚集在自由的空间。无论如何，“欢乐颂”总还是会要继续高歌下去的，不论中西，因为它是人类文明的遗产，音乐创作的高峰。

2016年9月30日

半句实话几句真

自从看过电视剧《蜗居》之后就一直记住了六六这个作者的名字，所以那天在图书馆里邂逅一本她的散文随笔集《半句实话》时就顺手拿回来看了。说句实话，如果这是一部剧本或小说，我是绝对不会去读的，因为早过了看虚构文字的年龄。何况到了今天这个影视作品的年代，虚构文字的生存价值都已发生了根本变化。过去，小说成功的一个标志，或者说是一个最低的门槛，就在于是否能够栩栩如生，让读者能够在脑海中产生画面。然后才是文字的意义是否触及灵魂。时至今日，好的虚构文字，只要能有画面感，一定会被改编为影视作品，文字本身简直成了半成品，事后毫无独立存在的必要，除非另有搬不上银幕的干货。而这正是今日虚构文字的致命伤，连诺贝尔文学奖也很难下得去手，往往不再惠顾小说家。即使给了，争议也会比给非小说家要大。

人到中年，我看非虚构文字的热情反倒愈来愈高，大半是有一个好奇心和窥视欲在那里作怪。普通人都想看一看名人的八卦，窥伺一下名人的隐私，透过《半句实话》来看一看六六的私人生活，果然也看见不少私人故事。原来她从小就总生活在“别人家的孩子”的阴影里，有一个所谓“刀子嘴、豆腐心”的母亲。对子女，她的母亲有重男轻女的偏心，对丈夫，却又施以绝对强权的统治。丈夫在她母亲眼里只有一样好，会做菜，胜过任何餐馆里的大厨师。六六女承父技，也习得一手好厨艺，以至于成名后，徒儿们一致地认为，“跟着六六老师学习，写剧本的技巧没什么提高，家务活儿功夫见长”。

我读《半句实话》，除了满足窥视欲，透视名人隐私——这当然也包括要能够容忍作者不遗余力地作秀，秀恩爱，秀小孩，秀宠物，秀品味，秀父母（哪怕毁誉参半），更大的动机和收获还在于通过作者来了解女性心理，尤其是对恋爱婚姻两性关系的看法。作为一个离过婚、有小孩的中年女性，一个过来人，她对青年读者的忠告是这样的：“肯定有破釜沉舟的爱情，问题是没两年，又会归于平淡了。多让你销魂的男人或女人，也就只能维持一段时间，过后都一样。所以，把无处消耗的精力放在男女关系上，肯定不如消耗在挣钱上有回报”（第 178 页）。可是才刚刚翻过去几页纸（第 184 页），她又接着写道：“想跟姑娘们说：如果让我回到 20 岁，我依旧会选择自己喜欢的男人跟他从零开始享受一段美好的爱情。原因是我到了 40 岁知道结果，那些房子汽车，只要我踏实过日子努力工作，不论好坏高低我总会有，但 20 岁时候的两情相悦，年轻的朝气健美的身体，一起挨苦的欢笑与眼泪，那些宝贵的人生经历，过去了，就再不会回来”。

作者前后矛盾吗？哪句是实，哪句是虚呢？我看是句句是实，更何况她还说过：“对漂亮的女人来说，在青春年纪找到老公比找到工作重要；对不漂亮的女人来说，在青春年纪开始打拼事业比找老公重要”。这样的忠告，当然也就更加的务实可靠了。

在一篇题为《男人如车位》的随笔中，她还交待自己属于那种不太有主见的类型，经常需要男性给指引个方向，得到指引后还会顶礼膜拜。她甚至自嘲，妇女革命之路，都被她给毁了，懒得去走，因为她认为男人就如车位一样，不管专属与否，女人都需要。可是从另一方面，她又以一个过来人的经历，品味出男人的不成熟，以及漫长的成长过程，所以写下了这样的金句：“男人都会变好，只是你不一定会等到”。真的是入木三分呐。教训深刻，大约是来自于切身体会吧。

六六喜欢男人幽默，自己也能幽默，所以写着写着，就能让我读得笑出声来。例如在读者来信中，有位女青年说，她妈不让她和男朋友继续要好下去。六六在回信中给她的忠告是："你的问题是你是否爱你男友。你要是爱，怎样都能在一起。告诉你娘你怀孕了，他不肯娶你，医生说打掉你会死。你娘抄刀就去逼他结婚了"。

更有意思的是，说到电视节目《非诚勿扰》里有一次在讨论，"大家认为保护感情最好的方式是沟通。我不能苟同。我认为保护感情最好的方式一定是肌肤之亲的舒适感，愿意亲亲腻腻。俩人要是老不和谐，肯定不能长久"。她还说她的男友不同意，"他也是沟通派，我说：'你看，咱俩有分歧，就是沟通不畅'"。看得我顿时笑出声来，这也太幽默了吧。可是转念一想，难道肌肤之亲就不叫沟通吗？更是笑得我差点背过气去。

当然，除了八卦隐私，我总算也还能够看出一些微言大义来。例如说到艺术，她说《少年派的奇幻漂流》是李安那么多片子里"唯一能看上眼的。的确好！""终于度过他艰难的《色戒》中年危机。十年。”这才是大实话。我么，就是喜欢读到这样的实话，管它只是一句还是半句。

《半句实话》里还说，“在六十岁上拍《山楂树之恋》这样怀旧的电影，只能说明老谋子与时代脱节了”。“我想老谋子内心里始终觉得，他和年轻的时候没两样，有热情，有干劲儿，有思想也很敏锐，更重要的一点是，他已经到了可以用别人的钱实现自己的理想的时候了。但我个人觉得，你的理想，不能代表全中国的理想。所以花别人的钱要谨慎”。这也是大实话，而且远远不止半句。这些，的确都是我所喜爱读到的句子，尽管类似的语言书中并不多见。这也是大实话，是我自己的一句实话，不止半句。

2016 年 10 月 23 日

连环画梦旧，痴女长成人

那日在波士顿公立图书馆的中文书架上邂逅一本布面图书，封面上嵌入小人书插图，书名《浮生旧梦说连环》。当时我就毫不犹豫，第一时间下架，借回家中翻看，因为连环画也正是我辈50后甚至40后出生的人们从小的最爱。60后正赶上“文化大革命”，基本错过了。打开书本发现，作者是70后，而且是位女性。书中竟然亦有不少飞枪走马的连环画作为插图，那可都是当年我们这些男童们爱不释手的画面啊。

印在内封上的《西厢记》《西游记》插图，当然也能勾起一些儿时的记忆，但我很快发现，毕竟70后们所看的小人书和我们看过的完全不同。读了书里的文章才知道，哪怕是同一书名和内容，小人书也是在不断翻新与再造的，各个不同历史时期都会有不同版本出现。而每个时代的版本，又会打上时代的烙印。翻遍全书，我也找不着我们当年深深印入脑海的那批小儿连环画，诸如，《林海雪原》《敌后武工队》《铁道游击队》《三国演义》《水浒》，甚至连《红楼梦》好像都不是我当年看过的版本。

作者列举的深入其大脑的连环画，全是“文化大革命”末期以后的产品。她先从浩然的《房东大娘》说起，包括他的《小管家》《机警的孩子》，还有李凖的《李双双》，孙犁的《荷花淀》，以及什么《朝阳沟》《山乡巨变》，似乎都不是我当年看过的版本与画风。只有当我看到了主人翁是个光头孩子的《鸡毛信》，才找回一点当年的感觉。《说唐》的插图，倒像是我当年看过的画风，但内容反而不记得了。我印象中只有一出《罗成叫关》，是经典历史故事。

看了作者的文字，懂得了她对连环画的痴迷。最让我感到惊讶的是，原来连环画竟然对儿童有那么大的吸引力和影响力。过去曾经有过所谓“喝狼奶长大的”这种说法与争论，现在我才意识到，其实关键必须是“奶”，无论是谁的。没有“奶”，不做成“奶”，就没有影响力。

而“奶”的“成份”或者说“基因”，也是大有讲究。各个时期的作品，反映出当时的意识形态和政治上的宽松尺度。上世纪五十年代的《鸡毛信》，不仅主人公是个有个性的光头孩子，而且“他不会像革命电影里那样，永远懂事地跟是党员的大人默契地对话，暖融融地心意相通。海娃觉得自己对，是会同他爸爸吵的。新版删了这个。结尾的改动也是同一思路，老版里，负伤的海娃对连长说：‘什么都不要，就要一只枪！’新版变成了：‘一定要跟着叔叔们干革命！’”呵呵，这里损失掉的不仅是影响力，也是个性的培养，更是集体无意识。对比40后、50后、60后，与70后、80后、90后，乃至本世纪，“奶”的差别是明显的，孰是孰非，却也很难定论。

连环画是伴随着儿童成长的。提到《“强盗”的女儿》时作者说，“八九岁时看这书，我看的是故事和情味，十来岁时看，我看到，并惊讶于那小姑娘的聪明懂事，尤其是对父亲的感情；成年以后再看，我看见了庄稼人的老实与顺从，与受尽欺压——他们太讲道理了，跟恶霸也以君子心相对。他们从小就受这样的教养长大，不一定以言语传承，但是祖祖辈辈都这样行事，那么这就是规矩，是礼义，是人的立身之本。”“写书的作者，写穷人受欺压的用意很明显，可是这一用意到我长大了才看见。世界有好多层次，被不同年龄阅历、不同想法的人分别看见。我还是最留恋我小时候，我跟桂桂差不多大的时候看到的那些东西。年龄相仿的小姑娘，心里想的事儿也是相通的：啥子抗粮欧，搞枪欧，这些有啥子用嘛，不懂，也不想懂。爹说给我买长命锁又没买……不买又有啥子嘛，只要闺女和爹一辈子共一个桌吃饭”。这就是一个单纯小女孩的心理。看到这里，不知为啥，我的泪花竟然滚出了眼窝。

小女孩也是会要长大成人，成熟起来的。叙及路遥的《人生》，作者写道：“路遥给予高加林的理解，还不及巧珍给她的深厚。他把她约到桥头，跟她摊牌。怎么开口呢？她甚至帮他把这一难题担待了，不用他开口”。“你的意思我明白了！我不连累你！你进城工作，我就想过，尽管我爱你爱得要命，但我配不上你……你走你的，到外面找个更好的……到外面你要多加小心，人生地疏……加林哥……”，等他抬起头来，她已经走了。剩下他孤零零一个人，感觉竟是如此渺小。

作者接着写道：“同时，她也把属于她的爱完整保存了。爱其实是一个人自己的事吧？所谓得失，真的是人可以把握的吗？有多少结果和你的初衷是背道而驰的？得到手的，可能反而失去了；失去的，反而永恒了。这朴素的道理，没多少文化的乡间人物也多有参悟。像那个一辈子没结婚的得顺爷爷，他讲起年轻时爱过的女子，他的言语真让我震惊：‘我死不了，她就活着！她一辈子都揣在我心里……”，作者像是彻底活明白了。

人生的醒悟有时也是有代价的。小女孩的性觉醒，更是一件说不清、道不明的事。书中提到一本叫做《甜甜的刺莓》的连环画，里面有这样一段故事情节：“他的嘴最甜，说出一大串让竹妹气都回不过来的甜言蜜语。竹妹老实，她说，我已应许三牛了。她逃进松杉林，向塔山追上去”，“这本书是1984年出版的，如果那时给我看，接下来的一句话我会看不懂：‘向塔山果然成功了。’什么叫‘成功’了？”“我买这书是在2002年，看到这句，先也不确定，后面挑明了：‘竹妹心事重重回来，又羞又怕又悔。和三牛相处这么久，从没什么不规矩，而向塔山一下突破一切界限，使她失去清白。’——啊，三十岁的我，依然感到吃惊。那件事情，有时很远，像隔了一座山，有时又很近，只隔一层纸。三牛这样的小伙子，是肯陪着竹妹一起远远看它的，等着同她一起牵手爬过那座山去。向塔山这样的男人呢，他可不会等，也容易得很，他敢想敢做”。

作者的性觉醒，还有着进一步地深入与发展。在叙及《西厢记》里的“佳期”一幅画时，作者写道，“莺莺正被红娘推进张生的门，一只脚刚跨过门槛”，“有谁知道，深闺少女，跨进他的门的这一步有多重。‘自荐枕席’，古典小说中常有的话语，从前我读到，并无特殊感觉，总想象那些女子是平静的，因为爱慕，她们自愿来成全男子的欲望。直到有一年我读到一篇散文《女人：暗夜里的琴声》，里面写道：她们携带身体最深处最疯狂的欲望，来‘自荐枕席’……才提醒了我——她们的内心也是有欲望的，欲望也会是疯狂的，她们自荐枕席，主要还是为了让自己快乐到巅峰。人一生能有几次巅峰呢？多么难得才碰上这个人呢？谁知道，你还能活多久呢？”

成熟以后的作者，返看连环画中关于罗成生擒马赛飞的情节和描写时，又明显感到书中对后者的描写是错误的。书中说："那马赛飞看见罗成少年美貌，心中暗想：'这样俊俏郎君，跟他同宿一宵，胜如做皇后了'"，"这绝对是男性的臆想，女人初见一个令她惊艳的男子，会立刻想到'同宿'么？女人最爱一种隔了距离的缱绻，心为之动，神为之夺，那比什么都美。我遥想马娘娘一定反刍似地回味她被罗成提过马背带回营帐的过程。她是如此甘愿，被他擒去"。

作者最后还交代，网络上有一首新诗，题为《罗成》，最后两句是："罗成庙的泥塑要常修补，嘴唇常被人吻了去"。"我忍俊不禁。我的吻早就印在了我小时候的连环画书上。世上有多少罗扇子我不知，我从来就假装，只有我一个"。

虽说《罗成叫关》的故事我熟悉，过去还真不知道竟有这么多罗扇子的存在。不管她们今在何方，至少我算是记住了一个，写《浮生旧梦说连环》的蔡小容。

2017 年 12 月 9 日

有花如冰我不识

几天前应邀去华府华人作家协会去演讲。刚一入场就有一位高挑女子热情洋溢地朝我走来，自我介绍是多年前就已结识的网友，让我猜猜看她是谁。我两眼昏花，一时窘迫，只好承认自己是笨伯，于是她说她叫冰花。啊，原来是多年前我在网上曾经编辑过的一个文艺刊物的撰稿人，在海外华人圈子里亦颇有名气的诗人冰花。

热情洋溢的她，顶着这样一个笔名，夸张浪漫到了极致，难怪要去做诗人。在我演讲过程中，她一直恭恭敬敬地坐在第一排。轮到听众提问时，她开口便问我对诗歌的看法，简直近乎于问道于盲。我赶紧声明我不懂诗，又急中生智地找出一段收录于自己近作的“诗论”来做挡箭牌。

记得我是这样写的：“对于诗歌，我向来是门外汉。这里暂且不谈的是解读诗歌会有分歧，因为那是肯定的。也不谈萝卜青菜，各有所爱，那也是必然的。同一首诗，你去问两个名家，一个可能说极好，一个可能说极坏。记得这话好像是刘半农说的，真真讲到了我的心坎儿上”。

也就是说，相比其他艺术形式而言，诗歌是最无定论的，各人眼中的好诗，往往大异其趣。手头现成的例子就是，当我演讲完毕，冰花拿出一本她的诗集相赠。我回家翻开一看，前面有两篇推荐性的序言，二位作者恭维举例推荐的冰花的诗，竟然没有一首是一样的。而在我这个诗盲眼里，先是完全不理解第一位的推荐，接下来虽然能领会第二位推荐的几首，但很快又不能理解他接下去推荐的另外几首了。可见就是在三位读者那里，也不能统一认识。

热情的冰花在散场临别时嘱咐我，“如读后，想批评想写点啥，随便写”。可能是因为熟知我文笔的辛辣犀利与讽刺幽默，她还特地回头对我耳语说：“没关系，我能承受得起。”既然如此，我就当仁不让，知无不言了。

这本诗集名叫《这就是爱》，除了两篇序言外，还有冰花的诗作一百二十五篇，结集在这样一部书名下，应该都算是爱情诗了。可惜我不但不懂诗，尤其是不懂爱情诗。可怜我这一辈子，连一首情诗都没有写过，你说算不算情商等于零？

就连我这样的诗盲，也从冰花的这批诗里看出了一点情趣。例如，有一首诗是这样的：

《一句话的代价》

等待一句话

花了一年的代价

有了一句话

不是　等待的一句话

于是　付出了终生的代价

真是一首具有哲理悟性的爱情小诗。然而，恕我直言，如果是我有这样的灵感写得出这样的好诗，我会做一处细微的改动，细微到连一个字都不改，只是稍微挪动一个位置。我会把“不是　等待的一句话”，写成：“不　是等待的一句话”。这样调整一下，意思完全不同，或许更加深沉。原文是说被对方拒绝，这个结果固然糟糕，但未必要付出终生代价。现在改为对方应允，反而终生不幸。这才是大悲哀。

《一句话的代价》

等待一句话

花了一年的代价

有了一句话

不　是等待的一句话

于是　付出了终生的代价

这次阅读时，有一首小诗似曾相识，因为当年好像编入过我主编的网上文学杂志。它是这样写的：

《惊鸟》

哦　吓了一跳

原来是一只鸟

从树上飞走

不知道

是我吓着了它

还是它吓着了我

好牛的鸟

我回头

它没回头

我不知道这首诗，算不算爱情诗，哪里算爱情诗，但如果算，想一想，还真牛！

当然，冰花笔下还有更直白的爱情诗，但也写得深沉、大度、隽永。例如这样三首：

《爱恋》

有没有这样一种爱恋

离开你

变成你身后的一双眼

寒风来前

把披风搭在你的肩

有没有这样一种爱恋

离开你

变成你的左右手

下雨前

为你撑起一把伞

有没有这样一种爱恋

离开你

让往日的誓言

通过别人来兑现

你却蒙在鼓里边

有没有这样一种爱恋

离开你

忍辱负重吞下千恨万怨

只为你

有个更美好的明天

《如果》

如果我的爱
成了你的负担
如果我的真心呼唤
不能使你的心意回转
请你一定要告诉我
我会选择悄然离开

我会重新适应
没有你的生活
也会慢慢地寻找答案
为什么我真诚付出
收获却是如此的干瘪
我还会把你藏在心窝
也会为你
一声声祈祷平安

当你到了鬓发花白的残年
回忆你的一生的爱恋
我也能占据一个小小的空间
那样
我因你而苦了的余生
就没有了一丝丝的怨

《你在》

你在
有约见
有分手
你不在
天天见面
赶也赶不走

当然，也有写得活泼有趣的，例如这一首，投入邮筒的岂止是一封信，分明是一颗心哟：

《投心》

早春
把狂跳的心
装入信封
羞到信箱
咬咬牙 手一松儿
一颗心滑入

脸红 捂住双眼
手缝里边 没人看见
跑开　一溜烟儿

冰花的这本诗集里，有着上述值得玩味的几首小诗。我曾在一篇写卞之琳的书话里说过：“舞台上的戏剧演员，哪怕是名角，随便哪场演出也不能稍有差错，一个晚上演砸了，很可能就毁了一辈子的名声。而对于诗人，读者则几乎是给予无尽的宽容，从来不在乎诗人写过多少坏诗烂诗，只要能有一首满意就行。一首十足的好诗，就能让一个人一辈子无愧于诗人的桂冠。”。

所以，能有以上几首不错的小诗，这本诗集也就应该算是物有所值了。何况还有下面这样一首：

《双面扇》

一面是春　一面是秋
你是那春　我是那秋

春与秋
一纸之隔
天涯之遥

春与秋
常有相同的温度

却永远不属于

相同的季节

说了大半天，我这个诗盲

和诗人冰花，恰只是

常有相同的温度

却永远不属于

相同的季节

2016年12月13日

接着说

杨葵的随笔，我近年来看过几本，还至少写过两篇评论，都是蛮值得赞誉的。所以昨天又拿起一本，书名叫做《坐久落花多》，里面还有老树的漂亮插图，我的心里充满了期许。

不料，第一篇文章整整 42 页，读下来落差、失望还真不小。再一篇看下去，又是满满 45 页，虽有收获，快感亦大不如前。幸好耐着性子把全书翻完，终于又找回了从前的感觉。

如果我是编辑，一定会把全书的次序彻底调个个儿，从最后一篇文章起，逐个往前排。后面这五篇文章，每篇不足五页纸，正应了梁实秋说过的一句老话，短的文章未必好，坏的文章一定长。

最后一篇说的是崔健，哪怕是从市场营销角度，选作开篇也没错儿。倒数第二篇，篇名叫“在简单中旅行”，亦符合当今极简主义的潮流，效果也不会赖。接下来的一篇是“上班第一天”，追忆当年目睹各位名作家们相互签名赠书上的亲笔字迹，当然也足够精彩。再往后，是一篇“同学不少年”，回顾大学毕业，刚巧赶上 1989 年初夏，自有动魄惊心，暗藏天机一片。第五篇“变老的细节”，勾勒出年轻气盛、有病也不知出自何处，而变老的细节，就在于越来越清楚自己身体的各部位器官，哪好哪坏，个个分明。这该是多么好的编排，可惜我不是出版社的编辑。

杨葵在自序里说，这是他的第六本文集，书名取自王维诗句“坐久落花多”，因为他是“一篇一篇慢慢写，窗外寒来暑往，日子长了，真个就像坐久落花多”。

记得在以往评论杨葵的文章里曾经写到，其实我之所以喜爱读他的书，多多少少是由于我们二人趣味相投，文风接近，三观一致。当然，他肚子里头墨水比我多，故事也比我多，还比我讲得好。

虽然他比我小十岁，但几十年文艺小说专业策划编辑做下来，包括给王安忆、阿城做编辑，吃进肚子里的“言”，我哪怕是闲读当“饭”，也赶不上他那样的多。不过这次既然读他的书能够看出些许破绽，不妨就去深究一下，看看问题到底出在哪里。

恕我当仁不让，以己之长，说道说道他的短处。我写的文章里通常都要摘引所看过的书里头的文字，甚至可以说那些书中的文字根本就是我的拐杖，没有它们我几乎不能行路。可是但凡我摘录的只言片语，一到了我的文章里面，都派有大用场，要么画龙点睛，要么“借刀杀人”。再不济也至少要帮我立论，弄他一个证据确凿。

反观杨葵这次书里引用他人文章，几乎全是帮倒忙。甚至有时候我作为读者已经快要被他说服了，他的引文一来，我又不大相信他的话了。

现在就以书里的第一篇文章为例，标题是“写作流行病”。文章中除了“小引”，后面还跟了好几个小标题，其一是“照着说”与“接着说”。作者写道：“接着说”与“照着说”的关键差别，在于是否有新意。“不少写作者因为读书太少，写出的东西在阅历较多者看来，都是津津有味地嚼剩馍。这是一种写作流行病”。这样的立论诚然很好，我想大多数读者也都会和我一样同意。可是且慢，你来瞧瞧他都是用些什么例证来说明他的观点。

一上来他就说，孔子说“逝者如斯，不舍昼夜”，苏轼再写“大江东去，浪淘尽，千古风流人物”，就是“照着说”。“虽然开篇‘照着说’，但是后面‘接着说’到具体的三国人物，借对他们的仰慕而言志，有不少新意，因此一向被誉为佳作”。您瞧，这个引文能算得上是用得恰到好处吗？

接下来，他还要用“滚滚长江东逝水，浪花淘尽英雄”来举例，认为“基本是照着苏轼说的，算不上‘接着说’”“虽然因为毛宗岗父子评刻《三国演义》时，将其放在卷首而极负盛名”。你说说看，像这样的引文，究竟是在帮助他立论，还是在帮倒忙，削弱他的立论呢？

其实，正如他自己所说，“翻阅报刊浏览网页，会发现海量的‘照着说’”，那才是当今的写作流行病。何苦来又要去苛求古人，鸡蛋里面挑骨头。更何况，哪怕苏轼和《三国演义》全都是“照着说”，而不是“接着说”，那也刚好都是成功的“照着说”的典型特例，绝非由于“照着说”而因此成为败笔。

杨葵尽可以用自家发明的“照着说”与“接着说”的理论，来批评当下写作的流行病，也尽可以为自己能够看出苏轼、毛氏父子与孔子的一脉相承而沾沾自喜。但是，绝对不应该照这样说，这岂不是好端端地自毁了自家立论的高明？

请恕我这样自言自语地“接着说”。但愿杨葵老弟不会因此而怪我。

2017 年 9 月 4 日

诗歌衔白话，散文断古今

记得以前看书时曾读到季羡林先生点评中国现代散文，说它其实和中国古代散文小品没有多少传承关系，而是接受西方散文影响（大意如此）。当时虽然看得入心，却并未有更深的切肤体会。近来闲翻一本《明清小品文解读》，才算彻底明白，因为它和我们今天所使用的白话文，确实差距太大。

尽管书的编者在序言里说，“明清小品文字新鲜自然，灵动活泼”“行文如行云流水，舒卷自如，绝弃‘聱牙之语’、‘艰深之辞’”，甚至还引用袁宏道在给《东西汉通俗演义》所做序言里的话“明白晓畅，语语家常”来形容明清小品，殊不知就连这“语语家常”四个字，也与我们今天所用的语言相去甚远。就拿书中收录袁宏道的小品《西湖》一文来说，它是这样开篇的：“西湖最盛，为春为月。一日之盛，为朝烟，为夕岚”。试看与今日的白话文，还有多少瓜葛？相反，几年前我也曾在闲读时注意到，远古的《诗经》里反倒有许多词汇我们一直沿袭套用至今，例如“七月流火”“万寿无疆”。

这倒是让我不禁要去思考一下，古代诗词的魅力究竟何在，现当代白话诗的弱点究竟又在哪里。过去常听到人们对白话诗的批评，一般都是说它像白开水，好像浅白就是它的原罪。但是古诗词里，大量流传至今、经久不衰的句子，恰恰又是非常浅白的。记得王鼎钧先生在他那四部曲回忆录首卷的《昨天的云》小序里就曾经说过，“我一直思量‘落霞与孤鹜齐飞’何以成为千古名句”。不久前，在纽约与他老人家聚会，席间我还曾当面问过，他说至今尚未寻得答案。隔日，他又特地设席款待我，赠我一本他的散文集《桃花流水杳然去》，书名恰又是一句古诗，千古名句，近乎白话。

再来看看明清小品是如何行文的。袁枚的《随园记》算得是经典名篇，里面是这样行文的："落成叹曰：'使吾官于此，则月一至焉；使吾居于此，则日日至焉。二者不可得兼，舍官而取园者也'"。要知道，这在明清小品文中，还真绝对不是什么'聱牙之语'，然而已与白话隔绝，和今日的白话文断代，根本不可能是中国现代散文的鼻祖。

文归文，意归意。这次阅读《明清小品文解读》，还是颇有斩获。例如读到李渔在小品《谈》一文中说，"读书，最乐之事，而懒人常以为苦；清闲，最乐之事，而有人病其寂寞"，这样的观察分析，何等精辟。当然，他接下来的建议或许更为有趣，不失为喜剧大师。他说："就乐去苦，避寂寞而享安闲，莫若与高士盘桓、文人讲论。何也？‘与君一夕语，胜读十年书。’既受一夕之乐，又省十年之苦，便宜不亦多乎？”

还有，朱国桢在《偶有所得》中写道：“‘读书不求甚解’，此语如何？曰：‘静中看书，大意了然。惟有一等人，穿凿求解，反致背戾，可笑’。故曰：‘解是不解，不解是解。’”此语正好刚合吾意。另，文震亨的《论画》也是一语道破天机，他说：“画，山水第一，竹、树、兰、石次之，人物、鸟兽、楼殿、屋宇小者次之，大者又次之”。真真是讲得透彻，连我这个不懂画的，都觉得茅塞顿开。

我虽不喜考据，但是这次在读书过程中却也发现两个民间通俗故事，居然出现在明清小品文中，可见文人、士大夫也曾系推手，助之代代相传。一则是说，小和尚随老和尚下山，看见美女，惊问何物。老和尚答：老虎。并警而告之。可是，回到山上以后，小和尚心中仍然还是念念不忘“老虎”。这篇小品文的作者系袁枚。另一则是说一个犯人临刑前要求母亲喂奶，并乘机咬断其奶头，说是因为母亲教育他走上了犯罪道路。作者陈继儒。

最有意思的是，我还看到了钱泳的一篇小品文《裹足》，通篇批评裹足之风，真真难能可贵。这倒是启发我又重新思考这一陋习的起源和根本原因。记得几年前曾有哈佛大学的两位女教授得出过石破天惊的结论，说是裹足的盛行，乃是因为经济原因：父母为了拴住女儿在家里纺线织布，所以要把她的脚裹了，不让她出门贪玩。当时我听了还以为到底是洋人了不起，能够刨根问底，挖出经济根源。现在读了钱泳的这篇《裹足》，我却又开始大大地怀疑起来。

钱泳写道："元、明以来，士大夫家以至编民 小户，莫不裹足""其足之小者，莫如燕、赵、齐、鲁、秦、晋之间"。"而两广、两湖、云、贵诸省，虽大家亦有不缠者。今以江、浙两省而言，足之大莫若苏、松、杭、嘉四府"。听上去好像是在说，在那些需要全家老少儿女齐下地干农活的地区反而裹足盛行，而可以在家纺纱织布的发达地区，或者说是文化开明地域，反倒宽松一筹。如此说来，两位哈佛洋教授的考证结论似仍有不妥，难以服众。不知有谁可以传话过去，让这两位洋教授们也来读一读咱明清的小品文哦。

2017 年 3 月 12 日

高考、爬藤与科举

爬藤是报考美国常青藤大学的戏称，乍一看，仿佛与我国古代的科举不沾边。要说科举，最多也只能和现如今的高考挂上号。全国上下，痛恨高考者，会直指科举为其老祖宗，要求革新变异，与时俱进。谅解者则会声称，它至少保留了教育公平，有了寒门出贵子的可能性。无论是要求革新者，还是辩护其合理性的忍受者，都是把高考与科举挂钩，而视爬藤为向往之境，或是不可抵达的彼岸，与老祖宗的科举八杆子也打不着，毫无关碍。可是我今日里偶翻闲书，却忽然发现，原来爬藤与科举倒是颇有几分相近与神似，而如今的高考则与二者皆有不小的距离。

科举要在考场做八股文，爬藤也要交一篇个人陈述，只不过是开卷的。高考当然也要写作文，并且和科举一样，是闭卷的。这就使得一般人们都误以为，科举与高考作文近，与爬藤远。我今日看书，才如醍醐灌顶，猛然醒悟，恰原来其间的关系刚好是倒过来的。

一本名叫《失落的荆棘冠——俞平伯家族文化史》的小书中，赫然记载着这样一件事。俞平伯的爷爷俞曲园，有一次被女婿来信问及八股，求教八股文字的作法。老爷子回信时，说出了肺腑之言，并在信尾关照："率书所见，为足下揣摩之一助，幸勿示人，恐为高明笑也"。那末俞老爷子究竟私下里向女婿透露了什么法宝呢？在下我这里逐字逐句抄录如下：

"凡人欲立言传后，不必作八股文字；凡作八股文字，不过乡、会两试借作敲门砖耳。仆从前治举业时，每代阅文者设想，夫闱中阅文，犹走马看花，想其夜阑人倦之后，烛光摇荡，朱字麻茶，且又同此题目，同此文字，千篇一律，其昏昏欲睡久矣。故作文者，须用呼寐者而使觉之法，使一展卷，眼目一醒，精神一提，觉此卷文字，与千百卷不同，自不觉手之舞之矣”。

看书至此，我真是要拍案称奇。俞氏之大法，与今日申报美国大学，尤其是常青藤等名校的情形，如出一辙。所有学校的招生官及各类中介机构，在辅导指引考生作文时，谆谆告诫学子的第一法宝，就是此道。一定要让阅读个人陈述的招生官，眼目一醒，精神一提，觉此卷文字，与千百卷不同！

当年俞曲园做考生时，是曾国藩做主考官。他一看俞曲园的卷子里那首五言律句的首句："花落春仍在"，便叹服了，因为暗合了他自己的人生态度，以及他要为国家力挽狂澜的救世志向。所以后来俞曲园也就必然要用"春在园"来命名自己的私家花园，真可谓一句点醒梦中人啊。

曾国藩当年阅卷时给了俞曲园高分，同僚们尚有不服，经曾国藩一番解读，终于说服大家，在复试中给了俞曲园第一名的成绩。这段公案，以及俞氏后来的总结，都恰恰说明了今日爬藤和当年科举在阅卷评分上完全是同一个机制。而今日的高考阅卷，则相去甚远，背道而驰。

众所周知，今日高考无论怎样出题，皆有一个标准答案，或曰评分标准，所有阅卷人都要按照这个标准来做取舍。无论他如何昏昏欲睡，无论你如何将他激醒，只要偏离了标准答案，你就会名落孙山。否则那些高考零分作文者，都是极有可能中榜的彪悍种子选手。当年像俞曲园那样作文，虽然也有一定风险，但颇值得一赌一试，目的就在于激醒批卷人。相反，今天的高考阅卷，注定只能是在选取那些中规中矩、善于揣摩标准化、公式化答案的考生。那么，今日跳龙门的，都会是些啥样的鲤鱼，不也就一目了然了么？

所以，表面上看，今日高考是当年科举的后裔，沿袭的是八股专利。而细察之，判卷评分之道，以及整个阅卷评分过程，爬藤方式才与科举相近。没有任何标准答案，等待你来激发我的阅读热忱。如有不同看法意见，还可以有机会过堂会审，就看一审招生官是否能够说服其他评委。总体来说，它是一个以精彩而正面加分的过程，而不是靠负面扣分，一路压低分数，鸡蛋里挑骨头的做法。爬藤中的阅卷也没有按图索骥，只待慧眼识拔。考生们比的是各自的优异独创，而不是揣摩上意、小心圆滑，分明知道你要把我往哪里引，也就顺势攀登到你要我去攀登的最高峰。

如今读了俞曲园的故事，我才猛然看出了高考与科举的真实距离。这大概也可以算是一种最遥远的距离了吧。

2016年5月29日

《品园》说“影”

第一次听说陈从周这个名字还是三十多年前刚刚成为红楼梦学会会员的时候。时值纪念曹雪芹逝世二百二十周年，与会成员一同前往参观了可能与曹家有关的园林，于是我从老师们的口中听说了园林专家陈从周，还闻听了中国山水画、园林、服饰中的所谓“透、漏、瘦、皱”秘诀。当然，涉及妇女服饰，是当时说话人的调侃之语，引发众人轰然一笑。时过境迁，一晃半辈子苟且过去了，陈从周的大名也早已相忘于江湖。不料五月里有幸作为江苏发展大会的嘉宾入住南京金陵饭店，晨起时发现房间里比通常旅店客房里多出几本新书矗立在台面上，还有一行小字标签注明全系赠书，客官若有意，尽可随身带走。我定睛一看，居然有一本陈从周的《品园》。虽然行囊已很沉重，还是立即装箱，带回了美国。

我这人一向“薄”学，正儿八经的书往往读不进去，也素来知难而退。但这次一本《品园》拿在手里，虽也看得懵懵懂懂，眼皮打架，却几次三番从头至尾、从尾至头、来回翻看了好几回。一来是因为作者文辞极美，二来是由于我自己实在不甘心看不懂园林。可是这里头学问的确是太深，还真是越看越觉得自己没文化。加上离乡背井多年，过去的记忆早已模糊不清。直到把眼神聚焦在第246页，一篇《说“影”》，忽然让我找回了所有对中国园林的感觉，而且一下子从理论上弄清了自己以往记忆中最灵动、一往情深之所在。

书中说，“影这个神秘的东西，虚得令人可爱、可歌、可泣，它在不同的环境中幻成不同的感触”“在中国园林中，构景有虚有实，而影呢？又是虚景中的主要角色”“虚的美往往比实的美来得更动人。精神的高尚情操又比‘实惠’来得有意义。”“聪敏的建筑师，是最懂得影的，檐下的阴影、墙面凹凸的块影、壁面的竹影、花影，等等，绝对不肯轻易放弃而使建筑物趋于平直”。看书至此，我方醍醐猛醒，原来我从儿时以来的记忆中，所有烙印深刻的中国园林画面全都有影的作用，尽管我当时并未觉察。不仅是第 247 页上的照片唤醒了我沉睡的记忆，回头再翻书中的其它照片，大多也都有影的作用于其间。凡是有水的地方，当然更是有倒影的存在。如果我们从画面中剥离了一切影子，将会是多么的兴味索然。

更妙的是，陈从周在文章里还写道：“爱打扮的女人们，如今在眉间眼上，要抹深色的化妆品，使阴影加深，眉眼的变化更妩媚动人，尤其在灯幻下更显出那秋波一转的风神”。嗨，这可真是绝顶妙论。原来我一直弄不懂女人的化妆，却原来也是与“影”有关，加深阴影，就会使眉眼的变化更加妩媚动人。当然，睫毛的加长，也是同一个道理，更何况其侧面的剪影，则又是别一番风情。

豁然开朗或者说开窍以后，我回头再闲翻《品园》一书，终于又能不断地看出许许多多的妙论。其中很多是超出技术层面的。例如谈到芭蕉绿叶时，书中说：“人们对艳丽富贵的色泽花朵，以及其他的东西，总是喜爱的人多，而对一种单纯的美，往往是曲高和寡。这也难怪，对美的欣赏总是由低级发展到高级，由绚烂归于平淡，由显露渐入含蓄，这几乎是一种规律。而且‘淡是无涯色有涯’，庭院中长期能给人受之不尽的还是绿色，它比较恒久，‘养花一年，看花十日。’世界上没有不谢之花，唯此绿意，可做长伴了。我在树叶欣赏上，学到了做人的哲理”。

说到园林中常用的书带草，陈先生还这样写道，“我爱它的性格，长青不变，处处适应，在待遇上是最低的要求，在服务对象上，没有地位高低的差别，因此我们的祖先用它来作为造园的重要植物，非仅其用，实颂其德”。这当然就更是做人的道理了，只是不知道今天的人们又会怎样想。

书中还有一段话，让我想起了当今的某些土豪，尽管当年还没有他们。书中说，“近来有许多人错误地理解园林的诗情画意，认为这并不是设计者的构思，而是建造完毕后加上一些古人的题辞、书画，就有诗情画意了，那真是贻笑大方了。设计者对中国传统国画、诗文一无知晓，如何能有一点雅味呢？有一点传统味呢？各尽所能，忽视理论，往往形成了不古不今、不中不西的大杂烩园林”。讲得真好。这又何尝不是目前许多公共园林构建中的通病。真希望《品园》一书能够被有用之人读懂。像我这样的闲读者，即使读懂了，也只能写写闲篇罢了。不过话又说回来，没准也真能起到一点“影”的作用。

2017 年 6 月 30 日

三国易品，九城难读

成功品读了三国的易中天，曾于1997年由上海文艺出版社为他出版了《读城记》，并于1999年再版，2006年重印，可见也是非常成功的。那我为什么还要说“三国易品，九城难读”呢？首先，这部洋洋洒洒351页的大书，也只品读了北京、上海、广州、厦门、成都、武汉、深圳这七座城市，连八座都不到，更不用说九城了。其次，正如作者本人在新版后记中所言，城市是一本打开的书，每个人都可以去读它，但要真正读懂并不容易。何况作者还又人为地设定了一个更高的标准，划分了“说城”与“读城”的区别。他说：“‘说’是诉说，是描述；‘读’是解读，是研究。‘说’只要知其然，‘读’却是为了知其所以然”。这样高的标准，当然难上加难。

更难的还在于，“何况城市现在正处于千变万化之中。北京的上空已不再飘荡着大爷味儿”“新一代上海人，也不会再在买了一根针以后还要求找两张草纸。他们也许根本就不会买针了。不断有人告诫我：就别老是胡同四合院、里弄石库门了，来点新东西行不？想想也是，都什么年头了！可不说胡同四合院、里弄石库门又说什么呢？说麦当劳、肯德基不成？”今日的我，读到这里更要莞尔。曾几何时，不是连麦当劳都已经变成金拱门了么？

作者接着写道：“的确，中国的城市正在变得越来越没有个性。到处都是似曾相识的店面和千篇一律的建筑”“就连一个最不起眼的县级市也有这些东西，只不过更花哨更俗气而已。一些宝贵的传统则连同它们的风味一起已渐次消失”。所以作者又不无调侃与讽刺地说：“是啊，与‘现代化‘相比，城市的个性和风味又算什么”！这确实是城市规划领域的一个大问题。但是话又说回来，城市规划本身就是现代化的产物。

当年我报考并被录取在麻省理工学院攻读城市规划专业时，也曾有过学习城规、贡献于祖国城市发展与现代化的“凌云壮志”，可惜到后来却都烟消云散，始终不曾做出过多少专业贡献。只是大约于十五年前，我曾在南京大学与约翰·霍普金斯大学合办的中美文化研究中心做过一场关于南京城市发展历史沿革的报告，作为一个根生土长的南京人，把自己对家乡近代史的感悟报告于众。记得当年曾经总结过南京城的近代发展，并着重指出本城商贸政治中心在上个世纪里的渐次北移，从夫子庙、三山街，到新街口、鼓楼，甚至山西路，标志了各个不同历史时期城市规划对城市建设的影响。

这次拜读《读城记》，深感作者的博识多才，火眼金睛，善于总结各个城市的个性特点，尤其是人文特色和当地人的性格与行为方式。除此以外，我也不无遗憾地发现，作者更熟悉各个城市的古代历史，而对于近代史上城市规划与建筑的影响，则几无书写。不过话又说回来，其实我自己自打进入麻省理工学院学习城规专业以来，也一直对于该专业的一种信念持有怀疑与观望的态度。在专业课堂上，老师们常常对学生们强调建筑对人的行为方式的影响，而我却总是将信将疑，不太确信。至少，我至今尚未能切身体会到人类建筑对人类文明的反作用。

虽然《读城记》里没有一章专门“读”南京，作者也没有触及城市规划对南京的实质影响，但作者对南京城的人文历史和南京人的个性总结，还是颇具力道，让我这个南京人也看得心悦诚服。例如在说及中国南北城市的“男性”与“女性”化时，作者就站出来替南京和杭州鸣不平。他说：“北方的四大古都也有亡国的记录，然而却不会被看作是城市本身的罪孽，或被看作是女人带来的‘晦气’所致。南京和杭州就不行了。”“只要比较一下南京、杭州和开封，就知道舆论有时是何等地不公。南京固然有‘千寻铁链沉江底，一片降幡出石头’，杭州也固然有‘暖风熏得游人醉，直把杭州作汴州’，但，开封难道就没有‘靖康之难’么？”“就像我们惯常把亡国的责任推到女人身上一样，这些偏安王朝和短命政权的背时倒霉不走运，也被说成是不该在这两个女人气的城市建都”。

作者还说：“其实，南京不是女人气太重，而是文人气太重。”“我们只能说‘六朝金粉，秦淮风月’，而不能说‘六朝脂粉，秦淮风月’。说‘六朝脂粉’，不但南京人无法接受，我们自己说着也别扭。金粉其实也就是脂粉。但用一个‘金’字，便多了些阳刚气，少了点女人味。”“南京并无多少女人气，却多文人气，”“这大约与所谓‘六朝人物’和‘魏晋风度’有关。对于文人来说，自由散漫，吊儿郎当，不愁吃喝也不必负责，又能讲些高深玄远的道理，发些嫉世愤俗的牢骚，比什么都过瘾。南京便最能满足他们这种心理需求，所以文人都喜欢南京。南京，其实是最有希望成为一座儒雅的城市的。”“文气一重，就没多少‘王气’了。秀才造反，三年不成。别说是逐鹿中原，便是守住那半壁江山，也不容易。”“在南京怀古是最合适的，而最值得去的地方恰恰是那些陵园：南唐二陵、明孝陵、中山陵、盘古寺、雨花台。有时你会觉得中国最好的陵园都集中在南京了。这使得我们走进南京会有一种肃穆之感，也会有一种悲壮之感”。“略带女人味的文人气掩盖了英雄气，使得南京有点‘英雄气短，儿女情长’，有时还有点伤感”。

唉，读到这里，我好像真有点伤感起来，因为忽然觉得我没能操业于城规领域，反而在这里撰文码字不赚钱，实在是与我的南京人身份有几分相符啊。

2017 年 11 月 12 日

闲说秋雨，醉看文明

几年来，不知不觉中我已陆续写过并发表近三百篇文章。其中有几篇曾捎带议论过余秋雨，有褒有贬，都是就事论事，有一说一，有二说二，秉持我一贯的文风与原则。令我稍有诧异的是，最近一篇提到他的文章，在网上立即引发一堆批评他的口水，大多是针对其为人与人格的批评。让我感到意外的是，哪怕过去所有对他的指控围殴全部属实，他也还算不得是大奸大恶之人。况且时过境迁，他早已不再是风头正劲、遭人嫉妒的公众人物，为何民间还对他如此这般不依不饶。刚好上个月从美国小镇公立图书馆借来一本他的著作《何谓文化》，便顺带探索一下个中原委。你可别说，我还真是有所发现。不过请允许我在这里先卖一个关子，回头再说我发现的来自他个人方面的因素或原因。

先来说说《何谓文化》这本书。长江文艺出版社2012年出版，封面大气，编辑得体，厚实凝重，颇具匠心，远胜于充斥书市的一大半图书。全书把作者的大批文章、演讲罗列到《何谓文化》的名下，依次编排成“学理的回答”“生命的回答”“大地的回答”“古典的回答”这样几个板块，凸显出作者的博学与厚积薄发，看似已然丰富而完满地回答了书名所提出的设问。

再来看余氏文笔，一篇《谢家门孔》，从谢晋的呆儿子说起，另一篇写黄佐临的，则是从他的老师萧伯纳说起，真的都是些铿锵文字，让人读来荡气回肠。更有一篇《向市长建言》，言辞中肯，意见专业，让我这个麻省理工学院城市规划专业的毕业生，也极为赞同，但愿能有市长听取他的意见，照他所说的去做。还有一篇论及“文化大革命”和周恩来的文章，其中对十年“文化大革命”的分期划段，以及周氏处境态度、行为手段、历史意义的分析，都比较符合我自己的感知与记忆。

有意思的是，接下来又有两篇文章，全面完整地交待了作者多年来受到舆论攻击的来龙去脉，按说应该有助于洗白自己。凭借他的文字笔力，这本来似乎并不困难。可是好像这一回并未奏效。于是我开始慢慢有了自己的发现。

首先，变味是从有关“石一歌”的历史真相开始。梳理真相其实并不太难，问题出在他以往一直回避人们的质问，可是却于 2011 年 10 月，突然接连写下赞美周恩来的文章《四十年前》与自供状《寻石之路》，前后不过五天，立刻让人感觉书写周恩来只是在为自己背书，遂有拉虎皮做大旗的嫌疑与况味。况且，历史的车轮飞转，此一时彼一时也。社会思潮、人心向背，都在随着社会的发展与前进而变化。若是在改革开放的口号如日中天的年代，提起周氏当年恢复文化之首功，尚不失为一种历史的清醒。而随着历史资料的开放，人们逐渐得知周氏当年说过许多违心话、做过多少违心事，余氏的文章就显得苍白乏力，不仅不能救自己，也不能替周说得上话，只能起到完全相反的作用。更何况，社会经济发展的不平衡，业已使得社会思潮两极分化，这一头还在追究拷问周氏的职责与良心，那一边又有怀念讴歌伟大领袖的浪头来袭。这篇《四十年前》也就愈加不合时宜，无力回天。以作者的文化政治敏感，何以会落进如此时差，不是晚一步，就是早半拍，确实连我也看不明白。这种踏错时代步伐的事情，还不只这一桩。

其次，在接下来的一篇文章中感谢学者章培恒路见不平、拔刀相助、替他讨回公道，揭露那个攻击他的金文明时，他本来已经交待清楚，说理充分，甚至把金某人的动作行为，与精神疾病挂上了勾。这桩公案似乎到此已经可以完满结束，作为读者的我，已经开始替作者愤愤不平。可是作者偏偏还要继续拔高自己，说是“心生悲悯，从不反驳精神失控者”“我很健康，不怕蒙污。如果我还手了，份量就会太重，人家毕竟是病人。”“为此，我还破例接受邀请，担任了上一届世界特殊奥运会的文化总顾问。‘特殊’，是指智障。”“这些年来，托中国文化传媒和出版社之赐，我已经近距离地观摩过大量进攻型的智障人群。我必须从整体上帮助他们”。话说到这个份上，实在是太过了，已经超出了调侃出版传媒，而是对“特殊”的弱势群体“智障”者们的侮辱。

体会到作者出手的“厉害”，那种倾全力而不顾及其余，我又忽然有所新的发现。在书的开篇《学理的回答》中，第二篇文章是驳斥“中国威胁论”，第三篇是批评亨廷顿的著作《文明的冲突》。分开来看，两篇都是好文章，我初读时也都被作者说服，认同了他的立论与观点。可是回想起来却忽然发现了一个问题，后一篇文章里的论据，恰恰动摇了前一篇里的前提。

前一篇实际是在联合国“世界文明论坛”上的主题演讲，立论也很集中，就是以利玛窦的说法为依据和范例，指出“中华文明的非侵略、非扩张的本性”，因为“中华文明的主体是农耕文明”“中华文明的基本意识是固土自守、热土难离”“中华文明的内部，为了争权夺利发生过大量的血腥争斗；但是对外，基本以和平自守的方式相处。它大体上是一种非侵略性的内耗型文明。国际社会一次次产生的‘中国威胁论’，只是一种被利玛窦神父早就否定过的幻觉”。

后一篇则是在上海世博会的“联合国馆”里针对联合国教科文组织总干事发布的一份有关文化的世界报告所做的的现场回应，核心是批驳已故哈佛大学教授亨廷顿的《文明的冲突》，里面援引亨廷顿说“二十一世纪的冲突，将以‘文明’为坐标”“在所有的文明群落中，二十一世纪最重要的冲突将发生在最重要的三大文明之间，那就是西方文明、伊斯兰文明、中华文明”。

《文明的冲突》发表于 1994 年。余氏说他在 1999 年就“两次明确地批评了亨廷顿先生的两大局限，一是以西方立场来解析文明格局。带有冷战思维的明显印痕，只是以‘文明’之名锁定了新的对手；二是以冲突立场来解析文明格局。淡化了比冲突更普遍的文明交融和文明互置，实际效果令人担忧”。

接下来余氏又写道：“我不能说，从世纪之交开始激化的西方文明和伊斯兰文明之间的越来越严重的冲突，是由亨廷顿先生的‘文明冲突论’引起的；但是，冲突的事实和冲突的理论之间，确实起了‘互相印证’的作用。因此，从新世纪开始以来，如何面对这种理论，成了人类文化的一个大课题”。这可真是危言耸听了，如何面对一个已故教授的一本书里所提出的一种理论，竟然成了人类文化的一个大课题。好在教授已死，世界也不是“文化大革命”时期的中国，否则接下来会发生什么，走过那段历史的人都应该还记忆犹新。

文章接着批评“文明冲突论”以三个“错误假设”为其理论支柱。第一个假设“是粗糙地设想人类的每一个文明群落在文化归属、文明选择上，只能是单一的。事实上，全部世界史证明，这种归属和选择都是多重的，叠加的，互相依赖的”；第二个假设“是武断地设想不同文明之间的边界是一条条水火不容的封闭式断裂线。事实上，所有这样的边界都是多孔的，互渗的，松软的”“即使某些地方出现了区划，仔细一看也是异中有同、同中有异，甚至大同小异”；第三个假设“是鲁莽地设想每种文明的传承都是保守的，凝固的，复古的。事实上，世界上的多数文明都在忙着创新、改革、广采博纳、吐故纳新。我走遍全世界，看到一切活着的文明都很不确定。”“如果大家都明白了各种文明之间归属的叠加性、边界的模糊性、内容的变动性，那么，信奉和执行‘文明冲突论’的人群就会大大减少”。

作者看上去言之凿凿，雄辩地将“文明冲突论”推倒于沙盘，我也跟着他读得摇头晃脑，十分相信。可是当我回忆起作者在前一篇文章中的立论，忽然发现这三条也刚好是给想要反驳他的人提供了三发炮弹。他用来批驳“中国威胁论”的大前提，恰恰就是给中华文明首先做了上述那样三个假设。如果那样假设是根本错误的，那末他对“中国威胁论”的批驳也就立刻变得苍白无力起来。显然，他还需要重新立论，回去好好再把“中国威胁论”给结结实实地批驳一下。或者，也可以反过来说，假定他对“中国威胁论”的批驳是成功的、合理的，那末他对《文明的冲突》的批驳则完全是在胡搅蛮缠，胡说八道。二者不可能同时正确、有理。

2017 年 11 月 5 日

有缘千里未相会，相识何必曾相逢

我同耶鲁大学的孙康宜教授至今尚未谋面，只是有过一函之缘。1987 年我赴美留学时，曾怀揣一封南京大学赵瑞蕻教授的举荐信，到达波士顿以后，立刻从邮局寄出。不几日，便收到了孙教授彬彬有礼的回信，可惜后来多次迁居，原信早已不知丢在何处。类似本应珍藏的大学者函件，还包括周汝昌先生的来信。幸好身边尚余赵朴初先生及韩素音女士的来信，保存完整。

因为有过一函之缘，那天在图书馆里邂逅孙康宜教授的《我看美国精神》时我如获至宝，立刻借回家中翻看。我迫切地想要看看孙教授如何看待美国精神，或者说什么才叫美国精神，尤其是从一个移民美国的东方学者眼里看到的美国精神。

不料翻开全书才知道，其实这是一本散文杂集，里面甚至包括了她替几位耶鲁华裔同仁出版的书目所写的序言，而抓吸我眼球的书名，不过是出版社约稿时设定的一个宽泛题目。但毕竟作者是耶鲁大牌教授，翻看这样一本闲书，岂止是开卷有益。由于内容丰富杂陈，我无法一一叙及，只能是挂一漏万，重点谈谈某一方面的感受。

孙教授几次三番谈到历史感，让我感觉正中下怀。近年来我对国内许多热门争论，都深感无奈甚至滑稽，就因为觉得辩论双方似乎都缺乏历史感，哪怕争论的是历史命题。孙教授在书里首先谈到美国的牛仔文化，切入点就很有意思。她先是指出牛仔生活的艰辛与牛仔文化象征的浪漫之间其实有着巨大的差异，接着指出时间上的距离，那一两百年前白人与印第安人的故事，其实是后来好莱坞在二十世纪的三四十年代里所编篡，才得以光大，家喻户晓。至于Levi’s牌的牛仔裤，风靡成为时尚，更是后来的事情，连它的制造商老板也没有想到会有如此巨大的商业价值与成功。

孙教授的这篇散文，其实是写前任耶鲁大学校长、美国西部历史专家Lamar教授的，他认为牛仔精神就是追求自由与自力更生，吃苦耐劳和英雄主义。所谓英雄，无非是指那些能吃苦而最终站起来的人。文章最后以这样的诙谐幽默结尾；“我想他是一直以‘牛仔’的刻苦精神在耕耘他的人生道路的——虽然我从没见过他穿过牛仔装”。

带有历史感地看问题，不仅能像上文所述融会贯通，还可以看清历史沿革、与时俱进。例如说到当下中国人很关注的美国通才教育，孙教授在文章里指出，上世纪三四十年代美国的一般大学还以背书为主要教学方式，六十年代以后才渐渐开始加重“参与式的研讨”。现如今，不仅大学，连中学也越来越多地注入了这种教学模式。

这让我想起，我在最近一次给国内高中生和家长们的演讲中，以及在刚刚由山东教育出版社出版发行的《游学看美国》一书里，也都一再提到中国高中教学模式的历史沿革问题，刻意指出今日我国的教学现状，其实并非中国一贯的传统。不要动辄就把今日中美教育现状的异同对比，上升到国家民族文化差异的高度上去谈。更要防止被狭隘民族主义或民粹主义情绪所挟持，动不动就要求坚守自我故我，非要比出个高低上下。有了历史感，就能看清楚事物的演变过程，进化与倒退，成长与回归，这才能够心平气和地讨论问题。否则，盲目地坚持所谓民族模式或曰中国模式，都是不利于学习进步与革新改革的。而所坚持的所谓中国民族特色，很有可能与真正的中国民族传统八竿子都打不着。

世界变化之快，也不仅只在中国。我从孙康宜教授的书中读到她对耶鲁大学著名文学教授布鲁姆的访谈。后者在耶鲁执教的五十年间，为了他的文学信念曾参与四次大论战。第一次是反对新批评派对英文诗歌传统的破坏；第二次是反解构，不同意解构主义者叫嚣“诗歌怎么会存在意义”；第三次是反对“对抗文化”使大众文化和学术界丧失美学原则，逐渐被种族、性别、性倾向等考虑所支配；第四次是反对大家普遍提倡的哈利·波特文学，他说人们甚至要让它取代传统的儿童文学，为此他非常地不满。姑且不论每一次他的立场观点是否正确、能否以理服人，就凭这一次又一次的文化冲突，我们就可以窥见西方学术界的战火硝烟是何其频繁。如果没有一点历史感，你又该当把哪一派、哪一波学术潮流，看作是西方文化的代表，来与所谓的中国文化、中国模式对阵呢？

我和孙康宜教授虽然至今仍未谋面，但也都经历了一次语言文化上的回归。孙教授移民美国读书教书多年，原本一直以英文写作。后来在耶鲁同仁的勉励下才开始用汉语写作，日有所进，月有所成。而我自己，也在用英语出版了两本书以后，又回归用母语写作，连续出版了四本书话随笔集。孙教授在书的序言中说她“忍不住轻抚键盘，敲打起感性的中文短章。从某种程度上说，这神秘的‘缪斯’给了我寄寓情感的愉悦”。这一小段话，恰也刚好说出了我自己的心声，遂起共鸣，莞尔会心，不仅平添一层“愉悦”，亦大有寻获知己的那份快感。

2016年7月3日

美国人的《美国故事》

香港牛津大学出版社2016年出版的《美国故事》堪称是一部美国人的美国故事。作者蔡维忠其实是一位华人，但这部书有别于其他来自于中国的文人学者与记者们的著述，不是从中国人的眼光来看美国生活，而是实实在在反映了美国人眼中的美国生活。

作者来自中国大陆，理科出身，原本是研究生物化学的，不知从何时起心血来潮，想要舞文弄墨，竟然在美国《侨报》开辟了专栏，专门向中文读者介绍美国发生的故事。其中大部分是主流媒体上发布过的，但却不一定是爆炸式的新闻，往往只是新闻的底色，充斥于美国的日常生活。

这样的故事与中国来客写的美国故事有很大的不同。例如，那些中国来客写的美国故事中，主角往往是社会中心人物，总统及总统候选人啦，明星与爆炸式新闻人物啦，其卖点与看点往往会归结到中美之间政治制度、文化教育的不同，有意无意间总是要做出某种对比，上升到某种层次的概念理论，非谈一下历史文化、自由民主，否则绝不罢休。

翻开蔡维忠的书，迎面扑来的却是这样的故事："72 年手牵手""中奖""忏悔信"，等等。顾名思义，也就是一对老夫妻的爱、彩票中奖，以及为多年前的事而内心忏悔，书里大部分都是普通人的故事。光从标题看，要到第 92 页才冒出来一个"史翠珊效应"，而"比尔·盖茨受围攻"已经是第 108 页上的故事。前面的一篇故事是"为 20 美元丢了工作"，而下一篇则是"仇贫"。最后三篇故事，说的都是"那些冤案受害人"。

光从篇名，你大概就可以看出我所说的不同。如果还需要打一个比方来解释，我可以这么说：过去外地人到北京，遇上老北京出租车司机，都会听他侃大山，满嘴里跑的都是国家大事，中南海秘闻。别看他说得天花乱坠，其实与普通人日常生活离得很远。如果一个外国人把那当作中国人的中国故事来听，很可能是要被误导。总之一句话，普通中国人眼里的中国故事，一定不是那些老北京出租车司机嘴里跑出来的故事。再换一个角度来说，2016 年发生在中国的“雷洋案”在中国是一则爆炸新闻，也是中国人的中国故事，但是在美国人眼里，它却不是一则典型的中国故事。这就是所谓“内外有别”，故事的意义和代表性极其不同。蔡维忠选取的美国故事，才是美国人的美国故事。

今日刚巧又从《侨报》上读到一篇他的美国故事“囚犯救人”，说的是美国监狱里的囚犯与管理人员的故事。既交待了普遍的典型关系，又描述了一个非典型的特殊事例：“监狱的管理人员对囚犯的态度，倾向于强硬、负面，这是学者做过专门研究后得出的结论”“囚犯对管理人员的态度正好对等”“哪个囚犯要是对管理人员示好，会被其他囚犯认为是巴结，因而招来敌意，被孤立。”“监狱是改造人的地方，只是这种关系不利于改造”。

在这样的背景下，一位名叫德里克·特朗勃的囚犯的故事，就有了“故事”。他原本也和管理他的人对立，对方也特别凶狠，但是在他父亲去世的时候，对方却陪他一起落了泪，因为那人也刚刚失去亲人。故事结尾说，有一天，囚犯像往常一样在房顶干活，管理员在收工时没有站稳，从房顶上摔倒。德里克伸手拉了他一把，没能拉住，对方摔成重伤。“如果德里克没有出手相救，也许他会摔死”。事后囚犯们都很兴奋，以为是德里克把人推下去的，得知是他救了对方，都对德里克十分不满。“德里克平静地回答狱友：‘如果你发生这样的事，我也会救你’”。

这个故事有点意思，但你也许仍会觉得稀疏平常。

如果我再补充一点蔡维忠先生故事里的故事，你或许就要稍许兴奋一点。知道这个德里克因何入狱吗？因为被告性侵继女而获刑25年。“他在狱中一直坚称无辜，同时抓紧充实自己，调整心态”，而且还“学习剧本写作，颇有所成，作品《判罪》得过美国笔会奖励，并被搬上舞台”。哇！这才是美国人的美国故事。

2017年10月18日

闲读与 2016 年美国总统竞选

闲读是我的习惯，自小养成。写作也成为我的习惯，得自于成年之后，甚至是三十岁以后。闲读加写作，实际已构成一种心灵对话，一种地理与历史时空无限的对话，它可以发生在我与任何死者与生者之间，甚至是三者之间。今天，当我无意中拿起一本刘再复先生写于 21 世纪初年的《阅读美国》来闲读时，忽然看到他与美国先贤杰弗逊总统之间的一段心灵对话，瞬间心灵受到了极大的震动，迫不及待地想要加入他们的对话。

刘再复先生说，他在参观华盛顿城杰弗逊纪念馆时，买了一本杰弗逊语录，草草浏览之后便产生冲动，决定回家后立即把它译成中文。尽管他知道自己的英文很差，但他自信能把这些语言中所蕴含的精髓表达出来，因为他觉得“我和他的心灵相通，很容易理解他的语言”。我也草草浏览了一下他在文章中抄录出来的译文，随即也产生了冲动，想要把它写出来，因为我和他们的心灵也十分相通，实在是太容易理解他们的语言了，尤其是在当下，2016 年 11 月美国总统大选前的周末。

以下就让我来从头至尾地复录一下，刘再复先生在文中一气呵成、连贯地抄录在一起，全部由他自己用心翻译出来的，美国总统杰弗逊的几句名言：

“诚实，这是人类智慧巨著的第一篇章，它应当成为我们这个国家的第一性格。”

“我从来不会因为政治上、宗教上、哲学上的意见分歧而抛弃任何一位朋友。”

“可以放弃金钱，放弃荣誉，放弃科学，但不能放弃心中的道德律。”

“我相信我们的人民，所以我对未来便没有恐惧。”

“当你在秘密地做着一些事情的时候，你应当问一问自己所做的一切是否也可以在公开的场合里毫无愧色地做。”

“伴随着新的发现和新的真理的诞生，人们的思想观念也应有所变化，只有这样，才能跟上时代的步伐。”

“有的人是无暇埋怨的，因为对于他来说，每一分钟都不能浪费。”

“我向上帝宣誓：我憎恨和反对任何形式的对于人类心灵的专政。”

“人类永远处于学生状态。唯有教育是防止人们滥用宪法的最好途径。”

天呐！竟然能够如此对号入座，丝丝入扣，仿佛与过去一两个月内所发生的美国总统竞选新闻事件逐一同步，分析评判地又是那样鞭辟入里。这难道是巧合吗？既是，也不是。巧的是，刚好刘再复先生在文中也只抄录了这么几句，而且这在当时都是与美国的总统选举看上去毫无关联的句子，可是偏偏被我在美国2016年总统大选进入到最后冲刺阶段的今天所看到，可以说是巧得不能再巧啦。真是无巧不成书！应该说，它是句句入耳，振聋发聩，与当今的政治现实贴切到分分秒秒，我想简直没有哪一家新闻媒体可以制造得出如此精彩的刷屏。一会儿是希拉里“邮件门”事件中的撒谎，一会儿是特朗普的“录音门”及性丑闻。一边是年龄最大的候选人争分夺秒，一边又是“政治正确”的僵化固步自封。最终的结果无论鹿死谁手，相信人民才是民主制度得以延续的根基。

选举很快就会成为过去，但既然是杰弗逊讲过、而又被刘再复先生当年闻之产生心灵冲动、用心译出的句子，就证明它们不止是我们今日有幸重温，也是日后应当时常记住的警句。那就让我们真诚地拥抱和收纳这些闪闪发光的金句吧。

最后，我还想再要补写上刘再复先生呕心沥血翻译过的那本杰弗逊语录里的开篇第一句话。它是这样写的：“在我们美国人的性格里，没有‘绝望’二字，任何困难都将被我们所征服”。其实，这又何尝不是美国、中国及全人类的性格里都应当摒除的二字，特别是在当下。

2016年11月5日

无巧不读书

无巧不成书，这是一句大众成语。无巧不读书，则是近日来我的一点私人感悟。今年夏天曾出席朋友召集的一年一度盛会，不仅再次邂逅赵小兰并被安排合影，而且还不期遇上了她的丈夫，美国参议院的共和党也即多数党领袖米奇·麦康奈尔，并有幸走上前去与之握手。三个月后，这位朋友又热情相赠一本麦康奈尔的自传回忆录。当时我只随手留在办公室里，也没顾得上拜读。就这样，一直拖到了总统大选尘埃落定以后的那个周末，才想起来带回家中翻看。不料书一上手，就搁不下来，一口气读完。这本传记不仅让我度过一个愉快的周末，赏识传主的为人与见识，还帮我重新认识了美国，深度理解这次美国总统大选的结果为什么会是这样。若是提前三天或更早就去阅读，感受一定不会同样深刻。这就叫“无巧不读书”。

麦康奈尔小时候患有脊髓灰质炎，到了该学走路的年龄不能走路，幸有母亲耐心照料，几年后方能正常行走。上学以后还曾被人欺负，直到有一天，军人出身的父亲实在看不下去，亲自鼓励儿子去当面挑战，猛击对方一掌，从此麦康奈尔才不再备受欺凌。上中学时，他特别羡慕学生会主席，幻想自己也能有那么一天。母亲知道儿子的心事后对他说，凡事只要坚持努力，心想必定事成。结果他后来果然赢得选票，成功当选。他的竞选策略是求助于各类明星学生、体育队长之类的人物帮忙拉票，而他能够用来说服他们的唯一武器是：恭维。

这次竞选的成功，为他日后的人生道路奠定了基础与方向。大学念书时他偏好历史，虽在当时女友的怂恿下选过一门艺术课程，却费尽心力也得不到好分数。后来在一位特立独行的保守派政治学教授影响下，他彻底走向了从政的不归之路，先是给一位国会议员做实习生，可是三年以后，因为政治观点不合，不愿继续支持这位不能与时俱进、不肯投票赞成民权运动的政客。

为了能给另一位心仪的国会议员当实习生，他不厌其烦地跑到这位议员的办公室门前表达志愿。门口的接待人员每换一次岗，他就重新上去自我介绍一番，以至于这位议员一定从手下每位门人口里都听说了有这么一位小伙子，终于电召他去面试并录用了他。尔后此人成了他一生的政治楷模和向导。麦康奈尔还曾毛遂自荐去帮另一位国会议员竞选。他不仅工作认真，起早贪黑，最后甚至还嫌议员本人工作不够努力，浪费时间于无聊社交闲扯。这样的打工仔上哪里去找。

为了给从政打好基础，他也去念过法学院，但从业做律师一直不是他想要干的活，只是挣钱养家糊口而已。他的志向还是要去竞选国会议员，先从地方基层岗位做起。一路辛苦奔来，赖有父亲母亲的全力支持，虽经历各种坎坷，遍尝失意，包括婚姻失败、妻子要求离异，最后苦尽甘来，终于当选。父亲给他写来一封热情洋溢的贺信，末尾以父亲和公民落款，以示对议员的尊重，这信看得儿子泪奔，不知该如何复信为好。

进入美国参议院以后，麦康奈尔从排名最后的一位共和党参议员做起，认真学习各种议政程序，仔细观察老资格的议员们如何行事，履行职责。与绝大部分参议员所不同的是，他从来没有幻想过要有一天去竞选总统，而是从一开始就把眼光放在了参议院共和党领袖这一位置，尤其是当共和党在参议院取得多数席位时成为多数党的领袖。为了这一目标，他孜孜不倦地努力。

构成这一理想的不光是其个人政治野心，还有一份对参议院政治作用的认同。作为保守派政治家，他深切领会美国国父先贤麦迪逊的思想及对参议院功能的设置，尤其是要求绝大多数而不是简单过半数就能通过法案。用麦迪逊的话来说，就是为了要防止我们自身有可能出现的最坏的躁动。简单半数容易通过，也就会造成朝令夕改，没有政策的稳定性，对于长期国策非常有害。本着这一保守精神原则，麦康奈尔一路来坚持自己眼中的真理，有理、有力、有节地运用谈判达成各种妥协。在为共和党的政治理念工作的同时，也始终不放弃对美国宪法根本精神的秉持。

例如，多年前美国国会曾有过一场关于竞选财政制度改革的大辩论。为遵从民意，民主党议员及部分共和党议员都纷纷要求立法，对竞选人所能筹集和投入的财力加以限制。但根据美国宪法第一修正案赋予的言论自由权，麦康奈尔认为这是变相干涉政治言论的自由，因为经济的投入也是政治言论的一种表达形式。经过多轮激烈辩论，参议院通过了新法案。麦康奈尔又把官司打到了最高法院，最后法院以微弱多数判决新法案没有违宪，麦康奈尔败诉。

而在紧接而来的关于焚烧美国国旗事件的辩论中，为了坚守自己对保护言论自由的立场，麦康奈尔不惜冒着竞选连任失败的极大政治风险，力辩要保留焚烧国旗的权力。这可是触犯众怒的行为，根本得不到被爱国情绪鼓动起来的广大民众理解和支持，尤其是退役老兵们，更是无法接受他的立场。他竟然走到老兵俱乐部去当面陈述自己的理由，说你们为国家战斗，在国旗下战斗，为的就是要保卫国旗所代表的自由精神，而不仅仅是国旗本身。一旦放弃了言论自由，包括焚烧国旗的自由，国旗所代表的精神也就不复存在。

麦康奈尔不是一个口若悬河的政客，往往给人以死板、沉默、毫无风趣的印象。当他后来与赵小兰结婚以后，人们更是发现，他太太才是谈笑风生、能言善辩。他虽然看似木纳，书中也有让我醉心的个人情感方面的优胜诱人之处。例如，他曾因为心脏出问题临时做手术，术后某天从医生处得知已经可以随意饮食，立刻打发随从去买两份自己和妻子赵小兰都喜欢吃的风味鸡餐送到病房做为晚饭。当赵小兰下班来到病房探视时，他亲手献上晚餐，与妻子共度结婚周年纪念日。读到这里，我不禁在想，如果我是赵小兰，或者甚至是希拉里，一定宁肯不要一个像克林顿那样广得年轻女性青睐的丈夫，而要一个麦康奈尔这样晓得暗自讨太太欢喜的老公。

说到希拉里，就来讲一讲这次美国总统大选的事。很多人对大选的结果感到意外和震惊，我读完这本书之后，感觉释怀了许多，不仅更加理解特朗普何以取胜，也对美国民主政治增添了一份信任和信心。选举结束之后，人们在认识上有几种普遍的误区，首先是认为这代表了人民或者说基层人民的胜利，其次又认为其实是希拉里获得了更多选民的民意。这些显然都不能从实际选票和选举规则中得到印证。读完这本书后，我却意识到一些以前被忽略的事实。

麦康奈尔在书中提醒了我，美国其实一直是一个中间偏右的保守国家，政治文化上向来如此。而我们往往因其科技的发达，以及它的社会多元化所带来的左翼思潮盛行，忽略这个国家民众性格的保守本质。加上国父先贤对宪法和政治制度的设计，一直就是以长治久安的稳定策略为基石，严防人性中的激越躁动。

理解了这一点，就会明白特朗普的支持者们绝不会如希拉里所言，有半数或四分之一都是可悲的种族性别歧视分子。保守的国民性使得支持共和党的基本群众队伍一直客观存在，虽然几十年前就有人怀疑共和党行将消亡，而麦康奈尔从来没有对此有过悲观失望。有趣的是，特朗普的竞选活动中，倒是成功利用了这种悲情，给人造成一种希拉里当选将会使民主党永远一党独大，共和党从此与白宫绝缘的印象，从而说服了部分选民最终站出来投票给特朗普。

书中还提到另一件我所不知道的事实。基于美国保守的国民性，过去几年曾有一个基金会组织应运而生，由一位共和党议员发起，目的就是赞助那些偏右甚至极右的候选人参选，打出的旗号就是，只有让这些人当选，保守主义的价值才能真正发扬光大。而麦康奈尔则在书中辛辣地指出，这对共和党及保守主义而言完全是一种自杀行为，因为这些被支持的候选人，根本没有胜出的可能性。其结果无非是在初选中让已经在位的共和党议员受到他们的挑战甚至落选，然后就是在大选中败给民主党竞选对手，从而失去共和党在议会中的席位。然而存在这种政治势力这一事实，却让我进一步看清了保守主义在美国民间的实力与根基。

至于特朗普在竞选中许多涉嫌种族性别歧视的言辞，虽然有可能使他拉到具有这类思想者的选票，但也同时会抑制另一部分选民及共和党基本群众的选票。包括麦康奈尔本人，今年夏天就曾公开表示过对特朗普在这方面的不满。这次从书里我也欣然看到麦康奈尔早年对民权运动的一贯支持态度。更有意思的是，他还在书中提醒读者们注意，共和党其实才是林肯的政党，本应该代表维护黑人权益。

更重要的是，麦康奈尔在书中让我看到了奥巴马总统对这次大选的潜在影响。其实说来他也是这次大选的最大输家，因为选举结果验证了人民对他执政八年的部分不满情绪，尤其是他强行让国会通过的全民医保法案。麦康奈尔在书中明确指出，奥巴马仅凭民主党在国会的简单多数，没有拉到任何一位共和党参议员的支持，强行通过这样一个独党支持的法案，无疑是会反弹，在政治上必定有所报应的，现在果不其然。

麦康奈尔在书中对奥巴马的描述也非常精彩生动，有一章的标题干脆就叫做“教授奥巴马”。早在2008年的金融危机中，麦康奈尔就已经领教了奥巴马的精湛口才。当时的小布什总统，有一天召集了几位两党议员到他的办公室里共商对策。民主党推举奥巴马向总统当面汇报，他用极其精炼的语言描述了国家面临的困境与危机，以及政府必须出手干预的刻不容缓。麦康奈尔形容奥巴马口头汇报中使用言辞的精准干练，完全像是经过三次润色以后的书面性语言。

更有意思的是，对于这位现任总统的为人，麦康奈尔的评价是：奥巴马性格坦诚，在私人与公共场合言辞绝对一致。这让我不禁莞尔，因为联想起希拉里这次在竞选中被攻击的一个要点，就是她在各种不同场合讲话时的言辞不一。而特朗普在竞选中最为尴尬的一刻，正是不得不当众承认自己的“黄色语言”，向全民道歉，并强调那只是在“厕所更衣间”这样特殊的环境里才说过的话。

接下来，麦康奈尔又在书中透露了奥巴马总统不能取得更大成功的另一面，那就是他实在是太不懂得妥协，以及完全不熟悉美国国会的运作之道。身为总统的他过于相信自己的劝说能力，以为可以像教授面对学生那样，靠口若悬河就能打动或是说服国会议员。殊不知这些议员们不仅代表了身后的选民，同时也都是经过深思熟虑以后才顽固坚持自己立场的，岂会因为总统的一番演说，而轻易更改自己手中的选票掷向何方。

最为极端的一例是，有一回奥巴马竟然把麦康奈尔在内的几位共和党及民主党的议员领袖招到自己的办公室，好一通演说，尽情抒发自己的个人观点。两个小时以后，舌干唇燥，终于打住，然后对麦康奈尔和他在参议院的民主党对手领袖说，好啦，我都说完啦，“你们两人为什么不能去搞出一个联合方案呢？”我的个天，麦康奈尔心里想，你一个大总统把我们这么多人叫到你的办公室来，就为了给我们上课吗？这不纯粹是在浪费大家的时间吗？

所以，奥巴马执政八年，虽然他的理想是要把国家从保守主义向自由主义方向推动，但他作为总统在与国会尤其是与共和党议员的合作方面实在是谈判乏术，少有扎实的进步，而仅凭一党支持强行通过的医保法案，则更是反而增加了民怨，让希拉里在竞选中付出惨重的代价。更何况，希拉里在竞选中一如八年前她和奥巴马竞争民主党内提名时那样又一次犯下了同样致命的错误，那就是过于强调自己有多年从政经验，极力夸大对手的经验不足，殊不知民心思变，要的正是一股子新鲜劲。

这次阅读还让我意识到，其实无论是麦康奈尔还是特朗普，都具有坚强的耐心与毅力，无论其政见会有多大的分歧。民主党方面的希拉里、奥巴马也都是如此，就连特朗普在电视辩论中也要恭维希拉里在这方面的素质。广义来说，美国就是这样一个赋予勤劳聪明而又有耐心与毅力的人各种机遇的社会。这让我又回想起今年夏天邂逅麦康奈尔的那次盛会，当时他在致辞中对前来领奖的亚裔学生们鼓励地说：在美国要想不成功也难，除非自己不努力。现场我听着这话觉得有点儿虚，如今读了他的自传回忆录，也开始笃信他此言不虚，至少从他的亲身经历来看，他本人应该完全有理由秉持这样的信念。

当然，除去耐心与毅力，审时度势也非常的重要。书中的故事不断地告诉读者们，要权衡利弊，适可而止，这样才有方略可言。我还记得书中的一个小小插曲，有一天赵小兰拿了一份《华盛顿邮报》给丈夫看，说很久没有读到这样对他恰如其分的评述了。他捡起报纸来念道："米奇·麦康奈尔毫无魅力，也不潇洒，甚至不具演讲口才"。于是放下报纸问："你就是要告诉我这些吗？""继续念"，赵小兰对他说。接下来的一句话是："可他是肯塔基州——也是全美国参议院中——最有权势的共和党人，之所以这样，是因为他在所有共和党人里头，具备一颗最好的战略性脑袋”。

自从当选美国国会参议员起，麦康奈尔一直盼望有一天能够成为参议院里多数派的领袖。这一天终于来临。2014年的大选使得共和党取得了参议院的多数席位，他这位共和党参院领袖也就顺理成章地成为参院多数派领袖。为了这一天，他辛辛苦苦奋斗了几十年。故而他的这本传记回忆录的书名就是：《Long Game》。我斟酌再三，不知该如何翻译这本书的书名。《漫长的游戏》显然失之轻浮，《路漫漫》又显得过于沉重。直到翻看完全书，我才忽然觉得，也许应该译作《来日方长》，方能表达出作者的理性乐观态度。

无巧不成书。瞧，特朗普突然宣布要任用赵小兰做下一届联邦交通部长，刚好印证了“来日方长”一语，你说说看，这到底是有多么巧。这本书，我读的可真是时候，所以说是“无巧不读书”。

2016年12月4日

无畏的希望

圣诞新年之际，中外文人都有炉边思考、冬日絮语的传统与佳话，我亦不能免俗地试图加入这一群体，看看书，写写字，留下几行凡思遐想以供后人笑话。今年回到波士顿家中，刻意从书架上取下一本陈年旧书，奥巴马的《无畏的希望》，系当年一位邻居馈赠，一直也没读过。因为那时我不仅投身于奥巴马在麻州的竞选，还随一位韩裔波士顿议员跑到邻州挨家挨户地拉选票，早已不去关注他在书里写了啥。如今时过境迁，倒是不妨回头再去看看书中的内容。为了写作摘引方便，我还特意又从图书馆借出该书的中文译本。

首先中文本译名就让我莞尔。中文里的“无畏”二字刚好和“无谓”同音，今天回顾作者当年给全社会带来的巨大希望及八年主政的现实，很可能让人感觉到“无谓”。说实话，我自己心目中一直是将原书名译作《敢于希望》的，因为耳畔犹记儿时入心的伟人教导：敢于斗争，敢于胜利。或许译作《希望的勇气》还更好一些。多么可惜，当年能够燃起人们希望的火炬，今朝却愈来愈看不清还能源自何处，又在何方。

平心而论，这本当年的畅销书，已经完成了它的历史使命，顺利帮助奥巴马成功竞选，入主白宫。回头来看，其实书写的并不是很好，主要是故事太少，说教太多。哪怕当年这些说教有助于动员选民，今日回首，依然属于无谓。即使像我这样对历史感兴趣的读者，也会有明日黄花的感觉。

我所能挖掘到的边角材料，无非让我产生了几点感想或曰无奈。一是书中把美国两党制政治斗争的愈演愈烈归溯于里根时代，认为此后被“画上了一道更加尖锐的意识形态的鸿沟”，书里还描绘了国会议员里老一代的议员们尚能维持君子之交的彬彬有礼，两党议员之间仍有深厚私交，可以开心地共进早餐，而新一辈人已经很难坐到一起去了。

二是书中刻画的美国所面临的现实矛盾，今日一样也没有得到改善和解决，至少在他的任期以内没有。书里说：“里根政府和克林顿政府的政策修正了自由福利制度中膨胀部分，但是他们改变不了全球竞争和科技革命的潜在现实。工作机会仍然向国外流失——不仅是制造业，还有越来越多的服务业，因为它如计算机基本程序一样可以数字传输。企业继续和高昂的医疗成本角力，美国的进口还是远高于出口，借入还是远多于借出”。这些也全都是希拉里的对手特朗普竞选总统时所描绘的奥巴马治下的美国。

书中呼唤的是“一种新的政治，它能够唤醒我们的相互理解，并在此基础上，团结整个美利坚民族”，然而可惜这也并没有在他主政期间得以实现。而他在书里的这一段描述依然不是危言耸听。他说："不管信仰宗教与否，不管肤色是黑是白或棕色，我们都真正地意识到了，这个国家的首要任务正在被忽视。如果不尽快调转航向，我们会成为有史以来第一个把由强变弱的美国留给后人的一代"。这些话，怎么听起来都像是特朗普的竞选演说，不管特朗普是否真的说过。

更让人沮丧的是，许多书中当年就已经认识到的陷阱今日我们仍深陷其中，可惜又有几个民主党人今天还肯倾听他的这些忠告。例如书里说："很抱歉，最后，我还是认为，民主党人采取任何一个更加激进的党派偏见和意识形态的尝试都是对我们的现状的错误判断。我相信，一旦我们夸张或者妖魔化，过于简化或者过分夸大我们所面临的局面，我们就已经输掉了。而且任何时候，只要我们陷入这场政治纷争，我们就必输无疑。对彻底的意识形态的追求，死板的正统观念和对现行的政治争论的一成不变的预测，恰恰是这些使我们无法找到办法来应对作为一个国家所面临的挑战”。是啊，回首上次的总统大选，有多少张选票就输在民主党人这一类的做法行为之中。

书中为数不多的精彩故事中，甚至还包含这样一个：“曾有一次，随着国会里关于移民的争论越来越激烈，一群激进分子来到我办公室，要求我支持一项私人的援助法案，使三十个墨西哥国民获得合法身份，否则他们将抛下具有合法公民身份的配偶和子女，被美国政府驱逐”。奥巴马的一位智利裔助手丹尼试图向这群人解释，结果“一个激进分子指责丹尼忘了他从哪里来，指责他不是真正的拉美人。”“当我听到发生的这一切时，我既生气又沮丧。我想给那些人打电话，向他们解释美国公民身份是一项特权而非一种权利。如果没有真正意义上对边境和对法律的尊重，那么他们到美国来的目的，以及生活在这个国家里的人民所拥有的机会和保护，都将不复存在”。看到这里我真的是笑了，我想任何一位共和党人总统也都会和我一样笑了，因为我们大家的看法竟然是如此的一致。

所以，于今我事后来读这本书，得到的也不全都是失望。而我从书中看到的希望，简单地说，还是来自于人性，来自于人性的善良和理性的思考。这里不妨举两个小例子。一是奥巴马和巴菲特的一段对话；二是奥巴马父女的对话。书中说他和巴菲特二人就“全球化、经理人报酬、日益增加的贸易赤字和国债，谈了一个小时。巴菲特尤其担忧布什取消遗产税的提议，他认为这个举措造就的将是财富贵族而不是美德贵族。‘如果取消遗产税，’他说，‘基本就是把美国资源的支配权移交给了不劳而获的人，这就好像组建一支2020年奥运会参赛队要从2000年奥运冠军的子女中挑选选手一样’”。

书中还说到奥巴马的女儿玛丽亚，说她“一直都很早熟，古灵精怪。在她六岁时，我曾和她沿着湖边散步，她突然问我们家是否富裕。我告诉她我们不算富裕，但比大多数人要富裕很多。我问她怎么会想知道这个。‘嗯……我一直在思考这个问题，我已经打定主意了，我不想特别富有。我想我要的是简单的生活”。看到这里，我笑了。虽然巴菲特和玛丽亚的想法不代表大众，却给人世间添加了一层暖色。

我不知道玛丽亚长大以后是否早已改变主意，但我曾去过她的中学访问。接待我的教师告诉我，他的前任曾经使用过我的英文传记回忆录《红屋三十年》作为高中教材之一，还顺手拿出一本我的这部书让我签名留念。我于是记起这桩多年前的往事，那时我还曾通过视频和全班同学做过交谈。事后得知，我的书被那一届学生评为当年使用过的教材中最受欢迎的一本。时光飞逝，就连那天出来接见我的校长也已离开该校回到他自己的故乡迪拜去做校长了，但他那天向我们介绍该校的教会背景以及全校静坐默思的仪式至今存留在我的脑海中。世界风云变幻，历史后浪推前浪，但基本人性的真实存在，丰富与美好，哪怕甚至是不美好，才是我们探索人世，满足好奇的一份根本动力。

所以，对我而言，书中最精彩有趣的部分，还不是什么政治、价值观、种族、信仰等章节，而恰恰是其最后一章——家庭，因为它至少让我看见作者的真实人性、个性、品行、意志，让我倍感人情的温暖，家庭和社会现实生活的严酷、矛盾，但又精彩纷呈的方方面面。下面顺手复述几则小故事吧。

奥巴马与米歇尔的相识情缘堪称一段佳话。男方虽然年长三岁，但由于进入法学院较晚，是以实习生的身份出现在米歇尔的办公室的。对于他的进攻，女方一直是避让的，理由是她是实习生的老师，师生不可以约会。最后，男方是这样说的："那好，我辞职。这总行了吧？你是我的指导老师，你告诉我辞职该找谁。"于是终于说服了她。

双方家庭背景的不同，刚好形成强烈对比与互补。见到女方家长后，男方的感受是："像我这样的人，对自己的父亲知之甚少，大部分时光在旅行中度过，四海为家，漂泊不定。弗雷泽和玛丽安为自己和孩子们建立的家园激起我对安定的渴求，唤醒了我对家庭的感觉，我以前从来没有这样。米歇尔也许从我身上看到了一种甘冒风险、锐意创新、开拓未知国度的生活——一种在她过去从未有过的境界”。

然而，即使这样，组成家庭以后，双方依然不可避免地会有矛盾。书中如实吐露了作者的心声：“面对疲劳和压力，我们交谈甚少，毫无浪漫可言。当我开始毫无胜算的国会竞选时，米歇尔不再掩饰对我的决定的不满。她甚至不能忍受我扫不干净厨房。”“当萨沙出生后……妻子对我的愤怒已溢于言表”。“她的种种指责让我痛心疾首，我认为她这样对我并不公平。毕竟，我没有和年轻人在外狂欢作乐，醉不夜归。我对米歇尔要求不多——我不指望她给我补袜子，也不要求她每天将晚餐做好等我回来。而且，只要有时间，我会尽可能来照顾孩子。我所要求的仅仅是一些温柔。实际上，那时的我已经受够了与米歇尔之间就家庭琐事的无休止的讨价还价，受够了她喋喋不休地列举我该做什么和忘记了做什么，也受够了她的酸溜溜的态度。我提醒她，与大多数家庭比，我们已经非常的幸运。我还提醒她，尽管我缺点不少，但我爱她和孩子胜过一切。我想，她们有我的爱就足够了，就我而言，她没有什么可以抱怨的”。这一大段内心独白道出了多少已婚男人的心声啊。

作者坦陈，自己是幸运的，不仅夫妇二人收入不菲，还有岳母帮忙照料，一般普通的美国家庭是没有这样好的条件的。所以，我要复述一下书的《尾声》中的一个故事，可以有助于彻底了解作者的阶级本色。就在作者成功亮相于2004年波士顿民主党全国代表大会，做了极其精彩的演讲之后，《新闻访谈》的主持人采访了他，还回放了他在1996年一次接受采访时的录像。当时他对刚刚在芝加哥召开的民主党全国代表大会表达了以下看法：“不错，大会就是交易场……你可以看到每盘价值上万的宴席，鼎鼎有名的金环大酒店。我想，要是那些普通选民看到这个场面，他们确实会有被拒之于选举门外的感觉”。采访者此时单刀直入地问他：“这次大会共有一百五十五名捐款人，筹集了四千万美金，按照你的标准，这比芝加哥的那次还糟。你对此是否感到不快？它会向普通选民传达一个什么样的信息？”奥巴马回答说，“两个党派都面临政治和金钱问题，但约翰·克里和我个人的投票记录表明我们都支持最适合国情的政策”“大会不会改变这一做法，但我建议民主党鼓励更多被拒在‘门外’的民众的参与，这样我们就会始终不离代表民众的立党初衷，我们的党也会因此而更加强大”。书中接下来写道：“私下说，我更喜欢自己1996年的那番讲话”。哈哈，你不得不佩服这位老于世故的政治家的急智与聪明，但你也不会忘记他的阶级本性和烙印。而我此刻则更加怀念那个采访人还能够如此公正地诘问两党要人的时代，怀念那个已故的著名节目主持人，蒂姆·拉瑟特（Tim Russert）。

掩卷之余我想要说，书中为数不多的故事中，我最喜欢的还是一则有关小布什的。书中叙及作者当选国会参议员后第一次参加总统出席的早餐，作者回忆起此前有两次见过布什：“两次我都发现总统很是讨人喜欢，虽然精明、原则性强，但为人耿直，这种耿直为他赢得了两次大选。你不难想象他拥有当地的汽车交易执照，给少年棒球联合会的孩子们当教练，在后院烧烤——他就是这样一个人，只要谈话围绕体育和孩子，他定是个有趣的伙伴。但是早饭会议时，我发现了他的另一面……忽然，好像有谁在后面动了一下开关，总统目光如炬，说话声音有些激动，语速急促，让人不习惯，也不希望人打断。他谦和的态度变得救世主般坚定。看着多数共和党参议员同僚全神贯注地倾听他的每一句话，此时我注意到权力所能带来的这种危险的距离感，领会到先辈们设计权力制衡体系的英明”。

所以说，该书还是让我看到了希望，是对于民主制度的希望。哪怕算不上希望，至少也算是获取一份心安。

2017 年 12 月 28 日